Karl Kälin / Peter Müri

Sich und andere führen

Man kann einen Menschen nichts
lehren.
Man kann ihm nur helfen, es in sich selbst
zu entdecken.

Galilei

Karl Kälin / Peter Müri

Sich und andere führen

Psychologie für Führungskräfte und Mitarbeiter

Mit Beiträgen von
Hans Bernhard, Karl Blöchliger, Rolf Fink, Eric Marcus
und Eugen W. Schmid

Mit einem Vorwort von Prof. Dr. François Stoll,
Psychologisches Institut der Universität Zürich

Illustrationen: Bruno Peyer

OTT
VERLAG
THUN

CIP-Kurztitelaufnahme der Deutschen Bibliothek

Kälin, Karl:
Sich und andere führen: Psychologie für
Führungskräfte u. Mitarbeiter / Karl Kälin; Peter
Müri. Mit Beitr. von Hans Bernhard... Mit e.
Vorw. von François Stoll. Ill.: Bruno Peyer. –
8., unveränd. Aufl. – Thun: Ott, 1995
    ISBN 3-7225-6642-8
NE: Müri Peter:

Dieses Buch erscheint in französischer Sprache
unter dem Titel:
«Se diriger soi-même et diriger les autres»,
Edition Cosmos SA, 3074 Muri près Berne.

ISBN 3-7225-6642-8
8. Auflage 1995

Gesamtherstellung: Ott Verlag + Druck AG Thun

Inhaltsverzeichnis

4. Die Entwicklung der Organisationsentwicklung 251
Peter Müri

Vorwort

Nehmen wir ein gewöhnliches Objekt, das wir benützen: zum Beispiel einen kleinen Radio oder einen Reisepaß. Bis der Radio uns im Alltag mit Musik oder Nachrichten versorgt, bis uns dank unserem Paß eine Landesgrenze geöffnet wird, braucht es eine Unmenge von koordinierten Herstellungsschritten, Abmachungen, Gesetzen und Registrierungen, die die Herstellung des Produktes und seinen Gebrauch ermöglichen. Unsere Gesellschaft hat einen ganz erstaunlichen Grad an arbeits- und funktionsteiliger Organisation erreicht. Der größte Teil dieser Organisation ist uns gar nicht bewußt. Müßte eine Person heute alles selbst planen und realisieren, vom Holzfällen für die Papierherstellung des Reisepasses bis zum Grenzübergang, würde sie nicht weit kommen. In diesem Sinne kann von ganz erstaunlichen Leistungen von interagierenden Menschen gesprochen werden.

Ein Teil dieser erstaunlichen Leistung geht auf die Führung der einzelnen Arbeitselemente und Funktionsträger zurück. Was bedeutet nun Führung für einen Psychologen? Führung ist eine besondere Art von menschlicher Kommunikation. Es ist die Kommunikation, durch die wir bewußt und beabsichtigt versuchen, auf das Verhalten einer Arbeitsgruppe Einfluß zu nehmen. Somit heißt führen auch: Ziele setzen, Abläufe organisieren und koordinieren, kontrollieren, und sich um das Wohl des Einzelnen kümmern.

Aus Gründen, die wahrscheinlich mit der Verteilung und Erhaltung von Machtpositionen in unserer Gesellschaft zu tun haben, hat man lange Zeit angenommen, daß sich die guten Führer einer Arbeitsgruppe von den Geführten grundsätzlich unterscheiden. Danach gäbe es eine besondere Persönlichkeitsstruktur, die eine Person zum guten Führer prädisponiert. Die Ergebnisse, die bis heute zu diesem personalistischen Forschungsansatz vorliegen, sind bescheiden, und sie lassen nur geringe Korrelationen zwischen Führungsposition und Eigenschaften wie Intelligenz, Dominanz und Kooperationsfähigkeit feststellen.

Das Buch «Sich und andere führen» steht in einer ganz andern Tradition. Die Autoren schließen sich jenen Autoren an, welche zweierlei erkannt haben: erstens, daß nicht nur die Führer auf die Geführten Einfluß nehmen, sondern auch die Geführten auf das Verhalten des Führers und zweitens, daß unterschiedliche Arbeitssituationen auch unterschiedliches Führungsverhalten erfordern. Wenn sich die zur Führung bestimmte Kommunikation in einer sehr differenzierten Weise abspielt, dann erstaunt es auch nicht weiter, daß man auf die Idee kam, ganz andere Modelle als das personalistische zur Erklärung und Verbesserung des Führungsverhaltens heranzuziehen: z.B. kognitive Kommunikationstheorien, sozialpsychologische Themen der Gruppendynamik und die verschiedenen modernen Formen von Psychotherapien. Es ist das Verdienst dieses Buches, zu zeigen, wie solche Ansätze für die Analyse und Verbesserung des Führungsverhaltens fruchtbar gemacht werden können.

Allerdings machen die Autoren keinen Umweg über die Theorie. Sie gehen von der Praxis aus, verfolgen praktische Ziele und gehen sehr pragmatisch vor. Immer wieder wird der Leser zur Selbstbeobachtung und Selbsteinschätzung eingeladen. Diese Aufgaben werden durch Karikaturen aufgelockert. Daß sich die Autoren damit öfters auch über ihr eigenes Oeuvre lustig machen, zeugt von gesundem Selbstvertrauen und wohltuender Distanziertheit. Damit geben sie auch dem Leser ganz deutlich zu verstehen, daß es auf diesem Gebiet keine endgültigen Rezepte geben kann, sondern nur ein ständiges Suchen, Ausprobieren und Reifen.

Tatsächlich bleibt – auch am Ende des Buches – Führung mehr eine Kunst als eine Wissenschaft.

Pfäffikon, März 1985   François Stoll

Einleitung

Der Erfolg eines Unternehmens ist heute in einer Zeit des raschen wirtschaftlichen und gesellschaftlichen Wandels stärker von qualifizierten Führungskräften abhängig als in Zeiten des gleichmäßigen Wachstums. Viele Unternehmen verfügen heute über hochentwickelte und gut funktionierende Management-Systeme. Datentransparenz und Datenzugriff verbessern sich dauernd. In dem Maße aber, wie Führungskräfte mit Führungstechnologien, Planungssystemen, Computerprogrammen immer wirkungsvoller unterstützt werden, spielt sich die Führungsarbeit zunehmend auch im menschlich-sozialen Bereich ab.

Viele Führungskräfte bestätigen, daß sie dort nicht mehr weiterkommen, wo Menschliches ins Spiel gerät, also dort, wo die Zusammenarbeit mit Kollegen, Vorgesetzten, im Team, mit den Mitarbeitern beginnt. Vielen wird mehr und mehr bewußt, daß der Stand ihrer Führungskompetenz hinter dem Technologisch-Betriebswirtschaftlichen zurücksteht. Wir sind überzeugt, daß sich die Anforderungen an Führungskräfte gegenwärtig verändern. Persönliche und zwischenmenschliche Führungskompetenz sind gefragter denn je. Von der Führungskraft der allernächsten Zukunft wird verlangt werden, daß sie sich zum Experten in Fragen der zwischenmenschlichen Beziehungen, in Fragen der Veränderung von Organisationen durch Einflußnahme auf den Menschen entwickelt. Unsere Überzeugung stützt sich auf nachvollziehbare Beobachtungen:

- Das Führen mit Systemen hat seine Grenzen erreicht. Die der Hochhaltung der Führungstechnologie folgende Phase wird durch eine evolutionäre Auffassung des Managements geprägt sein.
- Ein beschleunigter gesellschaftlicher Wandel schafft im Führungsbereich neue Wertvorstellungen und damit neue Arbeits- und Lernformen.
- Die rasche Anpassung des Unternehmens an die Umweltsveränderungen setzt erhöhte Lern- und Veränderungsbereitschaft voraus, die von Führungskräften bedeutend höhere Flexibilität erfordert.

Das vorliegende Buch möchte Mitarbeitern und Führungskräften in Organisationen das psychologische Wissen vermitteln, auf dem persönliche und sozialpsychologische Führungskompetenz aufbaut. Wir bieten kein geschlossenes System an, sondern eher eine Momentaufnahme einer Entwicklung. Das Buch soll Bestätigung und Empfehlung, Herausforderung und Illustration sein, damit psychologische Zusammenhänge erkannt werden.

Das Buch ist das Ergebnis einer Zusammenarbeit von Fachleuten mit psychologischer Ausbildung und langjähriger Erfahrung in der Management-Schulung und -Beratung.

Thematisch gliedert sich das Buch in drei Teile:

I. Selbst-Entwicklung

Die Führungskraft als Persönlichkeit im unternehmerischen Prozeß.
- Sich und andere besser verstehen
- Das eigene Führungsverhalten kennenlernen
- Wer bin ich? (Die eigene Persönlichkeitsstruktur)
- Was prägt meine Entscheidungen, mein Verhalten?
- Persönliche Kommunikationsmuster
- Möglichkeiten der Verhaltensänderung
- Die Führungspersönlichkeit

II. Team-Entwicklung

Das Team als Bestandteil des Arbeits- und Entscheidungsgeschehens im Unternehmen.
- Die Dynamik in Arbeitsgruppen
- Voraussetzungen für die Leistungsfähigkeit von Teams
- Gruppenprozeß-Steuerung
- Teamentwicklung
- Frühwarnsysteme bei Gruppenproblemen
- Konfliktbewältigung
- Der Zugang zum Gesprächspartner

III. Organisations-Entwicklung

Die Unternehmung in der Wechselwirkung von sozialen, gesellschaftlichen, politischen, wirtschaftlichen und technischen Rahmenbedingungen.

– Unternehmungs-Entwicklung schließt Management-Entwicklung ein
– Lernen lernen – die Basis der Organisationsentwicklung
– Organisationsentwicklung und Managementschulung
– Veränderung von Organisationen
– Management-Selektion
– Die Entwicklung der Organisationsentwicklung

Das Buch ist für die Praxis geschrieben worden. Es ist kein wissenschaftliches Buch. Wir möchten die Leser und Leserinnen bitten, mit den Inhalten des Buches kreativ umzugehen. Für die visuell geprägten Menschen unserer Leserschaft hat Bruno Peyer einige Inhalte des Buches bildlich dargestellt. Der sprachlichen Vereinfachung halber werden die Begriffe «Führungskräfte», «Mitarbeiter», «Teamleiter», «Manager» für Frauen und Männer verwendet.

Unser Dank gilt den vielen Seminarteilnehmern, Führungskräften und Arbeitsgruppen, die in Diskussionen dazu beigetragen haben, daß dieses Buch eine Verbindung theoretischer Probleme und praktischer Erfahrung werden konnte.

Die Autoren

I. Selbst-Entwicklung

Die Führungskraft als Persönlichkeit im unternehmerischen Prozeß

Die situativ-kooperative Führung

Karl Kälin

1.1

Sich und andere besser verstehen

Im Laufe unseres Lebens entsteht in uns auf Grund unserer Erfahrungen ein Bild, das wir uns von uns selbst und von der Umwelt machen. Wir wollen es «Selbst-Bild» nennen. Dieses Selbst-Bild ist individuell geprägt und deckt sich nicht mit dem Bild, das andere von uns haben. Da wir nun unsere individuelle Welt als «Realität» betrachten, führt dies im Führungsalltag zwangsläufig immer wieder zu Mißverständnissen.

Im allgemeinen nehmen wir an, daß unsere eigenen Vorstellungen von Führung und Autorität «wahr» und «richtig» sind. Viele Führungskräfte fragen sich kaum je, welches ihre typischen Verhaltensweisen sind und wie ihr Verhalten auf andere Menschen – zum Beispiel auf die Mitarbeiter – wirkt.

Sich besser verstehen ist deshalb die Grundlage jeglicher Führungsarbeit. Es ist sogar eine grundlegende Forderung, welche die Griechen mit dem «Erkenne dich selbst» ja nicht nur für Führungskräfte auf ihren Tempel gemeißelt haben.

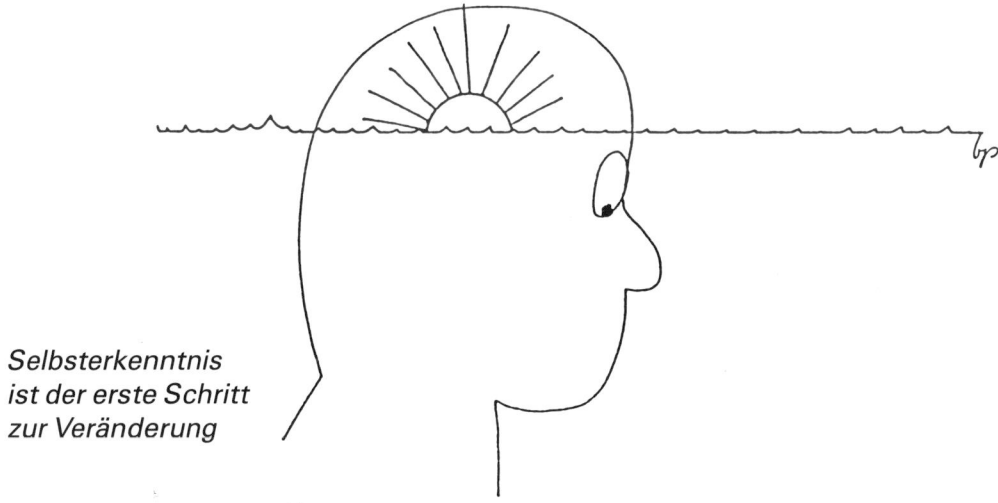

Selbsterkenntnis ist der erste Schritt zur Veränderung

Vieles kann ich bei anderen besser begreifen und akzeptieren, wenn ich mich selber etwas besser kenne. Wir beginnen daher mit einem Fragebogen zum Führungsverhalten.

1.2

Das eigene Führungsverhalten kennenlernen

Sie finden auf den folgenden Seiten je vier Aussagen zu sieben elementaren Verhaltensbereichen im Umgang mit Mitarbeitern.

Lesen Sie zunächst die vier Sätze A bis D unter Punkt 1 (Verhalten beim Ziele-Setzen). Betrachten Sie jeden dieser vier Sätze als eine mögliche Beschreibung Ihres eigenen Verhaltens. Setzen Sie eine 4 zu jenem Satz, der am ehesten auf Sie zutrifft, und zwar so, wie Sie Ihrer Meinung nach tatsächlich sind, und nicht, wie Sie sein möchten oder sein sollten. Geben Sie dann jenem Satz eine 3, der Ihr Verhalten am zweitbesten beschreibt. Fahren Sie mit den restlichen Sätzen fort, indem Sie der drittbesten Schilderung Ihres Verhaltens eine 2 und dem Satz, der am wenigsten auf Sie zutrifft, eine 1 zuordnen.

**Verhalten
beim Ziele-Setzen**

A_____ Ich stecke das Ziel möglichst hoch und achte auf kurze Termine. Nur bei starker Herausforderung des Mitarbeiters entsteht eine gute Leistung.

B_____ Der Mitarbeiter soll sich die Ziele möglichst selbst setzen, da er sich bei selbstgesetzen Zielen mehr anstrengt. Ich gebe höchstens Richtwerte oder sehr grobe Ziele vor.

C_____ Wichtiger als eine Zielsetzung durch mich ist es, daß die Mitarbeiter ihre Aufgaben gemäß Stellenbeschreibung pflichtgemäß erfüllen. Ziele, die von der Geschäftsleitung kommen, gebe ich selbstverständlich nach unten weiter.

D_____ Ich vereinbare mit meinen Mitarbeitern regelmäßig Ziele, so daß sich Unternehmensziele und individuelle Ziele der Mitarbeiter ergänzen. Die Mitarbeiter sollen die Ziele verstehen und akzeptieren, aber auch gleichzeitig durch sie herausgefordert werden.

**Verhalten beim
Planen**

A_____ Ich mache nur da Pläne, wo es die Situation erfordert. Jeder Mitarbeiter sollte sich auf seine eigene Weise «durchbeißen».

B_____ Ich stelle die Pläne so auf, daß eine langfristige Entwicklung gesichert und jeder Abschnitt klar umrissen ist. Pläne sollen gut durchdacht sein und den Mitarbeiter aktivieren.

C_____ Ich mache Vorschläge, überlasse aber die Feinplanung den Mitarbeitern. Ich vertraue den Fähigkeiten der Mitarbeiter. Zudem soll der Mitarbeiter einen großen Handlungsspielraum haben.

D_____ In meinen Plänen stehen Gewinn- und Kostendenken im Vordergrund. Ich plane nur so weit, als ich es auf Grund meiner Erfahrung für nötig erachte, sorge aber dafür, daß die Pläne konsequent eingehalten werden.

**Verhalten
bei der Ideensuche**

A_____ Bringen andere Ideen vor, so versuche ich, möglichst neutral zu bleiben und nicht Partei zu ergreifen.

B_____ Ich höre zu und suche neue Ideen und Meinungen. Ich habe zwar klare Vorstellungen, bin aber jederzeit bereit, bei guten Vorschlägen meine Meinung zu ändern.

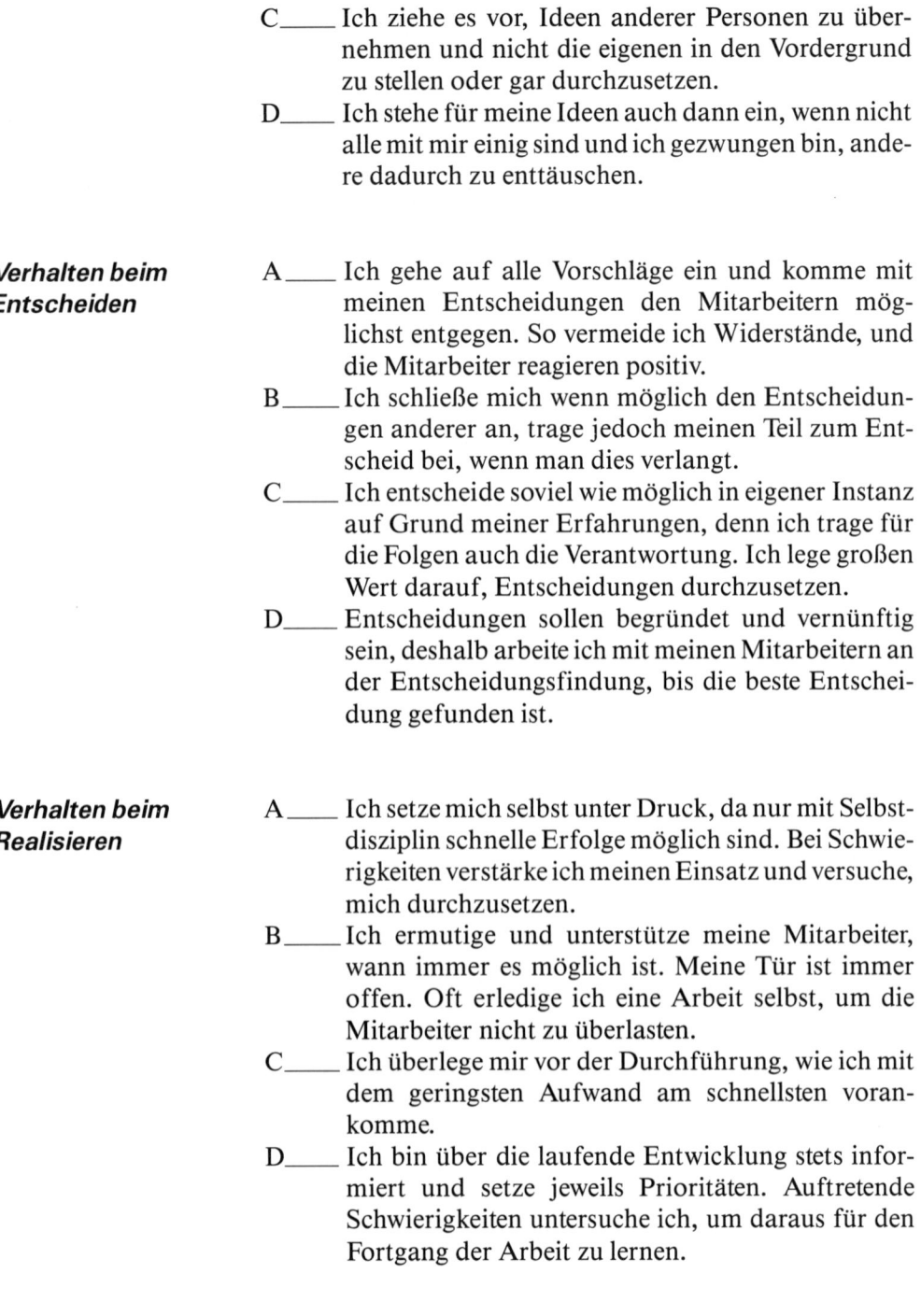

C____ Ich ziehe es vor, Ideen anderer Personen zu über-
       nehmen und nicht die eigenen in den Vordergrund
       zu stellen oder gar durchzusetzen.

D____ Ich stehe für meine Ideen auch dann ein, wenn nicht
       alle mit mir einig sind und ich gezwungen bin, ande-
       re dadurch zu enttäuschen.

Verhalten beim
Entscheiden

A____ Ich gehe auf alle Vorschläge ein und komme mit
       meinen Entscheidungen den Mitarbeitern mög-
       lichst entgegen. So vermeide ich Widerstände, und
       die Mitarbeiter reagieren positiv.

B____ Ich schließe mich wenn möglich den Entscheidun-
       gen anderer an, trage jedoch meinen Teil zum Ent-
       scheid bei, wenn man dies verlangt.

C____ Ich entscheide soviel wie möglich in eigener Instanz
       auf Grund meiner Erfahrungen, denn ich trage für
       die Folgen auch die Verantwortung. Ich lege großen
       Wert darauf, Entscheidungen durchzusetzen.

D____ Entscheidungen sollen begründet und vernünftig
       sein, deshalb arbeite ich mit meinen Mitarbeitern an
       der Entscheidungsfindung, bis die beste Entschei-
       dung gefunden ist.

Verhalten beim
Realisieren

A____ Ich setze mich selbst unter Druck, da nur mit Selbst-
       disziplin schnelle Erfolge möglich sind. Bei Schwie-
       rigkeiten verstärke ich meinen Einsatz und versuche,
       mich durchzusetzen.

B____ Ich ermutige und unterstütze meine Mitarbeiter,
       wann immer es möglich ist. Meine Tür ist immer
       offen. Oft erledige ich eine Arbeit selbst, um die
       Mitarbeiter nicht zu überlasten.

C____ Ich überlege mir vor der Durchführung, wie ich mit
       dem geringsten Aufwand am schnellsten voran-
       komme.

D____ Ich bin über die laufende Entwicklung stets infor-
       miert und setze jeweils Prioritäten. Auftretende
       Schwierigkeiten untersuche ich, um daraus für den
       Fortgang der Arbeit zu lernen.

Verhalten beim
Kontrollieren

A____ Ich kontrolliere das, was der Mitarbeiter nicht selbst
       kontrollieren kann. Mehrheitlich konzentriere ich
       mich dabei auf das Ergebnis. Abweichungen sind

Anlaß zur Analyse und zu Verbesserungsmaß-
nahmen.

B_____ Meine direkten Stichprobenkontrollen sind streng,
aber gerecht. Ich will damit feststellen, ob ich eingreifen oder korrigieren muß oder ob neue Anweisungen erforderlich sind.

C_____ Ich kontrolliere auf unauffällige Art. Bei Fehlern
hebe ich das Positive hervor. Kritikgespräche sind
stets konstruktiv und ermunternd.

D_____ Meine Aufgabe ist es, ein Kontrollsystem einzurich-
ten, das «automatisch» funktioniert, d.h. mir die
persönliche Kontrolle weitgehend abnimmt.

Verhalten bei   A_____ Ich möchte von Anfang an verhindern, daß Kon-
Konflikten   flikte entstehen. Treten sie aber trotzdem auf, versuche ich, die Mitarbeiter zu beruhigen und wieder ein
gutes, freundliches Klima herzustellen.

B_____ Wenn Meinungsverschiedenheiten oder Konflikte
entstehen, versuche ich, neutral zu bleiben und mich
aus der Diskussion herauszuhalten. Meist wächst
dann ohnehin Gras darüber.

C_____ Wenn Konflikte und Schwierigkeiten entstehen, versuche ich, die Gründe herauszufinden und die Ursachen mit allen Beteiligten zu klären.

D_____ Konflikte und Meinungsverschiedenheiten sind
meistens nur so zu beseitigen, indem man klar die
eigene Meinung durchsetzt.

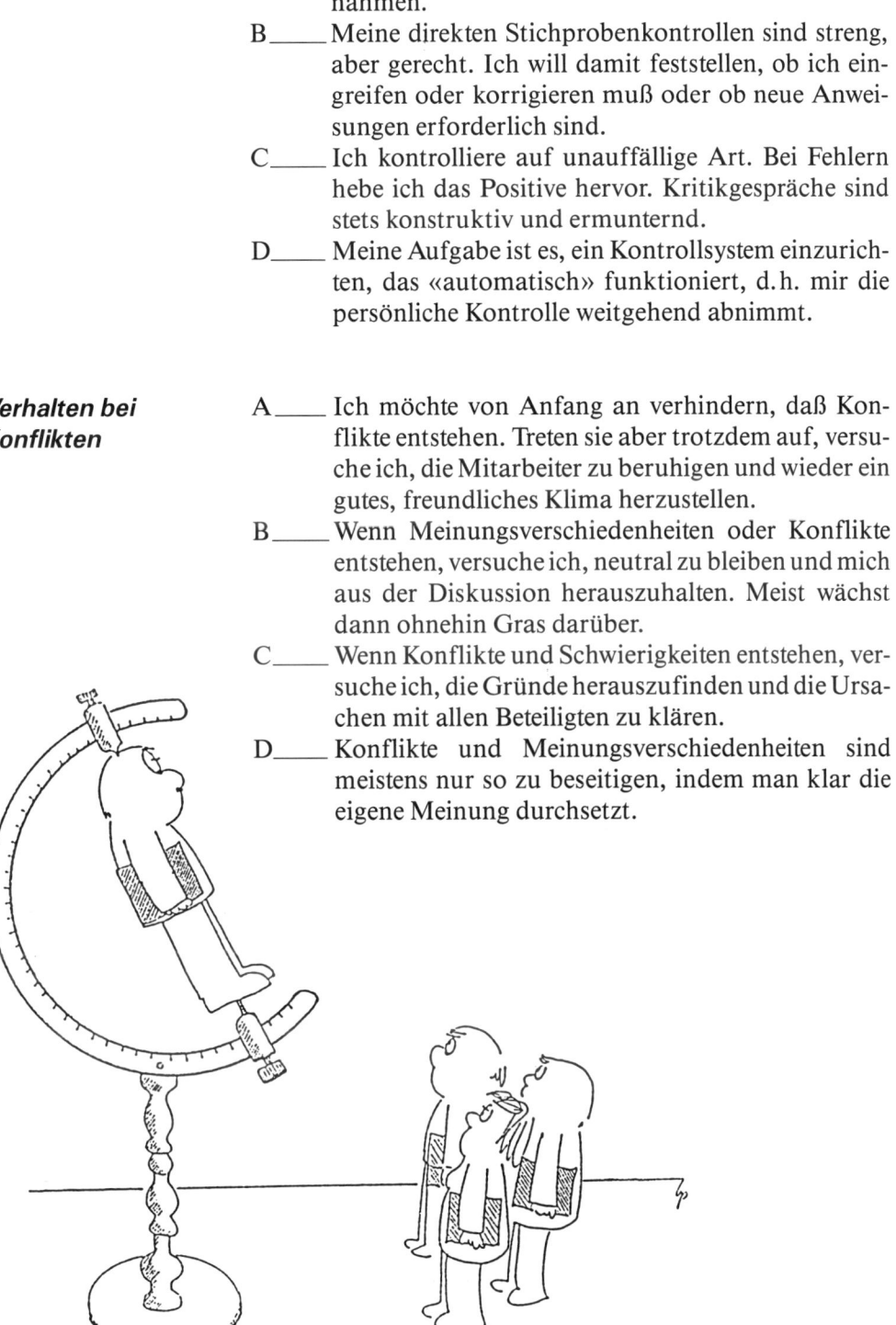

Auswertung des
Fragebogens

Die nachstehende Tabelle hilft Ihnen, die Antwort auf die Frage zu finden: «Welches Verhalten trifft am ehesten auf mich zu?»

Beginnen Sie mit dem Verhaltenselement «Verhalten beim Ziele-Setzen»: Übertragen Sie die Werte des Fragebogens in die Tabelle. Fahren Sie anschließend mit den anderen Verhaltenselementen fort. Zählen Sie schließlich die Werte jeder Kolonne zusammen.

Verhaltenselement	Stil I	Stil II	Stil III	Stil IV
Zielsetzung	C____	B____	A____	D____
Planung	A____	C____	D____	B____
Ideensuche	A____	C____	D____	B____
Entscheidung	B____	A____	C____	D____
Realisierung	C____	B____	A____	D____
Kontrolle	D____	C____	B____	A____
Konfliktlösung	B____	A____	D____	C____
Total	═══	═══	═══	═══

1.3

Führen verlangt soziale und technische Fähigkeiten

Um Ihnen eine Interpretation Ihrer Daten zu ermöglichen, wählen wir als theoretische Grundlage den sozio-technischen Ansatz zur Mitarbeiterführung (Blake und Mouton, 1978; Reddin, 1977; Hersey und Blanchard, 1969).

Dieser Ansatz geht davon aus, daß eine optimale Führung zum einen eine ausgeprägte Fähigkeit voraussetzt, Sachziele zu erreichen. Dazu braucht es vor allem technische Fähigkeiten wie Ziele-Setzen, Planen, Entscheiden, Durchsetzen, Realisieren, Kontrollieren. Zum andern setzt optimale Führungsarbeit soziale Fähigkeiten voraus, wie Rücksichtnahme auf die Bedürfnisse der Mitarbeiter, Zuhören, Vertrauen-Schaffen, Motivieren usw.

Das Ziel der Führungsschulung ist in der Regel die Förderung sowohl der technischen als auch der sozialen Fähigkeiten der Führungskräfte.

Der sozio-technische Ansatz zur Mitarbeiterführung ermöglicht die Beschreibung verschiedener Verhaltensstile. Wir beschränken uns hier auf vier Stile:

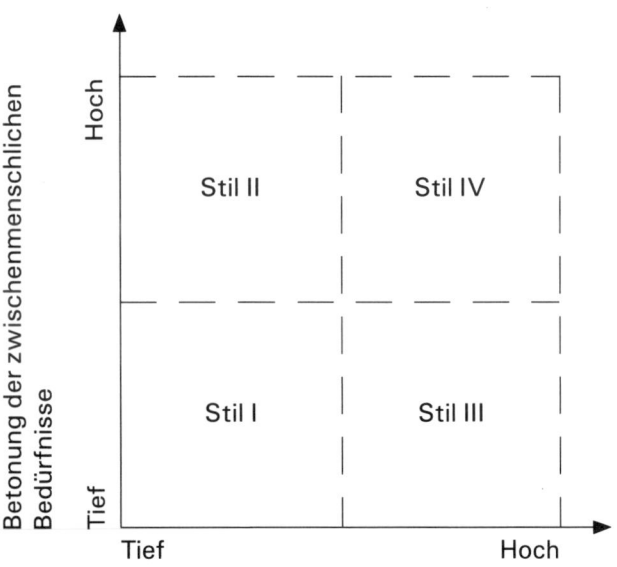

Betonung des Erreichens der Sachziele,
der Produktivität

Stil I   Führungskräfte in diesem Verhaltensbereich
- bevorzugen genaue Richtlinien
- stellen das Reglement in den Mittelpunkt
- halten sich möglichst zurück
- bleiben möglichst neutral
- halten Vorschriften genau ein
- nehmen wenig Einfluß auf das Erreichen der Sachziele
- nehmen wenig Einfluß auf das Betriebsklima

Dieser Führungsstil entspricht im allgemeinen dem «Laisser-faire»-Führungsverhalten.

Stil I: Das Reglement im Mittelpunkt...

Stil II

Führungskräfte in diesem Verhaltensbereich
- sehen vor allem das menschliche Element
- überlegen sich alles in bezug auf die Zusammenarbeit
- lassen den Mitarbeitern große Freiräume
- vertrauen den Fähigkeiten der Mitarbeiter
- wirken wohlwollend, ruhig, freundlich
- ermutigen und unterstützen die Mitarbeiter
- nehmen wenig Einfluß auf das Erreichen der Sachziele
- nehmen starken Einfluß auf zwischenmenschliche Beziehungen

Dieser Führungsstil entspricht im allgemeinen dem «karitativen» Führungsverhalten.

*Einfluß auf
die Befriedigung der
zwischenmensch-
lichen Bedürfnisse*

Stil III

Führungskräfte in diesem Verhaltensbereich
- setzen die Ziele möglichst hoch an
- stellen das Gewinn- und Kostendenken in den Vordergrund
- sind stark leistungsorientiert
- sind «hart» mit sich selber
- vertrauen den eigenen Fähigkeiten mehr als denjenigen der Mitarbeiter
- setzen die eigene Meinung durch
- nehmen starken Einfluß auf das Erreichen der Sachziele
- nehmen wenig Einfluß auf die Befriedigung der zwischenmenschlichen Bedürfnisse

Dieser Führungsstil entspricht im allgemeinen dem «autoritären» Führungsverhalten.

Stil IV

Führungskräfte in diesem Verhaltensbereich
- befassen sich je nach Situation mit dem Zwischen-menschlichen, der Zusammenarbeit, der Motivation bzw. der Leistung, dem Gewinn- und Kostendenken
- ziehen die Mitarbeiter für die Lösung sachlicher und menschlicher Probleme bei
- haben klare Vorstellungen, was sie wollen
- suchen nach neuen Ideen
- berücksichtigen vor allem die Priorität
- suchen nach den Ursachen von Problemen
- nehmen starken Einfluß auf das Erreichen der Sachziele
- nehmen starken Einfluß auf das Betriebsklima und die Bedürfnisse der Mitarbeiter

Dieser Führungsstil entspricht im allgemeinen dem «kooperativen» Führungsverhalten.

Wie steht es bei mir?

Die Auswertungsdaten des Fragebogens (vgl. Seite 16) ermöglichen Ihnen nun eine erste grobe Standortbestimmung. Führungsverhalten besteht aus Elementen aller vier Stile. In vielen Fällen neigen Führungskräfte aber zu einem der Verhaltensbereiche. Diese Tendenz läßt sich in den Total-Werten ablesen. Der Verhaltensstil mit der höchsten Punktzahl weist auf den *dominanten Führungsstil* hin. So verhalten Sie sich im allgemeinen – wenigstens Ihrer Meinung nach.

Interessant ist auch die zweithöchste Punktzahl. Sie weist auf Ihren *Ersatzstil* hin, auf den Sie ausweichen, wenn Sie mit dem dominanten Stil keinen Erfolg haben oder wenn sich dieser Stil aus irgendwelchen Gründen nicht eignet.

Befragt man die Mitarbeiter nach dem Verhaltensstil ihres Vorgesetzten, nennen diese in der Regel den Ersatzstil. Der Stil mit den tiefsten Werten ist ein Führungsverhalten, das Sie im allgemeinen ablehnen.

Sind die Unterschiede zwischen den totalen Punktzahlen der Verhaltensstile sehr gering, bedeutet dies möglicherweise, daß Sie Ihr Verhalten schnell der jeweiligen Situation anpassen oder daß Ihr Führungsverhalten für andere nicht ausgeprägt und somit schwer zu beurteilen ist.

1.4

Optimales Führungsverhalten ist situationsgerecht

Dem sozio-technischen Ansatz zur Mitarbeiterführung entsprechend beschreibt der Stil IV im Sinne des kooperativen Führungsstils ein optimales Führungsverhalten, denn es zielt darauf ab, daß beste Leistungen erbracht werden und die Zufriedenheit der Mitarbeiter möglichst groß ist. In der Praxis jedoch wird sich einmal eine stärkere Betonung der zwischenmenschlichen Dimension, ein andermal, z. B. in einer Krisensituation, eine stärkere Betonung der Sachziel-Dimension aufdrängen.

Führungsverhalten wird durch sehr viele Faktoren aus der technologischen, ökonomischen, sozialen und ökologischen Umwelt beeinflußt.

So beeinflussen u. a. auch die Fähigkeiten und die Motivation der Mitarbeiter das Führungsverhalten.

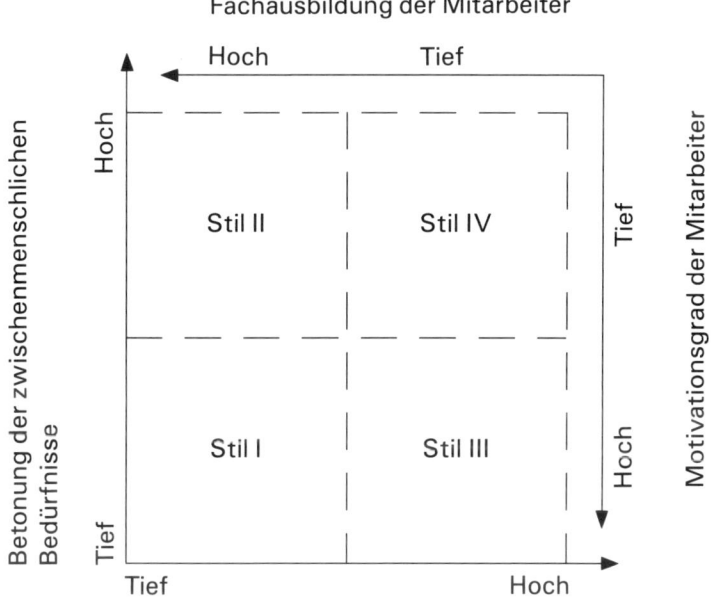

Fachausbildung der Mitarbeiter

Betonung des Erreichens der Sachziele, der Produktivität

Aus unserem Verhaltensgitter können wir ableiten, daß bei Mitarbeitern mit hoher Fachausbildung und gleichzeitig tiefer Motivation der Verhaltensstil II meistens erfolgreicher ist als etwa der Verhaltensstil III; Motivationsprobleme können wohl kaum mit dem Verhaltensstil III gelöst werden.

Andererseits würde es eher wenig nützen, stark motivierte Mitarbeiter, denen für die Erledigung einer Aufgabe aber das notwendige Fachwissen fehlt, im Sinne des Verhaltensstils II Mut und Trost zuzusprechen. Hier ist der Verhaltensstil III situationsgerechter.

Unser Schema zeigt auch, daß bei hochmotivierten Fachleuten sogar der Verhaltensstil I «erfolgreich» sein kann. So werden sehr gute Arbeitsresultate erzielt, ohne daß die Führungskraft starken Einfluß auf das Erreichen der Sachziele und auf die menschliche Dimension zu nehmen braucht: der «Laden läuft von selbst», die Führungskraft wird überflüssig oder frei für neue Aufgaben.

Diese erste, recht allgemeine Standortbestimmung möchten wir nun etwas weiter vertiefen. Wir verbinden dabei den sozio-technischen Ansatz zur Mitarbeiterführung mit einem Konzept aus der Psychotherapie.

1.5

Führungsverhalten und Psychotherapie

Befragt man die psychologische Forschung nach Versuchen, das zwischenmenschliche Verhalten zu erklären, so bietet sie heute eine Fülle von Denkmodellen und Methoden an (Neel, 1974).

In der Führungsschulung wird in Europa zunehmend die Methode der Transaktionalen Analyse verwendet, die in den USA – u.a. in der Astronautenausbildung – die Bewährungsprobe bereits hinter sich hat.

Diese vom amerikanischen Psychoanalytiker Eric Berne entwickelte Methode ist ein psychotherapeutisches Verfahren, das Patienten eine bessere Einsicht in die unterschiedlichen Beziehungen zu anderen Personen und zu sich selbst gibt. Eric Berne war ein Schüler von Paul Federn, der seinerseits Schüler Sigmund Freuds war. Bei der Transaktionalen Analyse handelt es sich also um psychoanalytisches Gedankengut, das mit Elementen der humanistischen Psychologie verbunden wird.

Mitte der sechziger Jahre haben Verhaltenswissenschaftler erkannt, daß die Transaktionale Analyse (TA) auch in nicht-therapeutischen Situationen zum besseren Verständnis der zwischenmenschlichen Beziehungen beitragen kann. Die TA wird heute nicht nur in der Psychotherapie, ihrem zentralen Anwendungsgebiet, eingesetzt, sondern auch in der Pädagogik, der Erwachsenenbildung, in Organisationen und vor allem auch in der Ausbildung von Führungskräften (Barnes, 1979, 1980, 1981).

Die Transaktionale Analyse im Führungsalltag

Karl Kälin

Im Wirtschaftsleben führt die Anwendung der TA zu besserer Kommunikation und Teamarbeit, ohne daß dadurch der Mensch seinen persönlichen Stil aufgeben muß. Indem verschlüsselte, widersprüchliche und gegenläufige Kommunikation aufgezeigt wird, lassen sich Verständigungsbarrieren beseitigen. Mit ihrer Theorie stellt die Transaktionale Analyse eine klare und praktische Terminologie bereit, dank der Probleme besser erfaßt und mit geringeren Verständnisschwierigkeiten besprochen werden können. In der aufgabenorientierten Gruppenarbeit können so zwischenmenschliche Konflikte ohne übermäßigen Aufwand ausgetragen werden, so daß sachliche Ziele und Aufgaben der Gruppe nicht beeinträchtigt werden.

2.1

Die vier Bereiche der Transaktionalen Analyse

Die Strukturanalyse

Sie befaßt sich mit der Persönlichkeitsstruktur des Menschen, also mit dem, was *im* Menschen vorgeht.

Die Transaktionsanalyse

Sie befaßt sich mit dem, was in der Kommunikation *zwischen* zwei Menschen vorgeht.

Die Spielanalyse

Sie befaßt sich mit komplizierten Kommunikationsketten, die in «Standardversionen» immer wieder ablaufen.

Die Skriptanalyse

Sie befaßt sich mit der Frage, wie das Kommunikationsverhalten eines Menschen mit seiner persönlichen Vergangenheit zusammenhängt.

*Die Transaktions-
analyse befaßt sich
mit dem, was
zwischen Menschen
vorgeht*

2.2

Das Persönlichkeitsmodell der Transaktionalen Analyse

Was ist eine Transaktion?

Im Sinne der TA ist eine Transaktion die Grundein-
heit der Kommunikation zwischen zwei Personen.
Transaktionen bestehen aus einem Transaktionsreiz
und einer Transaktionsantwort.

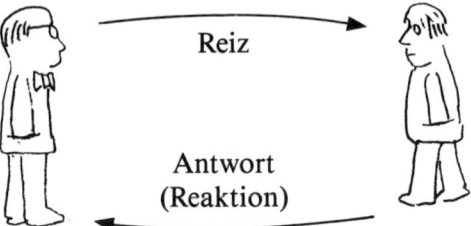

Die Antwort (oder Reaktion) meines Gesprächspartners ist nicht nur eine Reaktion auf das, was ich sage,
sondern auch auf das, was mein Gesprächspartner
von mir hält.

Alles Denken, Fühlen und Handeln läßt sich im Sinne der TA verschiedenen Persönlichkeitsbereichen zuordnen. Das Persönlichkeitsmodell der TA ist so einfach und verständlich, daß auch psychologisch nicht geschulte Führungskräfte schnell lernen können, damit umzugehen.

Wann immer verschiedene Menschen zusammenkommen, können wir beobachten, daß sie sich unterschiedlich verhalten, wobei sogar ein und derselbe Mensch während einer Besprechung oder Unterhaltung seinen Verhaltensstil verändern kann: Einmal gibt er sich wie ein Kind, befangen ode unbefangen, dann wie ein Vater kritisierend, herab-lassend, jovial oder wohlwollend oder aber auch sachlich und rational auf die Realität bezogen. Die TA geht nun davon aus, daß jeder von uns sich immer in einem bestimmten Augenblick entweder in einem Kindheits-Ich-Zustand oder in einem Eltern-Ich-Zustand oder in einem Erwachsenen-Ich-Zustand befindet. Mit diesen drei Ich-Zuständen erklärt das TA-Modell unsere Persönlichkeitsstruktur.

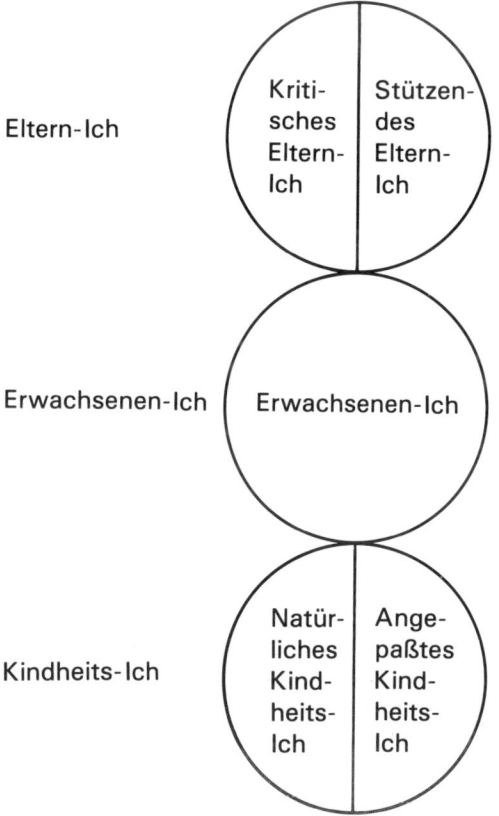

Eltern-Ich

Das Eltern-Ich ist das *gelernte Lebenskonzept.* Es besteht aus den Wertvorstellungen, Normen, Regeln, Gesetzen, Gedanken, Prinzipien, die wir von unseren Eltern und Bezugspersonen gelernt haben. Diese in der frühen Kindheit gelernten Inhalte bestimmen unser Verhalten auch in der Gegenwart automatisch, vor allem in Drucksituationen. Das Eltern-Ich setzt sich aus einer kritisch-wertenden und einer stützend-fürsorglichen Komponente zusammen.

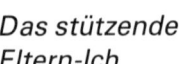

Das stützende Eltern-Ich

Erwachsenen-Ich

Das Erwachsenen-Ich ist das *gedachte, vernunft-orientierte Lebenskonzept.* Es entwickelt sich beim Heranwachsen durch die Auseinandersetzung mit der Wirklichkeit. Aus dem Erwachsenen-Ich heraus handeln wir, wenn wir Erfahrungen vorurteilsfrei verarbeiten und Informationen objektiv bewerten, um «vernünftige» Entscheidungen treffen zu können. Wir «bedienen» uns des Erwachsenen-Ichs vor allem beim sachlichen Informationsaustausch. Wer eine Erwachsenen-Ich-Haltung einnimmt, trifft seine Entscheidungen bewußt und verantwortlich.

Das Erwachsenen-Ich prüft auch, ob die Inhalte und Daten im Eltern-Ich und im Kindheits-Ich in der Gegenwart noch zutreffen. Es kann diese Daten übernehmen, verarbeiten oder ablehnen.

Kindheits-Ich

Das Kindheits-Ich ist das *gefühlte Lebenskonzept*. Im Kindheits-Ich sind die Gefühle gespeichert, die wir als Kinder hatten. Wenn wir uns in diesem Ich-Zustand befinden, treffen wir auf Grund von Gefühlen Schlußfolgerungen über uns selbst. Das Kindheits-Ich setzt sich aus einer natürlich-spontanen und einer angepaßt-unterwürfigen Komponente zusammen.

Verhaltensweisen aus diesen Ich-Zuständen können verbal (in Worten) oder nichtverbal (Mimik, Gestik, Körperhaltung) sein. Sie können der Situation angemessen oder nicht angemessen sein.

Es gibt nicht «gute» oder «schlechte» Ich-Zustände; alle drei Ich-Bereiche vertreten unsere Persönlichkeit. Fehlt ein Ich-Zustand, dann «fehlt einem etwas». «Was fehlt Ihnen?» frug man früher einen Kranken. Wenn einem nichts fehlt, ist man «heil», d. h. ganz.

Das *Kritische Eltern-Ich* wertet, moralisiert, weist zurecht, kritisiert, befiehlt, beherrscht, tyrannisiert, bestraft, kontrolliert, sorgt für Ordnung. Charakteristisch sind der erhobene Zeigefinger, zusammengezogene Augenbrauen, furchterregender Blick, Kopfschütteln, Naserümpfen usw. Beim Sprechen aus dem kritischen Eltern-Ich heraus fallen häufig Worte wie «müssen», «sollen», «immer», «nie», «nein», «Idiot» usw.

Das *Stützende Eltern-Ich* hört zu, hat Verständnis, lobt, tröstet, pflegt, unterstützt, hilft, umsorgt, nährt, streichelt. Man erkennt diesen Zustand an der warmen, beruhigenden Stimme, an liebevollen Gebärden, Schulterklopfen sowie an Worten wie «Kopf hoch», «du Armer» usw.

Das *Erwachsenen-Ich* beobachtet objektiv, sammelt Informationen leidenschaftslos, nüchtern, gefühllos, verarbeitet die Information logisch und zieht schließlich daraus die Schlüsse. Charakteristisch ist die sachlich klare, leidenschaftslose Stimme. Mimik und Gestik fehlen. Häufig gebrauchte Worte sind: «wer», «was», «wann», «wo», «wie», «wieviel».

Das *Natürliche Kindheits-Ich* spielt, faulenzt, freut und ärgert sich, erfindet, weint, lacht. Es kümmert sich nicht um die andern, verhält sich spontan, tanzt, schreit, ist sich selbst, egoistisch, hemmungslos. Es braucht Worte wie «toll», «irrsinnig», «lässig», «juhu» usw.

Das *Angepaßte Kindheits-Ich* gehorcht, zieht sich zurück, fühlt sich schuldig, zögert, fürchtet sich, ist unsicher, höflich, ohne eigene Meinung und Initiative, richtet sich nach den andern.

Wenn wir bei uns und bei andern erkennen, aus welchem Ich-Zustand heraus wir uns verhalten, können wir Gesprächsabläufe bewußt steuern und gestalten.

Problemlösendes Verhalten zeigt sich vorwiegend im Erwachsenen-Ich. Wenn zum Beispiel ein Mitarbeiter eine wichtige Arbeitsunterlage nicht finden kann, hätte sein Vorgesetzter mehrere Möglichkeiten, darauf zu reagieren:

a) «Warum können Sie nicht wenigstens einmal in Ihrem Leben eine Sache sorgfältig erledigen, verdammt nochmal!»

b) «Am besten fragen Sie jeden, der die Unterlage in den letzten Tagen gebraucht haben könnte und gehen ihrem Weg durch die Abteilung nach.»

c) «Ich weiß auch nicht weiter, was machen wir jetzt bloß?»

Sowohl die Eltern-Ich-Reaktion (a) als auch die Kindheits-Ich-Reaktion (c) lösen das Problem kaum. Die Förderung des Verhaltens aus dem Erwachsenen-Ich (b) ist ein wichtiger Bestandteil eines Verhaltenstrainings in Transaktionaler Analyse.

Die Strukturanalyse

2.3

Meine Persönlichkeitsstruktur:
Das Egogramm

Nach Dusay (1977) ist das Egogramm eine graphische Darstellung, die zeigt, wie häufig und intensiv die verschiedenen Ich-Zustände eines bestimmten Menschen im Alltag in Erscheinung treten.

Damit Sie sich Ihrer Ich-Zustände deutlicher bewußt werden, schlagen wir Ihnen vor, folgenden Fragebogen auszufüllen:

2.3.1

Fragebogen zur Transaktionalen Analyse

Zu den folgenden Aussagen sollten Sie so offen wie möglich Stellung nehmen. Bei denjenigen Aussagen, die Sie eher befürworten, als daß Sie sie ablehnen, kreisen Sie das + ein; bei solchen, wo Sie eher dagegen als dafür sind, das – .

* Die Bedeutung der Sternchen wird später erklärt; Sie brauchen sie vorläufig nicht zu beachten.

Skala I

+   –   1. Ich kann gut zuhören.

+   –   *2. Ich neige dazu, in Gruppen der Tonangebende sein zu wollen.

+   –   *3. Es scheint, daß ich anderen bald einmal widerspreche.

+   –   4. Ich stehe eher auf der Seite der Schwächeren.

+   –   5. Ohne Fleiß kein Preis.

+   –   *6. Wenn ich bei einer Auseinandersetzung in die Enge getrieben werde, neige ich dazu, ärgerlich zu reagieren.

+   –   7. Den Satz «Jede wahre Liebe ist auf Achtung begründet» finde ich zutreffend.

+   –   *8. Man kann tun, was man will: den Charakter eines Menschen kann man nicht ändern.

+   –   *9. Ich neige dazu, in verworrenen oder verfahrenen Situationen die Führung zu übernehmen.

+   –   10. Es fällt mir leicht, andere zu trösten.

+   –   *11. Öfter, als ich möchte, suche ich Fehler bei den anderen.

+   –   12. Die meisten Menschen wollen geführt sein.

+   –   13. Ich halte jene Berufe für die wertvollsten, in denen Menschen geholfen wird.

+   –   14. Ich bin sehr verständnisvoll, wenn andere Probleme haben.

+   –   *15. Ich habe feste Überzeugungen und ändere diese nicht so leicht.

+   –   *16. Rassenvorurteile sind angebracht, um gemischte Heiraten zu verhindern.

+   –   17. Eine wirkliche Änderung findet eigentlich nur dann statt, wenn eine starke Person eine Sache an die Hand nimmt und sie vorwärtsbringt.

+   –   *18. Ich neige dazu, mich in meinem Leben auf Tradition und Bewährtes zu verlassen.

+   –   *19. Ich neige dazu, mich über Personen, die bewährte und anerkannte Denkweisen und Handlungen in Frage stellen, aufzuregen.

+   –   *20. Minderheiten erhalten mehr Beachtung, als sie verdienen.

+   –   *21. Die Aussage eines deutschen Politikers, «wir können doch nicht jedem den Arsch vergolden», finde ich zutreffend.

+   –   22. Den Gedanken, daß die Leute human und menschlich sein sollten, finde ich richtig.

+ –   23. Ich werde oft von anderen um Rat gefragt.

+ –   *24. Ein Problem, das uns immer zu begleiten scheint, ist, daß es zu wenig Leute gibt, welche arbeiten, und zu viele, die befehlen wollen.

+ –   *25. Das Sprichwort «Was Hänschen nicht lernt, lernt Hans nimmermehr» finde ich zutreffend.

+ –   *26. Vielen Leuten ist zuwenig klar, daß man besonders im Geschäftsleben sehr kämpferisch sein muß, um erfolgreich zu sein.

+ –   27. Es ist doch so, daß Menschen gezwungen werden müssen, gewisse Dinge zu tun, die gut für sie sind.

+ –   *28. Ich glaube, daß unsere Gesellschaft gesünder wäre, wenn Verstöße gegen die Gesetze strenger geahndet würden.

+ –   *29. Ich bin der Meinung, daß die Frau ins Haus gehört.

+ –   30. Es scheint, daß ich den Mitmenschen mehr Vertrauen schenke, als viele andere es tun.

+ –   31. Es gibt Situationen, in denen es richtig ist, ein Kind zu seinem eigenen Wohl mit einer Tracht Prügel zu bestrafen.

+ –   32. Das größte Mißgeschick, das jemandem widerfahren kann, ist, die Geduld zu verlieren.

+ –   *33. Strenge Bestrafung von Verbrechern wäre geeignet, von Vergehen abzuschrecken.

+ –   34. Wenn immer jemand Hilfe braucht, leiste ich sie ihm.

+ –   *35. Eltern und Erzieher neigen heute dazu, allzu nachsichtig zu sein.

+ –   36. Andere in ihrer Entwicklung zu unterstützen gibt mir eine große Befriedigung.

+ –   *37. Die Berichterstattung der Medien (Fernsehen, Zeitungen) sollte besser kontrolliert werden.

+ –   *38. Ich kann nicht begreifen, daß jemand Selbstmord begeht.

+ –   39. Einer der Gründe, warum die Werbung so erfolgreich ist, ist der Umstand, daß die Menschen es mögen, wenn ihnen gesagt wird, was sie zu kaufen haben.

+ –   *40. Obschon es aus der Mode gekommen ist, sollte in der Schule wieder gebetet werden.

+   –   41. Die patriotische Einstellung gegenüber dem eigenen Land wird immer wichtiger sein als das sogenannte «Weltbürgertum».

+   –   *42. Die Leute sollten sich mit gewissen Grundsätzen von Moral, Recht und Unrecht mehr identifizieren.

+   –   *43. Die Todesstrafe wird nie abgeschafft werden.

+   –   44. Wenn ich sehe, daß jemand bei einer Arbeit Schwierigkeiten hat, nehme ich sie ihm gerne ab.

+   –   *45. Wir benötigen eher mehr als weniger Filmzensur.

+   –   *46. Ich bin der Ansicht, daß man gewisse Berufstraditionen in der Familie aufrechterhalten soll.

+   –   *47. Eine starke Führungskraft braucht keine Mitbestimmung.

+   –   48. In der Regel komme ich mit allen Leuten gut aus.

+   –   *49. Ich bin der Meinung, daß Kinder ihren Eltern Respekt entgegenbringen müssen.

+   –   50. Ich habe Mitleid mit Menschen, die sich in Schwierigkeiten befinden.

+   –   51. Im Vergleich mit anderen mache ich eher mehr Überstunden.

+   –   52. Ich neige dazu, mich der Meinung der Mehrheit anzuschließen.

+   –   53. Ich habe früh gelernt, die Dinge nicht zu übertreiben und die Kirche im Dorf zu lassen.

+   –   54. «Undank ist der Welt Lohn» habe ich schon oft erfahren müssen.

+   –   55. Statt Zeit damit zu verlieren, jemandem etwas zu erklären, erledige ich es lieber selber.

+   –   *56. Ich bin oft verblüfft, zu sehen, wie blöd die Leute sind.

+   –   *57. Journalisten sollten weniger frei in ihrer Meinungsäußerung sein.

+   –   58. Viele Leute gehen fehl, weil sie Verantwortung ablehnen.

+   –   59. Wenn man nicht zuviel von den Menschen erwartet, wird man auch nicht so leicht enttäuscht.

+   –   60. Wenn sich jemand über mich ärgert, versuche ich, ihn zu besänftigen.

Skala II

+ –   61. Mir scheint, daß ich ein besserer Beobachter bin als viele andere Leute.

+ –   62. Ich neige dazu, einen kühlen Kopf zu bewahren, wenn andere aufgeben oder abschalten.

+ –   63. Meine Eltern oder Erzieher hatten große Freude daran, wenn ich selbständig lernte und forschte.

+ –   64. Ich sammle Informationen und plane, bevor ich handle.

+ –   65. Ich erröte selten oder nie.

+ –   66. Es fällt mir leicht, in öffentlichen Veranstaltungen das Wort zu ergreifen.

+ –   67. Ich weine selten oder nie.

+ –   68. Ich bin risikofreudiger als die meisten mir Bekannten.

+ –   69. Es macht mir nichts aus, allein zu sein.

+ –   70. Meine Eltern oder Erzieher neigten dazu, den Gebrauch des Verstandes höher zu schätzen als viele andere Leute.

+ –   71. Ich bin fähig, eine gewisse wachsame Unvoreingenommenheit zu bewahren, wenn andere allzu erregt werden.

+ –   72. Mehr als viele andere mir bekannte Leute ziehe ich problemlösendes Verhalten dem Feilschen und Kompromisse-Schließen vor.

+ –   73. Es fällt mir leicht, meine Gefühle unter Kontrolle zu halten.

+ –   74. Bei der Planung eines Projektes achte ich darauf, Leute, die zupacken, vorzusehen.

+ –   75. Ich habe feste Überzeugungen und verleihe ihnen auch Ausdruck, reagiere aber positiv auf vernünftige Gegenargumente, indem ich meine Meinung ändere.

+ –   76. Obwohl andere zeitweise dazu neigen, zwischenmenschliche Konflikte zu unterdrücken, zu vertuschen oder durch Kompromisse beizulegen, versuche ich unter allen Umständen, die Ursachen herauszufinden.

+ –   77. In Streß-Situationen bleibe ich ruhig.

+ –   78. Es scheint mir, daß ich dazu neige, vor dem Fällen von Entscheidungen die Risiken abzuwägen.

+ –   79. Mehr als viele andere mir bekannte Leute
          bemühe ich mich, Ideen, Meinungen und
          Haltungen zu suchen, die sich von meinen
          eigenen unterscheiden.

+ –   80. Leute, die mit mir zusammenarbeiten, wür-
          den sagen, ich sei entscheidungsfreudig und
          entschlossen.

+ –   81. Ich habe anderen schon oft den Fuß auf den
          Nacken gesetzt, damit sie eine wichtige Ar-
          beit ausführen.

+ –   82. Zwischenmenschliche Konflikte erledige ich
          im persönlichen Gespräch.

+ –   83. Ich bin der Überzeugung, daß eine wirk-
          same Führung die Mitarbeiter dazu an-
          spornt, das Beste zu geben.

+ –   84. Ich glaube, daß das, was andere Leute
          fühlen und denken, wichtig ist.

+ –   85. Schon als Kind ermutigten mich meine
          Eltern, meine Ansichten auszusprechen,
          ohne Angst vor Strafe zu haben oder davor,
          mich lächerlich zu machen.

+ –   86. Mich interessieren die Ergebnisse aus For-
          schung und Wissenschaft.

+ –   87. Es scheint, daß ich eher die Fähigkeit, selb-
          ständig und unabhängig zu denken, entwik-
          kelt habe, als mich den Gedanken anderer
          Leute anzupassen.

+ –   88. Ich glaube, daß Menschen fähig sind, sich
          selbst zu führen und zu kontrollieren und
          damit sich selbst zu entwickeln.

+ –   89. Die meisten Fehler entstehen eher wegen eines
          Mißverständnisses als aus Nachlässigkeit.

+ –   90. Irgendwie scheint es, daß ich gelernt habe,
          der Welt auf entspannte, zuversichtliche und
          positive Art entgegenzutreten.

+ –   91. Ich bin aktives Mitglied von drei und mehr
          Vereinen und Organisationen.

+ –   92. Offenheit und Ehrlichkeit anderen gegen-
          über lohnen sich in der Regel.

+ –   93. Ich bin ein rationaler, logischer Denker.

+ –   94. Ich bringe es fertig, nach außen ruhig zu
          bleiben, obwohl es in mir kocht.

+ –   95. Ich besuche Kurse, Seminare, Vorträge usw.
          häufiger als die meisten mir bekannten Per-
          sonen.

+ –   96. Ich habe den Ruf, fair und objektiv zu sein.

+ –   97. Ich pflege in der Regel von den anderen das zu bekommen, was ich haben möchte.

+ –   98. Ich kann anderen Personen Dinge klar und deutlich erklären.

+ –   99. Mein Erfolg im Leben beruht auf der Tatsache, daß ich es verstehe, meine Gefühle zu verbergen.

+ –   100. In einer Diskussion zählen meine Argumente oft zu den besten.

+ –   101. Ich bin der Überzeugung, daß die Menschen grundsätzlich gut sind.

+ –   102. Für mich ist es wichtig, so perfekt wie möglich zu sein.

+ –   103. Ich lese täglich eine bis zwei Tageszeitungen.

+ –   104. Ich habe eine ziemlich klare Vorstellung, wo ich in 10 Jahren beruflich und privat stehen möchte.

Skala III

+ – *105. Obwohl es viele nicht wahrhaben wollen, glaube ich, daß die Gefühle bei 90 Prozent der lebenswichtigen Entscheidungen den Ausschlag geben.

+ –   106. Es scheint, daß ich mich mehr als andere selbst bemitleide.

+ –   107. Wenn eine höherstehende Persönlichkeit die Verantwortung für eine schwerwiegende, zu treffende Entscheidung übernimmt, werde ich bei der Durchführung mithelfen, auch wenn ich davon nicht überzeugt bin.

+ – *108. Ich genieße es wirklich, sehr schnell Auto zu fahren.

+ – *109. Es kommt öfter vor, daß ich am hellen Tag ins Blaue hinein träume.

+ – *110. Ich bin für Spontankäufe sehr anfällig.

+ – *111. Es bereitet mir Mühe, z. B. eine Abmagerungskur durchzustehen, das Rauchen aufzugeben usw.

+ –   112. Ich habe nichts dagegen, der Ausführende zu sein, aber ich habe es gerne, wenn ein anderer dabei die Führung übernimmt.

+ – *113. Ich gebrauche oft Ausdrücke wie «toll», «lässig», «irre», «höllisch» usw.

+ – 114. In einer gespannten Lage neige ich eher dazu, mich zurückzuziehen.

+ – 115. Bescheidenheit ist eine Tugend, vielleicht die größte.

+ – *116. Ich erzähle gerne Witze.

+ – *117. Ich bin immer voll neuer Ideen.

+ – 118. Ich habe keine Mühe, Anweisungen zu befolgen.

+ – 119. Meine Eltern oder Erzieher waren gute und freundliche Menschen.

+ – *120. Ich bin oft impulsiv.

+ – 121. Eher stimme ich anderen zu, als daß ich mit ihnen hin und her diskutieren würde.

+ – 122. Ich bemühe mich sehr um die Anerkennung anderer.

+ – 123. Hie und da ertappe ich mich dabei, daß ich zu laut lache und spreche.

+ – 124. Ich sage mir oft: «Es nützt ja doch nichts, sich hier zu engagieren.»

+ – 125. Wenn mich jemand innerlich verletzt hat, sage ich ihm in der Regel nichts davon.

+ – *126. Es ist für mich schwer zu verstehen, warum so viele Leute das Leben so ernstnehmen.

+ – 127. Oftmals äußere ich meine Ideen nicht, weil sie mir zu wenig wichtig erscheinen.

+ – *128. Meine Eltern respektierten es, wenn ich meine Gefühle wie Freude, Trauer, Ärger usw. voll ausdrückte. Sie ermutigten mich gar dazu.

+ – 129. Es scheint mir, daß ich nicht so oft, wie ich möchte, meinen Willen durchsetzen kann.

+ – 130. Ich ziehe es vor, eine Stellung mit eher wenig Verantwortung, Befugnissen, Ansehen usw. anzunehmen.

+ – 131. Es kann sein, daß meine Eltern doch eher dazu neigten, mir Angst vor der Welt und den Menschen einzuflößen, als mir die Welt von der erfreulichen Seite zu zeigen.

+ – *132. Ich habe mehr Interessen, Liebhabereien usw. als die meisten Leute, die ich kenne.

+ – 133. Aus irgendeinem Grunde kommt es oft vor, daß ich meistens den kürzeren ziehe.

+ – *134. An einem Freitagabend sitzen Sie mit ein paar Freunden zusammen und trinken einige Flaschen Wein. Plötzlich kommt einer auf die Idee, jetzt für zwei Tage nach Paris zu fahren. Fahren Sie mit?

+ – *135. Ich neige viel eher dazu, phantasievolle als logische Lösungen anzustreben.

+ – *136. Es gibt Momente, wo ich in Gegenwart anderer Leute weine, ohne mich zu schämen.

+ – *137. Irgendwann habe ich gelernt, dem Sex, meinem Körper, der Intimität usw. gegenüber eine freudige Haltung einzunehmen.

+ – 138. Man muß sich wichtigen Persönlichkeiten unterordnen.

+ – *139. Es gibt Zeiten, zu denen ich mir gerne außergewöhnliche Freuden und Vergnügungen gönne.

+ – 140. In ungewohnten Situationen fühle ich mich sehr unbehaglich.

+ – *141. Ich finde mich oft mitten in einem Problem und frage mich, wie ich da wohl wieder hineingeschlittert bin.

+ – 142. In vielen Situationen fühle ich mich einfach hilflos.

+ – *143. Wenn ich etwas sage, ist es sehr wohl möglich, daß ich ins Fettnäpfchen trete.

2.3.2

Die Auswertung des Fragebogens

Der Fragebogen ist nach der Trefferwahrscheinlich-keits-Methode aufgebaut; deshalb werden nur die + bewertet. Zählen Sie nun alle +, die Sie bei den Fragen 1–60 (Skala I) eingekreist haben. Zählen Sie dann in der Skala I alle + bei den mit einem Stern versehenen Fragen. Dieser Wert mißt den Anteil des kritischen Eltern-Ichs (2). Subtrahieren Sie nun diesen Wert vom Summenwert (1). So errechnen Sie den Anteil des stützenden Eltern-Ichs (3).

Summe aller + in der Skala II (Fragen 61–104) ergeben den Wert des Erwachsenen-Ichs (4).

Zählen Sie jetzt alle eingekreisten + in der Skala III (Fragen 105–143) (5). Zählen Sie dann alle + bei den Fragen, die mit einem Stern gekennzeichnet sind (Natürliches Kindheits-Ich) (6). Wenn Sie diesen Wert (6) nun noch von der Summe (5) subtrahieren, erhalten Sie den Anteil des Angepaßten Kindheits-Ichs.

Skala I (Fragen 1–60)
Summe aller +   = _____ (1)
Summe der + -Antworten, die mit
einem Stern versehen sind (Kriti-
sches Eltern-Ich)   = _____ (2)
(1) minus (2) (Stützendes Eltern-Ich)   = _____ (3)

Skala II (Fragen 61–104)
Summe aller +   = _____ (4)

Skala III (Fragen 105–143)
Summe aller +   = _____ (5)
Summe der + -Antworten, die mit
einem Stern versehen sind (Natürli-
ches Kindheits-Ich).   = _____ (6)
(5) minus (6) (Angepaßtes
Kindheits-Ich)   = _____ (7)

Anhand der folgenden Umrechnungstabelle werden jetzt diese berechneten Rohwerte (2) (Kritisches Eltern-

Ich), (3) (Stützendes Eltern-Ich), (4) (Erwachsenen-Ich), (6) (Natürliches Kindheits-Ich), und (7) (Angepaßtes Kindheits-Ich) schließlich noch in Skalenwerte umgewandelt.

Skala I				Skala II		Skala III			
Kritisches Eltern-Ich		Stützendes Eltern-Ich		Erwachsenen-Ich		Natürliches Kindheits-Ich		Angepaßtes Kindheits-Ich	
Roh-wert (2)	Skalen-wert	Roh-wert (3)	Skalen-wert	Roh-wert (4)	Skalen-wert	Roh-wert (6)	Skalen-wert	Roh-wert (7)	Skalen-wert
2	0	2	0	13	0	1	0	1	0
3	5	5	5	14	5	2	5	2	5
5	10	7	10	16	10	3	10	3	10
7	20	10	20	18	20	5	20	5	20
9	30	12	30	21	30	7	30	7	30
11	40	14	40	23	40	8	40	8	40
12	50	16	50	26	50	9	50	9	50
14	60	18	60	29	60	10	60	10	60
16	70	20	70	31	70	12	70	12	70
18	80	22	80	33	80	13	80	13	80
20	90	25	90	36	90	15	90	15	90
21	95	28	95	38	95	17	95	17	95

Die Skalenwerte werden nun auf die untenstehenden Säulen übertragen. So erhalten Sie Ihr Egogramm.

Das ist Ihr Egogramm

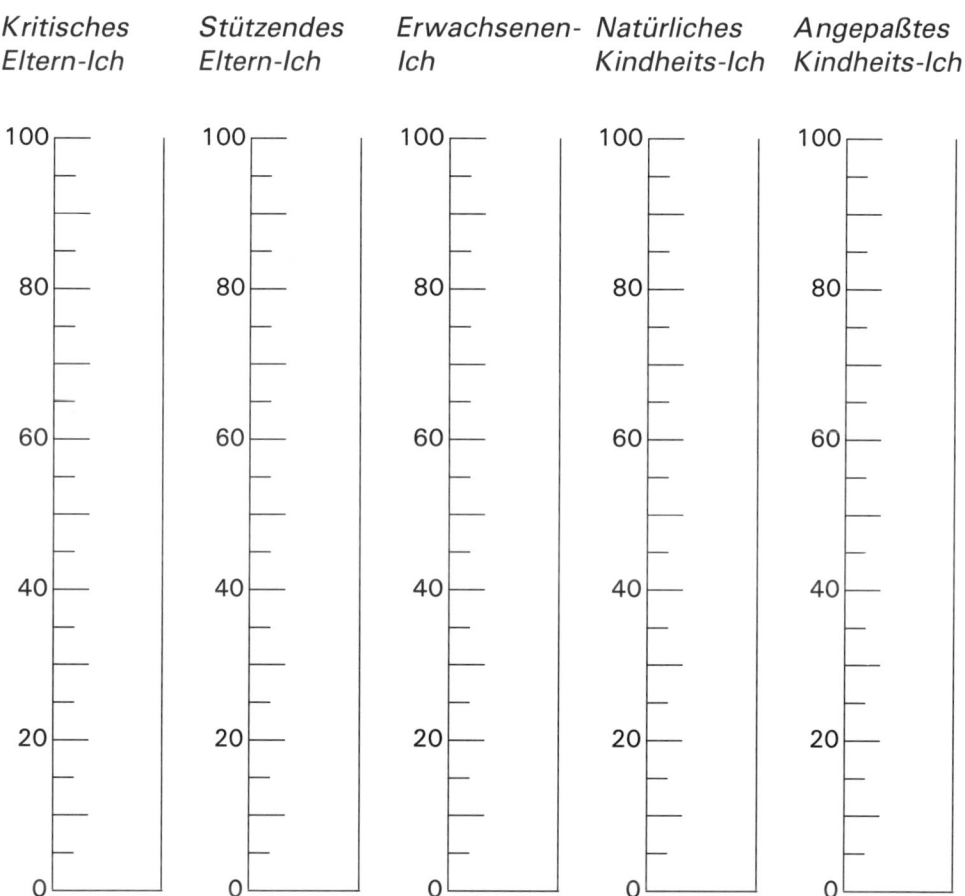

Kritisches Eltern-Ich Stützendes Eltern-Ich Erwachsenen-Ich Natürliches Kindheits-Ich Angepaßtes Kindheits-Ich

Es gibt keine «guten» oder «schlechten» Egogramme, genausowenig wie es gute oder schlechte Ich-Zustände gibt. Jeder Ich-Zustand bringt Ihnen und der Zusammenarbeit mit Ihren Mitarbeitern Vor- und Nachteile. Das Egogramm zeigt Ihnen, wie sich Ihre psychische Energie in den einzelnen Ich-Bereichen verteilt und wie stark Ihre einzelnen Ich-Zustände ausgeprägt sind.

Je höher die Skala steigt, desto ausgeprägter ist der entsprechende Ich-Zustand (der Skalenwert 50 entspricht einem Durchschnittswert von 3000 deutschsprachigen Testpersonen). Übersteigt ein Ich-Zustand den andern um mehr als 15 Skalenwerte, bedeutet dies, daß vor allem in Drucksituationen das Verhalten vom entsprechenden Ich-Zustand dominiert wird. Es fällt uns in solchen Situationen schwer, diesen Ich-Bereich zu verlassen.

Die Dominanz eines Ich-Zustandes selektioniert die Wahrnehmung. Ich nehme in einem solchen Moment nur noch das «wahr», was meine Haltung rechtfertigt; alles andere «höre» und «sehe» ich nicht mehr. Geringe Unterschiede zwischen den Ich-Bereichen weisen auf einen schnellen Wechsel zwischen den entsprechenden Verhaltensweisen hin.

Werden Mitarbeiter befragt, wie eine Führungskraft auf sie wirke, welche sich *vorwiegend* im Eltern- bzw. Erwachsenen- oder Kindheits-Ich befinde, nennen sie u. a. häufig folgende Vor- und Nachteile der einzelnen Ich-Zustände:

Einige Beispiele für die positiven Auswirkungen der Ich-Bereiche

Kritisches Eltern-Ich
- Kann in Notsituationen rasch entscheiden
- Legt hohe Maßstäbe an
- Übernimmt Verantwortung
- Normen und Traditionen geben Sicherheit

Stützendes Eltern-Ich
- Schutz schafft Geborgenheit
- Übernimmt Führung in schwierigen Situationen
- Hört geduldig zu
- Hat Verständnis

Erwachsenen-Ich
- Sammelt Informationen
- Geht Ursachen auf den Grund
- Problemlösendes Verhalten
- Löst Konflikte durch Konfrontation
- Entscheidungsfreudig
- Aktiv
- Offen
- Selbständig

Natürliches Kindheits-Ich
- Begeistert
- Wirkt witzig, charmant
- Kann genießen
- Spontan
- Phantasievoll

Angepaßtes Kindheits-Ich
- Kann auf Kompromisse eingehen
- Nimmt Rücksicht auf andere
- Ist bescheiden

Einige Beispiele für die negativen Auswirkungen von stark ausgeprägten Ich-Bereichen

(Skalenwerte größer als 80)

Kritisches Eltern-Ich
- Unterdrückend
- Intolerant
- Sucht Fehler bei anderen
- Reagiert mit Ärger und Wut
- Lehnt Neues eher ab
- Pflegt Vorurteile

Stützendes Eltern-Ich
- Schafft Abhängigkeit
- Unterdrückt mit Höflichkeit
- Fühlt sich wenig beachtet
- Traut anderen wenig zu
- Lehnt Komplimente ab
- Nimmt sich «Problemen» lieber selber an
- «Meint es gut» mit anderen

Erwachsenen-Ich
- Wenig Emotionen
- Langweilig
- Fade
- Roboterhaft

Natürliches Kindheits-Ich
- Ungestüm
- Unkontrolliert
- Leichtsinnig
- Rücksichtslos
- Übernimmt keine Verantwortung
- Impulsiv
- Flippt aus

Angepaßtes Kindheits-Ich
- Überangepaßt
- Zieht sich schnell zurück
- Hat Angst, etwas falsch zu machen
- Resigniert schnell

Eine Untersuchung bei mehr als 4000 Führungskräften in Süddeutschland und der deutschsprachigen Schweiz mit dem Fragebogen (S. 36) hat folgendes Durchschnittsbild ergeben:

Egogramm von Führungskräften (Durchschnitt von N = 4280)

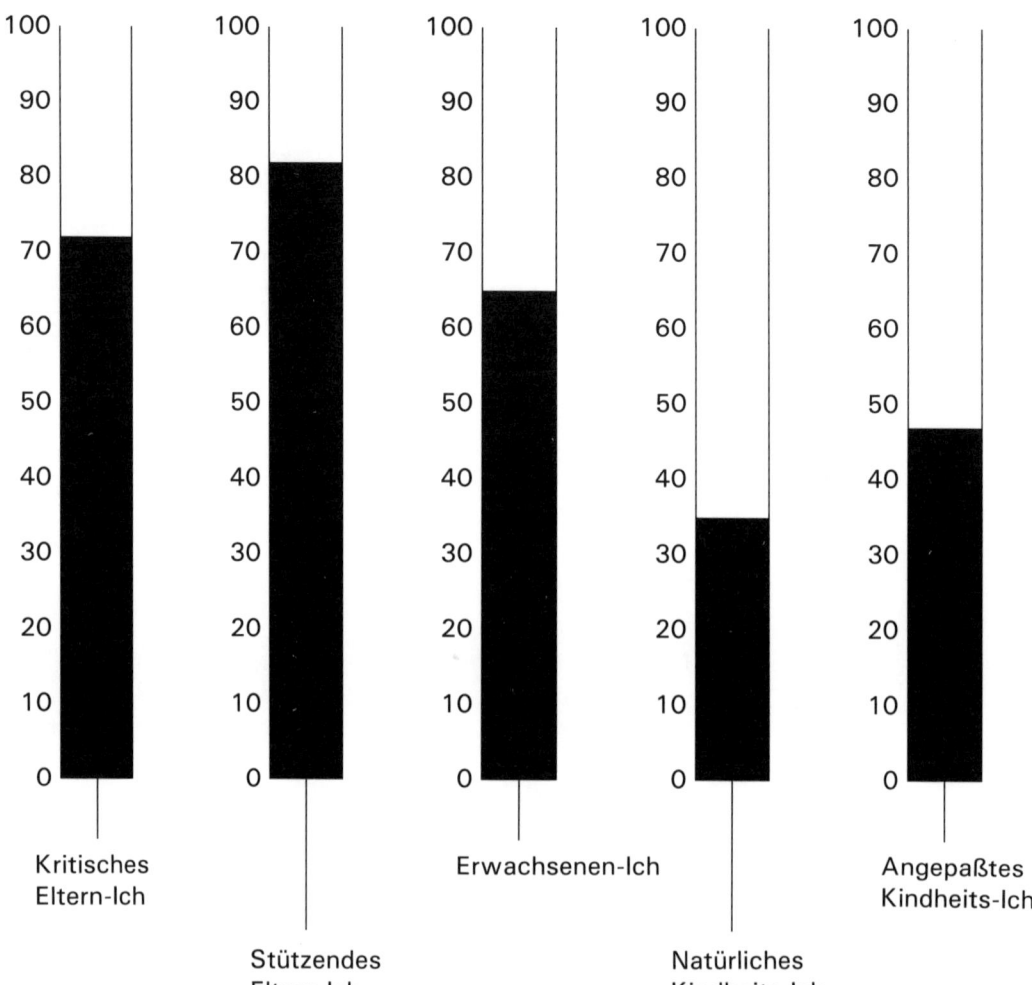

Die graphische Darstellung zeigt, daß bei Führungs-kräften die beiden Eltern-Ich-Bereiche sehr ausgeprägt sind. Entwicklungsbedürftig bei Führungskräften scheinen die Verhaltensweisen des natürlichen Kindheits-Ichs zu sein: mangelt es ihnen an Natürlichkeit, Spontaneität und Kreativität?

Je nach Branche, Ausbildung, Alter u. a. sehen die Durchschnittswerte wieder etwas anders aus. So ist zum Beispiel die Führungsstufe, auf der Führungskräfte stehen, ein Einflußfaktor. Das Durchschnittsegogramm von 800 Direktionsmitgliedern aus Großunternehmen der deutsch-sprachigen Schweiz sieht so aus:

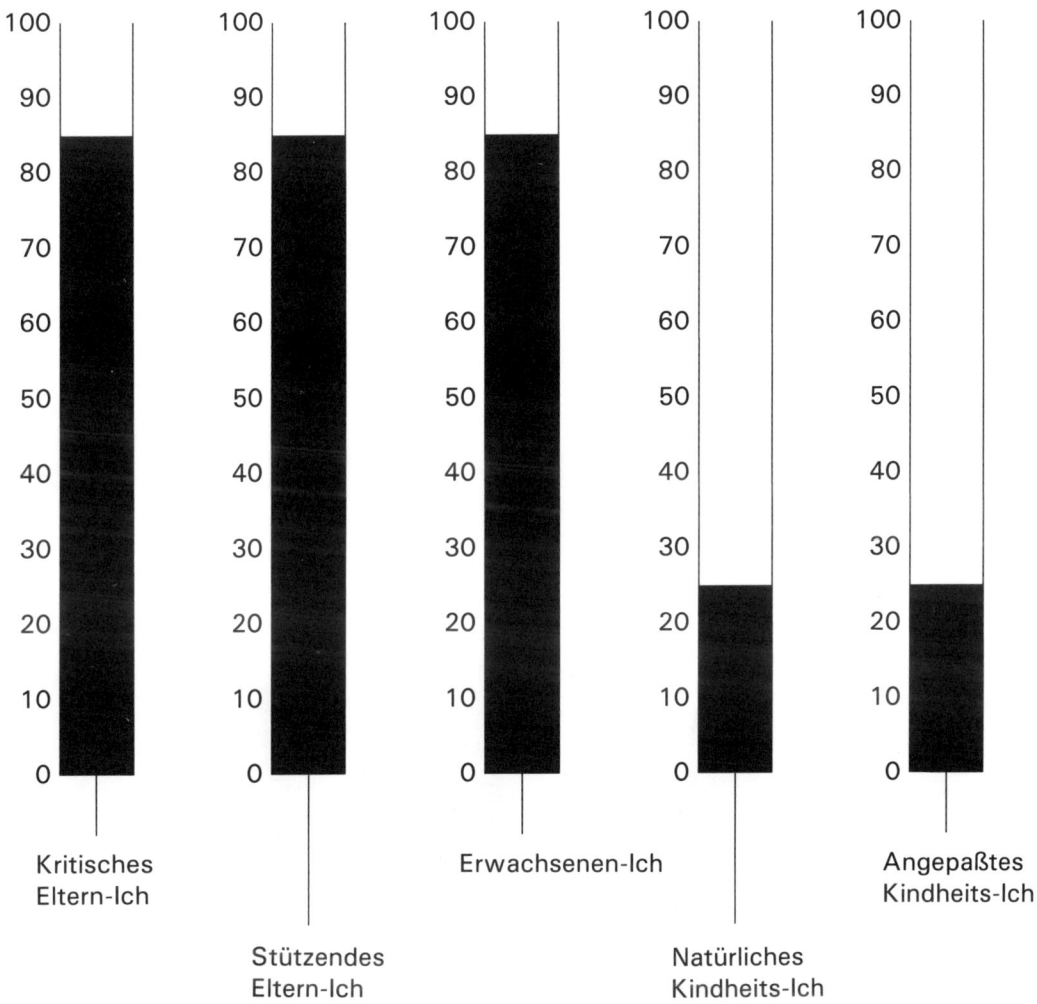

Kritisches
Eltern-Ich

Stützendes
Eltern-Ich

Erwachsenen-Ich

Natürliches
Kindheits-Ich

Angepaßtes
Kindheits-Ich

Diese graphische Darstellung läßt auf eine große Stabilität und Sicherheit schließen, solange es um die Aufrechterhaltung traditioneller und bewährter Werte geht. Dagegen setzen Führungskräfte mit einer solchen Energieverteilung Veränderungen und Innovationen beachtlichen Widerstand entgegen. Solche Führungskräfte gehen auch oft sehr hilflos mit Emotionen um.

Wenn wir Egogramme betrachten, müssen wir uns bewußt sein, daß es sich dabei um Momentaufnahmen handelt: Die Energie in den Ich-Bereichen kann sich auf Grund tiefgreifender Erlebnisse in kurzer Zeit verändern, zum Beispiel nach einem Herzinfarkt oder nach dem Verlust des

Lebenspartners. Aber auch über längere Zeitperioden betrachtet, verändern sich Egogramme mit unseren Lebensphasen.

Ein wesentliches Anliegen der Transaktionalen Analyse ist es, das Erwachsenen-Ich so zu stärken, daß es im Vergleich mit den anderen Ich-Zuständen die größte Energie aufweist. So kann das Erwachsenen-Ich in jeder Situation autonom entscheiden, mit welchem Ich-Zustand es in einer bestimmten Lage reagieren möchte.

Nach ihrem Wunsch-Egogramm befragt, zeichnen sowohl Führungskräfte als auch Mitarbeiter am häufigsten dieses Bild:

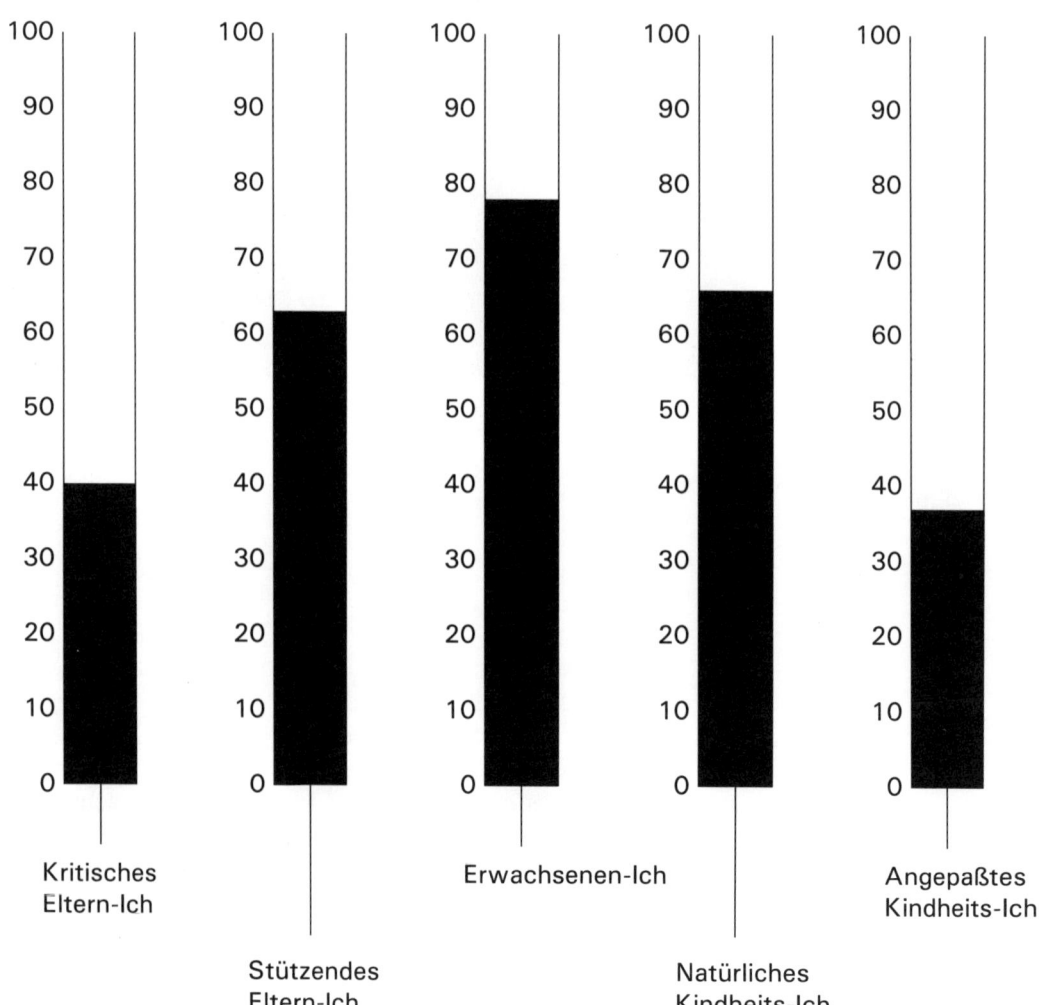

Da jeder Mensch jene Verteilung der psychischen Energie in den Ich-Zuständen braucht, die seine Bedürfnisse und diejenigen der Umwelt erfüllt, gibt es, wie oben erwähnt, kein «ideales» Egogramm. Ein Künstler wird seine Energie anders verteilen als ein Jurist; eine Krankenschwester wieder anders als ein Manager. Aber nach dem Wunschbild befragt, fühlen sich – unabhängig vom Beruf – offenbar die meisten dann am wohlsten, wenn das Erwachsenen-Ich ihr Verhalten zu steuern vermag und wenn für «die Freude am Leben» (Natürliches Kindheits-Ich) und für das Wohlergehen anderer (Stützendes Eltern-Ich) mehr psychische Energie vorhanden ist als für Kritik (Kritisches Eltern-Ich) und für die Anpassung an andere (Angepaßtes Kindheits-Ich).

2.3.3

Egogramm und Führungsstil

Das Persönlichkeitsmodell der Transaktionalen Analyse läßt sich mit dem sozio-technischen Ansatz zur Mitarbeiterführung (vergl. S. 20) sehr gut verbinden. In der Regel ergeben sich folgende Zusammenhänge:

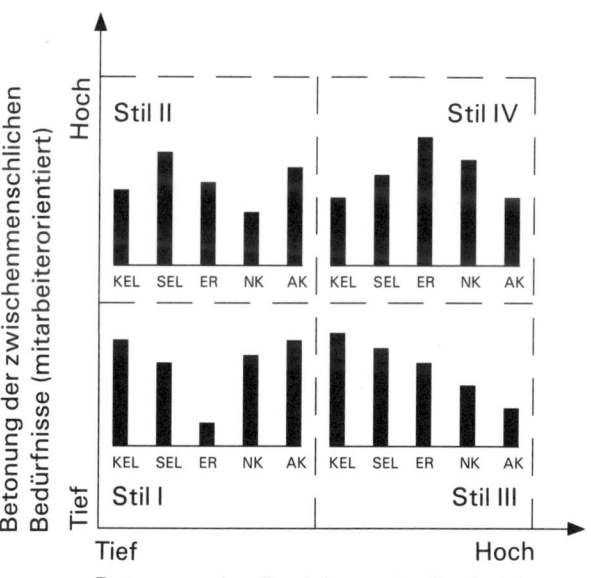

Der Führungsstil I ist häufig mit einem sehr tiefen Erwachsenen-Ich verbunden. Der Führungsstil II ist durch einen hohen Anteil von Stützendem Eltern-Ich und Angepaßtem Kindheits-Ich gekennzeichnet. Die Eltern-Ich-Komponenten dominieren beim Führungsstil III, und der Führungsstil IV weist ein hohes Maß an Erwachsenen-Ich auf.

Bei diesen Zusammenhängen zwischen Egogramm und Führungsstil sind sehr viele Zwischenformen möglich. Die Verbindung der Lebensgrundpositionen – ein weiteres Konzept der Transaktionalen Analyse – mit den Führungsstilen und mit dem Egogramm ermöglichen uns noch eine weitere Differenzierung.

2.4

Die Grundeinstellung zu mir und anderen

Ob ein Führungsverhalten überzeugend wirkt, hängt u. a. auch davon ab, welche Lebensgrundeinstellung eine Führungskraft sich selbst und den Mitarbeitern gegenüber hat.

Berne (1967, 1973) hat die Begriffe «o. k.» und «nicht o. k.» eingeführt, um die existentielle Grundeinstellung eines Menschen zu kennzeichnen. Diese Grundeinstellung ist eine weitgehend konstante Haltung. Sie kommt dann deutlich zum Ausdruck, wenn jemand in irgendwelche Schwierigkeiten gerät. Die Grundeinstellung entspricht der Farbtönung der Brille, durch die wir uns selbst und die Welt «wahr»-nehmen. Es gibt vier fundamentale Lebensgrundpositionen, die mit den folgenden Formeln beschrieben werden, wobei das Wort «ich» durch «wir» ersetzbar ist, und statt «du» kann auch «sie» stehen:

- Ich bin nicht o. k. / Du bist nicht o. k. ($-$ $-$)
- Ich bin nicht o. k. / Du bist o. k.   ($-$ $+$)
- Ich bin o. k. / Du bist nicht o. k.   ($+$ $-$)
- Ich bin o. k. / Du bist o. k.   ($+$ $+$)

Diese «Ich bin o. k. / Du bist o. k.»-Grundeinstellung, welche dem Bestseller von Harris (1974) den Titel gegeben hat, hat nichts mit Sozialromantik zu tun. «Ich bin

o.k.» heißt auch: Ich sage ja zu mir, so wie ich bin, mit all meinen Sonnen- und Schattenseiten. Es ist eine Selbstwerteinschätzung. «Du bist o.k.» bedeutet: Ich sage ja zum anderen mit seinen Vor- und Nachteilen. Es ist das Maß meines Vertrauens in die Fähigkeit anderer.

Nun kann ich ja nicht jeden Verbrecher als «o.k.» annehmen. Deshalb wird von Fanita English (1980) noch eine fünfte Grundposition vorgeschlagen: «Ich bin o.k. / Du bist o.k. – realistisch». Sie meint damit das o.k.-Gefühl des Erwachsenen-Ichs, im Unterschied zu ursprünglichen «Ich bin o.k. / Du bist o.k.» im Kindheits-Ich.

Lebensgrundpositionen sind Entscheidungen über den Wert, den ich habe. Sie bilden sich bereits in der frühen Kindheit im Umgang mit den Bezugspersonen und der Realität heraus. Später sind diese Lebensgrundpositionen Wahrnehmungsfilter. Wer einmal eine Grundposition bezogen hat, neigt dazu, die Welt in der Weise zu sehen und zu erleben, die diese seine Haltung rechtfertigt und damit aufrechterhält.

«Brave» Kinder entwickeln häufig eine (− +)-Grundposition. Sie sehen später oft das Positive an sich nicht und wehren z. B. Komplimente ab. Wenn einem Kind das «Bravsein» im Umgang mit den Eltern nicht hilft, weil der Erziehungsstil widersprüchlich ist, entwickelt es oft eine (+ −)-Grundposition. Es wird später dann das Gute und Positive bei den anderen nicht sehen.

Biologisch entspricht die (+ −)-Grundhaltung dem «Jäger», die (− +)-Grundhaltung dem «Opfer» im Tierreich. Die (+ +)-Grundposition ist eine Eigenschaft, zu der nur die Menschen fähig sind. Im Zusammenhang mit dem Führungsverhalten wirken sich die Lebensgrundpositionen nach Rüttinger und Kruppa (1981) wie folgt aus:

(+ +)-Grundposition   Führungskräfte mit der (+ +)-Grundposition können eine Situation realistisch bewerten, Entscheidungen selbständig treffen, die Folgen von Entscheidungen abschätzen und die Konsequenzen tragen. Führungskräfte mit dieser Einstellung vertrauen den Menschen in ihrer Umgebung, solange dieses Vertrauen nicht in krasser Weise zerstört wird. James und Jongeward (1974) bezeichnen solche Personen als «Gewinner». Solche sehen die Realität, so wie sie ist, und nicht, wie sie sie haben möchten. Sie leben bewußt in der Gegenwart, ohne allerdings die Vergangenheit zu verleugnen und ohne vor der Zukunft die Augen zu verschließen. Ein Gewinner ist autonom. Er reagiert nicht mit fixierten Verhaltensmustern, sondern unmittelbar und realitätsbezogen. Gewinner können es sich leisten, Fehler zu begehen und sich auch vorübergehend unsicher fühlen, ohne daß sie den Glauben an sich selbst verlieren.

(+ −)-Grundposition   Führungskräfte mit dieser Grundposition sagen den andern zwar gerne, was sie tun sollten, sind aber häufig kaum in der Lage, ihre eigenen Probleme zu lösen, die sie vielfach auch nicht deutlich genug sehen. Sie schieben die Schuld sehr gerne ab. Sie zwingen den anderen etwas auf, indem sie ausschließlich ihre eigenen Maßstäbe anlegen. Sie verfahren nach dem Motto: Fehler machen nur die anderen; wenn etwas nicht nach Plan geht, sind die anderen schuld. Diese Haltung dient oft dazu, das eigene «Nicht o. k.»-Verhalten zu überdecken. Führungskräfte mit dieser Einstellung umgeben sich gerne mit Ja-Sagern. Sie besitzen zudem ein hohes Maß an Mißtrauen. So verweigern solche Führungs-

kräfte ihren Mitarbeitern Anerkennung, weil sie glauben, daß die Mitarbeiter daraus einen Vorteil ziehen und dies als Zeichen von Schwäche interpretieren würden.

(− +)-Grundposition Führungskräfte dieser Gruppe glauben sich anderen gegenüber oft unterlegen. Sie handeln häufig aus dieser vermeintlichen Unterlegenheit heraus und richten aufkommende Aggressionen in erster Linie gegen sich selbst. Ihr Selbstwertgefühl ist nicht sonderlich ausgeprägt. Nach Möglichkeiten versuchen sie, zwischenmenschliche Konflikte zu vermeiden. Um die Zuwendung von den anderen nicht zu verlieren, sagen sie sehr oft «ja», obwohl sie eigentlich «nein» sagen wollten. Im Umgang mit Mitarbeitern sagen Führungskräfte mit einer (− +)-Grundhaltung häufig: «Machen Sie sich keine Sorgen, wenn Sie das nicht können...» oder: «Lassen Sie nur, ich mache das dann schon...»

(− −)-Grundposition   Menschen, die diese am wenigsten wünschenswerte Grundposition über längere Zeit hinweg einnehmen, können ihrer Arbeit, dem Kontakt mit anderen und dem Leben überhaupt wenig Freude abgewinnen. Sowohl das eigene Selbstvertrauen als auch das Vertrauen in andere sind gestört. Diese Grundlage hängt oft mit einer Lebenskrise zusammen und Menschen in dieser Situation brauchen beratende, mitunter auch therapeutische Hilfe.

Wenn wir nun versuchen, diese Grundpositionen in einen Zusammenhang mit den auf Seite 22 beschriebenen Verhaltensstilen zu bringen, ergibt sich folgende graphische Darstellung:

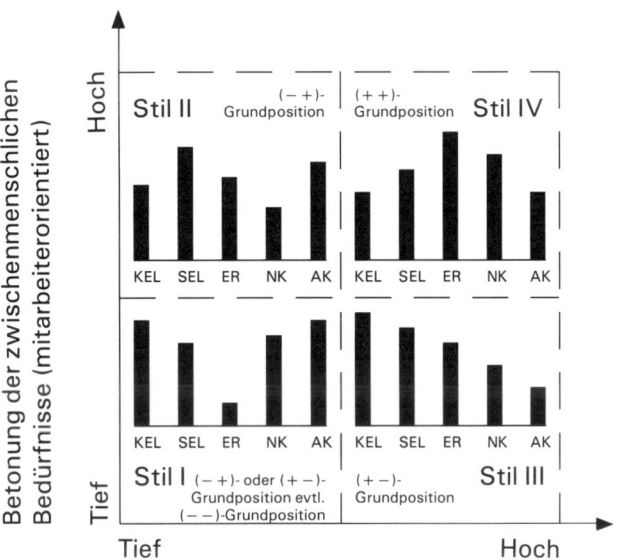

Betonung des Erreichens der Sachziele (aufgabenorientiert)

Im Sinne des situativen Führens wirken die Führungsstile III und II dann überzeugend, wenn sie aus einer (+ +)-Grundposition erfolgen. Genauso wirkt der Führungsstil IV aus einer (+ −)-Grundposition heraus pseudo-kooperativ. Die Mitarbeiter empfinden in einem solchen Fall die «kooperative» Entscheidungsfindung, bei welcher der Vorgesetzte insgeheim längst entschieden hat, als Alibiübung.

2.5

Führung und Motivation

Die Förderung des Erwachsenen-Ichs und des Natürlichen Kindheits-Ichs ist ein zentraler Bereich der Führungskräfteschulung.

Daß dies einem Bedürfnis entspricht, erkennen wir, wenn wir eine der verbreitetsten und populärsten Motivationstheorien – die Zweifaktoren-Theorie von F. Herzberg – mit dem Persönlichkeitsmodell der Transaktionalen Analyse verbinden.

Herzberg, Mausner und Snyderman (1967) haben in einer mit Führungskräften durchgeführten Studie nachgewiesen, daß Faktoren, die zur Selbstaktualisierung des Menschen am Arbeitsplatz führen, als sehr wesentlich empfunden werden. So stellten diese Autoren fest, daß Führungskräfte, die aussagten, sie seien mit ihrer Arbeit sehr zufrieden, dies hauptsächlich auf Faktoren zurückführten, die mit beruflicher Leistung, mit erfolgreicher Ausführung einer Aufgabe in Verbindung standen, oder die ein Wachsen, eine Entwicklung und Erweiterung der Persönlichkeit ermöglichten und ihnen das Gefühl gaben, kompetent und leistungsfähig zu sein – Faktoren also, die einen engen Bezug zur Selbstaktualisierung hatten. Herzberg bezeichnete diese Faktoren deshalb als «Motivationsfaktoren» oder «Zufriedenmacher». Nannten Führungskräfte dagegen Faktoren, die sie für negative Gefühle bei ihrer Arbeit verantwortlich machten, so waren dies Umweltfaktoren, die nicht direkt mit der Arbeit selbst zu tun hatten, so etwa unzureichende Entlohnung, schlechte Arbeitsbedingungen, mangelnde Sicherheit des Arbeitsplatzes, schlechter Führungsstil, die Art der Anordnung oder das Arbeitsklima. Herzberg bezeichnete diese Faktoren als «Hygienefaktoren» oder «Unzufriedenmacher». In seinen Studien kam Herzberg zum Schluß, daß fehlende Hygienefaktoren Unzufriedenheit hervorrufen. Sind diese Faktoren jedoch vorhanden, besteht zwar keine Unzufriedenheit, aber die Mitarbeiter sind deshalb noch nicht zwangsläufig motiviert.

Zur Motivation der Mitarbeiter bedarf es der «Motivatoren». Sind diese nicht gegeben, bewirkt das zwar keine große Unzufriedenheit, aber die Mitarbeiter sind damit auch nicht motiviert. Andererseits haben die Motivato-

ren nur dann eine optimale Wirkung, wenn die Hygiene-faktoren in ausreichender Form gegeben sind.

So wirkt zum Beispiel die Anerkennung einer guten Leistung (Motivator) durch einen Vorgesetzten, dessen zwischenmenschliche Beziehungen zu seinem Mitarbeiter gestört sind (Hygienefaktor), nie in dem Maße, wie dies der Fall ist, wenn der Faktor «Zwischenmenschliche Beziehung» in Ordnung ist.

Mitarbeiter und Mitarbeiterinnen – im besonderen solche mit breiter Ausbildung – suchen zur Erfüllung ihrer Bedürfnisse eine Arbeit, die sie fordert, herausfordert und Selbständigkeit verlangt. Diese Bedürfnisse werden nicht durch die Hygienefaktoren – also durch äußere Umstände – befriedigt, sondern ausschließlich durch die Motivatoren, nämlich durch sinngebende und verantwortungsvolle Arbeit, unabhängiges Handeln und die Anerkennung ihrer Leistungen.

Die folgende graphische Darstellung macht deutlich, daß zur Aufrechterhaltung der Hygienefaktoren Eltern-Ich- und Erwachsenen-Ich-Einflüsse notwendig sind, für die echte Motivation der Mitarbeiter hingegen zunehmend Verhaltenselemente des Erwachsenen- und des natürlichen Kindheits-Ichs.

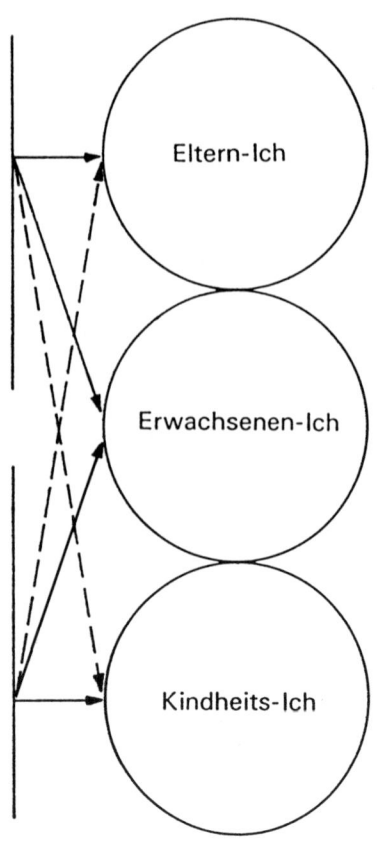

Hygienefaktoren
- Entlohnung
- Arbeitsplatzsicherheit
- Arbeitsbedingungen
- Status
- Regelungen
- Funktionsweise der Verwaltung
- Art und Qualität der zwischenmenschlichen Beziehungen am Arbeitsplatz

Motivatoren
- Leistung
- Anerkennung
- Verantwortung
- Beförderung
- Interessante Arbeit
- Möglichkeit des persönlich-geistigen Wachsens durch die Verrichtung einer interessanten Arbeit

(nach Novey, 1976, S. 100)

DER MO - TIVA - TOR

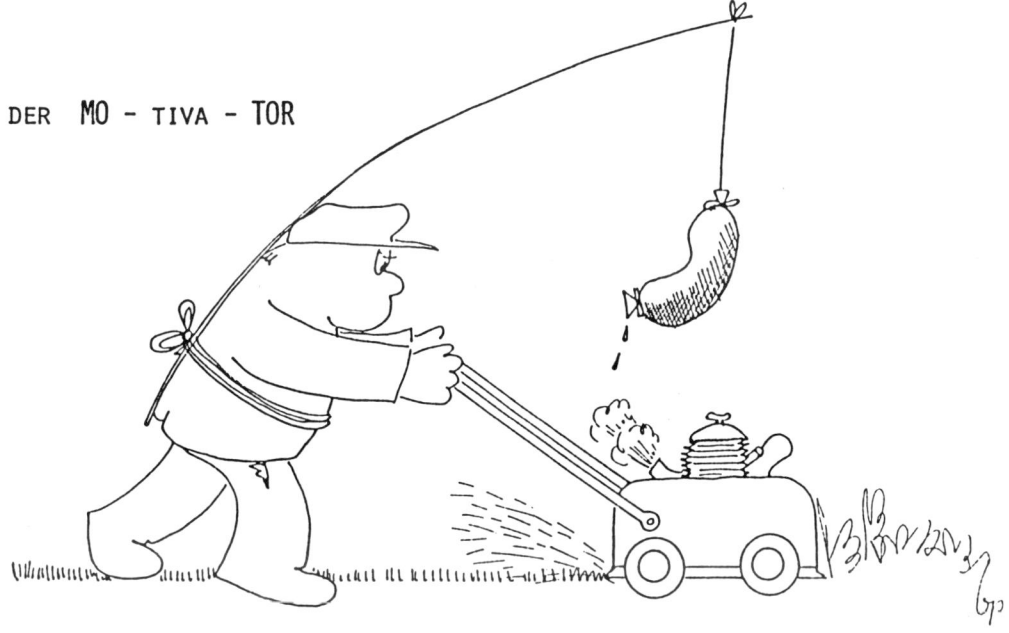

2.6

Die Förderung der Ich-Bereiche

Die Erfahrung zeigt, daß es in vielen Fällen leichter und auch sinnvoller ist, einen «schwachen» Ich-Zustand zu stärken, als einen «starken» Ich-Zustand abzubauen.

Je mehr Raum und Zeit die zurückgebliebenen Ich-Bereiche in uns gewinnen, desto mehr treten die anderen von selbst zurück.

Obwohl für die Persönlichkeitsentwicklung alle Ich-Zustände von Bedeutung sind, kommt in der Transaktionalen Analyse wie auch in anderen Therapierichtungen der Stärkung des Erwachsenen-Ichs eine besondere Bedeutung zu. Dieses keinesfalls einfache Ziel wird in der Führungsschulung in Verhaltenstrainings mit Hilfe von Übungen und Selbsterfahrungen angestrebt. Um das Erwachsenen-Ich zu fördern, haben Sie die folgenden Möglichkeiten:

- Die Verantwortung für Ihr Leben selber übernehmen,
- die Realität so sehen, wie sie ist, und nicht, wie Sie sie haben möchten,

– sich so sehen, wie Sie sind, und nicht, wie Sie sein möchten,
– statt sofort loslegen oder losjammern, überlegen,
– statt behaupten, zuhören und Fragen stellen,
– statt negativ und defensiv, positiv denken,
– statt warten, den ersten Schritt noch heute tun.

Um das Kritische Eltern-Ich zu fördern, können Sie
– Ihre eigene Meinung vertreten,
– konsequent sein und die Konsequenzen tragen,
– sagen, wenn Sie etwas stört.

Zur Förderung des Stützenden Eltern-Ichs können Sie
– Verständnis für die Handlungsweisen anderer haben,
– zu sich selber gut sein,
– Zuwendung geben und Zuwendung annehmen.

Zur Förderung des Natürlichen Kindheits-Ichs können Sie
– Ihre Gefühle «wahr»-nehmen, annehmen und – wenn es am Platze ist – anderen gegenüber auch ausdrücken,
– Dinge tun, die ohne «Sinn und Zweck» sind – einfach zum Vergnügen,
– genießen statt ungenießbar zu sein,
– sich freuen, daß Sie leben.

Zur Förderung des Angepaßten Kindheits-Ichs können Sie
– auch die Bedürfnisse anderer ernstnehmen,
– auch einmal «fünf gerade sein lassen».

2.7

Die Analyse von Transaktionen

Im Sinne der Transaktionalen Analyse wird eine Mitteilung von einem Individuum zu einem anderen je aus einem bestimmten Ich-Zustand heraus «gesandt» und im anderen an einen bestimmten Ich-Zustand gerichtet. Es gibt also Mitteilungen, die vom Eltern-Ich eines «Senders» ausgehen und sich an das Kindheits-Ich im «Empfänger» richten, aber auch Mitteilungen, die vom Erwachsenen-Ich des «Senders» ausgehen und sich an das Erwachsenen-Ich des «Empfängers» richten.

Dazu ein Beispiel:

Frau Weiß fährt mit dem Wagen in die Stadt. Sie holt im Reinigungsinstitut den Anzug ihres Mannes. Auf der Heimfahrt übersieht sie in der Eile ein von rechts einbiegendes Fahrzeug. Es kommt zu einem leichten Zusammenstoß.

Frau Weiß hat nun die folgenden Möglichkeiten, ihrem Mann von diesem Vorfall zu berichten:

a) «In Zukunft kannst du deine Klamotten selber abholen! In der Hetze passiert doch immer etwas. Rammt mir doch so ein Arsch den Wagen!»

b) «Du, ich muß dir etwas sagen. Mir ist etwas Dummes passiert. Als ich deinen Anzug im Reinigungsinstitut holte, übersah ich auf der Heimfahrt ein Auto, das von rechts einbog. Ich wollte noch bremsen, aber da krachte es schon.»

c) (Mit weinerlicher Stimme) «Du, mir ist etwas Furchtbares passiert. Ich holte deinen Anzug. Und auf der Heimfahrt habe ich einen andern gerammt. Ich kann wirklich nichts dafür.»

Sie finden bestimmt leicht heraus, aus welchem Ich-Zustand Frau Weiß in den Situationen a, b und c reagiert hat.

Für den weiteren Verlauf des Gesprächs ist es entscheidend, an welchen Ich-Zustand ihres Mannes sich Frau Weiß richtet und mit welchem Ich-Zustand Herr Weiß auf diese Aussage reagiert.

Auf den Reiz aus dem Erwachsenen-Ich «Du, ich muß dir etwas sagen. Mir ist etwas Dummes passiert...» kann Herr Weiß aus seinem Erwachsenen-Ich reagieren: «Hast du dich verletzt?»

Die Pfeile, mit denen Reiz und Reaktion dargestellt sind, verlaufen parallel. Es sind Parallel-Transaktionen. Immer dann, wenn die Antwort unseres Gesprächspartners

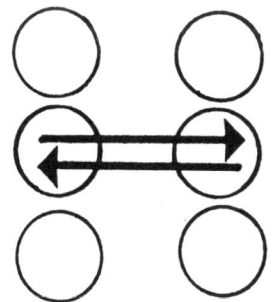
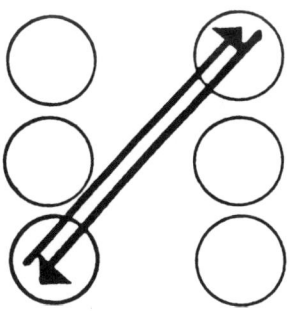
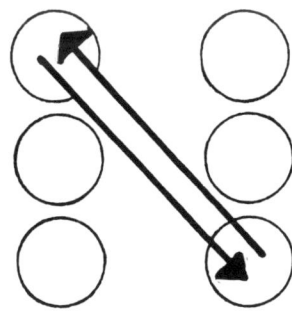

aus dem angesprochenen Ich-Zustand kommt, sprechen wir von Parallel-Transaktionen. Anders gewendet: Wenn die erwartete Reaktion eintritt, ist die Transaktion parallel. Parallel-Transaktionen können zwischen jedem Ich-Zustand ablaufen. Auch wenn die Transaktionen nicht horizontal verlaufen, z.B. vom Eltern-Ich zum Kindheits-Ich und umgekehrt, sprechen wir von einer Parallel-Transaktion. Auf den Reiz aus dem Kindheits-Ich von Frau Weiß an das Eltern-Ich ihres Ehemannes: (Mit weinerlicher Stimme) «Du, mir ist etwas Furchtbares passiert...» kann Herr Weiß aus dem Stützenden Eltern-Ich antworten: «Gott sei Dank ist dir nichts passiert.» Oder auf den Reiz aus dem kritischen Eltern-Ich der Ehefrau: «In Zukunft kannst du deine Klamotten selber abholen!» könnte Herr Weiß aus seinem Angepaßten Kindheits-Ich antworten: «Ja, du hast sicher recht.»

Es wäre auch eine Parallel-Transaktion zwischen Eltern-Ich und Eltern-Ich denkbar:

Oder zwischen den beiden Kindheits-Ich:

Als Grundregel gilt:

Solange Reiz und Reaktion zwischen den Ich-Zuständen parallel verlaufen, kann die Kommunikation unbegrenzt weitergehen.

Für den Arbeitsalltag dürften wohl die Erwachsenen-Ich / Erwachsenen-Ich-Transaktionen die besten sein: sie sind problemlösend.

Kehren wir noch einmal zum Ehepaar Weiß zurück. Es hätte sich auch folgendes abspielen können: Auf den Reiz aus dem Erwachsenen-Ich von Frau Weiß an das Erwachsenen-Ich ihres Mannes: «Du, ich muß dir etwas sagen. Mir ist etwas Dummes passiert...» hätte Herr Weiß antworten können: «Kannst du denn nicht besser aufpassen, ich hab dir doch schon hundertmal gesagt, du sollst vorsichtig sein...» Herr Weiß reagiert nicht, wie seine Frau wohl erwartet, aus dem Erwachsenen-Ich, sondern aus seinem kritischen Eltern-Ich. Er wendet sich damit an das

Angepaßte Kindheits-Ich seiner Frau. Die Pfeile im Diagramm kreuzen sich. Erfolgt in einem Gespräch die Reaktion nicht aus dem angesprochenen Ich-Zustand, sprechen wir von einer Kreuz-Transaktion. Kreuz-Transaktionen führen – zumindest vorübergehend – zu einem Unterbruch der Kommunikation. Gekreuzte Transaktionen «gehen» irgendwie «daneben». Der Gesprächspartner hat dadurch oft das Gefühl, nicht ernstgenommen zu werden. Sein Anliegen wird mißachtet. Auf Mißachtung reagieren wir mit negativen Gefühlen, die dann häufig nicht ausgesprochen, sondern im kritischen Eltern-Ich kompensiert werden und zu Kreuz-Transaktionen führen, die kaum mehr zu «retten» sind:

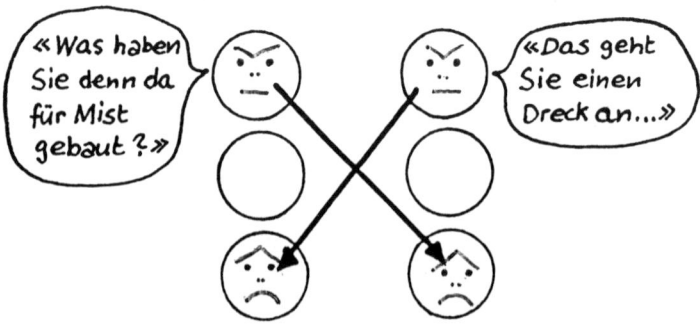

Am häufigsten entstehen Kreuz-Transaktionen, wenn auf einen Reiz aus dem Erwachsenen-Ich eine Reaktion aus dem Kindheits- oder Eltern-Ich erfolgt.

Als zweite Grundregel gilt:
Wenn Reiz und Reaktion sich kreuzen, wird die Kommunikation – zumindest vorübergehend – unterbrochen.
Mit etwas Übung kann jedermann Geschicklichkeit darin entwickeln, mit anderen in Kontakt zu bleiben, indem er Parallel-Transaktionen herstellt und Kreuz-Transaktionen vermeidet.
Kreuz-Transaktionen sind dann wertvoll, wenn sie dazu dienen, endlose Eltern-/Eltern-Ich-Transaktionen zu unterbrechen, um dem Gespräch eine neue Wende zu geben.
In der Mitarbeiterführung ist es oft notwendig, Kindheits-Ich/Eltern-Ich-Transaktionen zu kreuzen. In unserem Beispiel versucht der Vorgesetzte, statt das Pro-

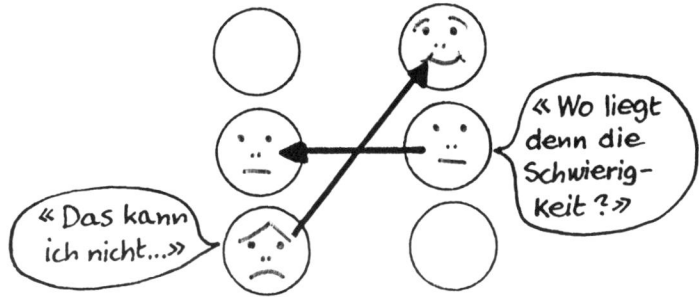

blem selber zu lösen, mit einer Kreuz-Transaktion dem Mitarbeiter durch die Beschaffung der erforderlichen Information so zu helfen, daß er das Problem selber lösen kann.

Mit welchem Ich-Zustand Sie ein Gespräch beginnen und aufrechterhalten, ist Ihre Entscheidung. Nur Sie können beurteilen, welche Reaktion Sie in einer gegebenen Situation für sinnvoll und nützlich halten. Wenn Sie von anderen mit Kreuz-Transaktionen geärgert werden, dann können Sie sich – zur Freude der anderen – ärgern –, es verlangt aber niemand von Ihnen, daß Sie sich ärgern müssen.

2.8

Unser Bedürfnis nach Beachtung

Nachdem wir durch die Schilderung verschiedener Transaktionen Einblick in das «Wie» unseres Umganges mit anderen gewonnen haben, können wir unser Verständnis weiter vertiefen, wenn wir nun der Frage nach dem «Warum» nachgehen.

Das Bedürfnis nach Zuwendung und Anerkennung ist ein biologisches Grundbedürfnis, ein Bedürfnis also, das uns angeboren ist. Auch wenn nicht alle Menschen gleich viel und gleich häufig Zuwendung und Anerkennung benötigen, bildet der Hunger nach «strokes» (Berne, 1967) doch das wahrscheinlich entscheidendste Grundbedürfnis. Rene Spitz (1967) weist in seinen Forschungen darauf hin, daß Kinder für ihre körperliche und seelische Entwicklung und zum Überleben körperlichen Kontakt benötigen. Berne (1973) leitet daraus einen Reiz-Hunger nach Körperkontakt ab, dem er den gleichen Bezug zum Überleben des menschlichen Organismus wie dem Hunger nach Nahrung zuschreibt.

Bedingt durch gesellschaftliche Normen, kann das Bedürfnis nach physischem Kontakt im Verlaufe unserer Entwicklung nicht mehr voll befriedigt werden. Der Hunger nach physischer Zuwendung wird teilweise in einen Hunger nach Anerkennung umgewandelt. Diese ist, bildlich gesprochen, ein Streicheln. Daher wird der Ausdruck «Streicheln» (stroking) sowohl für physischen Körperkontakt als auch für eine gesprochene oder nichtverbale Anerkennung verwendet.

2.8.1

Die Hierarchie der Beachtung

Es stehen uns fünf Zuwendungsmöglichkeiten zur Verfügung:

1. Die bedingungslose positive Beachtung
   Sie bedeutet grundsätzliches Akzeptieren des andern. Diese Wertschätzung ist mit keinem «Wenn» und «Aber» verbunden. Diese Art von Anerkennung ist nur aus der (+ +)-Grundposition heraus möglich. Es ist die Mutter, die ihrem Töchterchen sagt: «Ich habe dich einfach gern» (auch wenn du nicht machst, was ich sage...), oder der Vorgesetzte, der zu seinem Mitarbeiter sagt: «Ich fühle mich sehr wohl in Ihrer Gegenwart» oder «Ich schätze Sie».
2. Die bedingte positive Beachtung
   Hier wird die Zuwendung mit einer Bedingung verknüpft und von deren Erfüllung abhängig gemacht, z. B.: «Ich schätze Sie, wenn Sie das tun, was ich Ihnen sage.»
3. Die bedingte negative Beachtung
   Sie hat zumeist bereits einen drohenden Inhalt. Wenn eine Bedingung nicht erfüllt wird, entsteht ein «Liebesentzug». «Ich schätze Sie nicht, wenn Sie dauernd zu spät kommen.»
4. Die bedingungslose negative Beachtung
   Ich lehne den andern als Person ab, unbesehen davon, was er unternimmt, denkt oder fühlt: «Sie sind ein Idiot.»

5. Weder positive noch negative Beachtung
Diese Art von Zuwendung ist die am schwersten erträgliche. Jeder von uns kennt das Gefühl, mit Absicht übersehen, einfach wie Luft behandelt zu werden. Wir existieren für den anderen überhaupt nicht. Länger andauerndes geflissentliches Übersehen kann zu schwerwiegenden seelischen und körperlichen Störungen führen.
Die bedingungslose negative Zuwendung, sei sie auch noch so negativ, ist immer noch besser als überhaupt keine. Deshalb wird ein Mensch, der gar keine Zuwendung erhält, alles Mögliche unternehmen, um die nächste Stufe der bedingungslosen negativen Beachtung zu erreichen, also wenigstens noch ein Idiot zu sein.

Es lohnt sich – besonders auch für Führungskräfte einmal für sich selbst eine kleine Privatstatistik aufzustellen, die zeigt, welche der fünf möglichen Zuwendungen im Führungsalltag am häufigsten praktiziert werden. Die 5. Stufe ist äußerst verbreitet. Wenn es hochkommt, heißt es noch: «Solange ich nichts sage, ist es ja gut.» Bei dem sehr verbreiteten Mangel an echter Zuwendung ist diese Art der «Mitarbeitermotivation» doch etwas zu bescheiden.

Wenn jemand keine positive Beachtung erhält oder annimmt, wird er verschiedene Strategien ausarbeiten, um wenigstens noch eine negative Zuwendung zu erhalten. Zwei sehr verbreitete Möglichkeiten sind das Sammeln und Einlösen von psychologischen Rabattmarken und das Ingangsetzen von psychologischen Ränkespielen.

2.8.2

Kleben Sie Rabattmarken?

Das Sammeln von psychologischen Rabattmarken bedeutet in der Sprache der Transaktionalen Analyse das Aufbewahren von bestimmten Gefühlen (meistens Ärger), bis genügend von ihnen vorhanden sind, damit sie dann für einen größeren oder kleineren psychologischen Preis – sozusagen einen schuldfreien – Racheakt eingetauscht werden können (Rogoll, 1967).
So wird z. B. schon zum dritten Mal ein Antrag abgelehnt. Die Ärger- und Wutgefühle, die in einer solchen Eltern-Ich / Kindheits-Ich-Transaktion erlebt werden, sind jenen Gefühlen ähnlich, die wir als Kinder hatten, wenn

etwas schief oder nicht nach unserem Willen ging. Wir hatten schon damals erfahren, daß uns der ungehemmte Ausdruck von Gefühlen oft Schwierigkeiten eintrug. Wir haben aber auch herausgefunden, daß wir die Gefühle wie Rabattmarken sammeln und später, bei passender Gelegenheit, gegen etwas einlösen können, das uns Zuwendung verschafft.

Gesammelte negative Gefühle können wir – ohne dabei ein schlechtes Gewissen zu haben – eintauschen, z. B. gegen das «verdiente» Recht, einen Wutausbruch zu haben, oder gegen das Recht, den Ehepartner anzuschreien.

Oft ist es eine Kleinigkeit – die letzte Rabattmarke, die noch gefehlt hat –, die uns den Kragen zum Platzen bringt. Beispiele aus dem Führungsalltag für Äußerungen, die eine unmittelbare Einlösung einer Rabattmarkensammlung ankündigen:

«Mein lieber Herr . . .»

«Jetzt hören Sie mir bitte mal ruhig zu . . .»

«Jetzt reicht's mir aber . . .»

Die Ausbrüche beim Einlösen von Rabattmarken sind für unsere Gesprächspartner meistens völlig unverständlich, weil die «Reaktion» in keinem Verhältnis zum auslösenden «Reiz» steht.

Wenn wir das Eintauschen unserer schlechten Gefühle als Rechtfertigung ansehen, verschaffen wir uns auf krummen Wegen negative Zuwendung.

Obwohl es die beste Lösung wäre, auf das Kleben von Rabattmarken zu verzichten, wird dies im Arbeitsleben wohl ein frommer Wunsch bleiben. Ratsam wäre es, wenn ich schon Ärgermarken sammle, einzelne Marken sofort einzulösen und nicht zu lange zu warten, sondern bald aktiv werden, z. B. im Gespräch oder indem ich mir eine Belohnung verschaffe (z. B. durch sportliche Aktivitäten), was gesünder ist, als wenn ich Unschuldige anschreie.

Da die Höhe der Preise beim Eintauschen von Rabattmarken in einem direkten Verhältnis zur Anzahl der geklebten Rabattmarken steht, ist es wohl möglich, ein Rabattmarkenheft gegen einen Waldlauf einzutauschen; bei fünf vollen Rabattmarkenheften genügt ein Waldlauf meistens nicht mehr, außer Sie leisten sich dabei noch eine Verstauchung oder einen Beinbruch.

Markensammler hören oft persönliche Beleidigungen in harmlosen Bemerkungen, und sie versteigen sich auch in allerlei Vermutungen über das, was jemand sagen oder gesagt haben könnte.

Ein illustratives Beispiel erwähnt Watzlawick in seinem Buch «Anleitung zum Unglücklichsein» (1983):
Die Geschichte mit dem Hammer
Ein Mann will ein Bild aufhängen. Den Nagel hat er, nicht
aber den Hammer. Der Nachbar hat einen. Also beschließt
unser Mann, hinüberzugehen und ihn auszuborgen. Doch

da kommt ihm ein Zweifel: Was, wenn der Nachbar mir den Hammer nicht leihen will? Gestern schon grüßte er mich nur so flüchtig. Vielleicht war er in Eile. Aber vielleicht war die Eile nur vorgeschützt, und er hat etwas gegen mich. Und was? Ich habe ihm nichts angetan; der bildet sich da etwas ein. Wenn jemand von mir ein Werkzeug borgen wollte, *ich* gäbe es ihm sofort. Und warum er nicht? Wie kann man einem Mitmenschen einen so einfachen Gefallen abschlagen? Leute wie dieser Kerl vergiften einem das Leben. Und dann bildet er sich noch ein, ich sei auf ihn angewiesen. Bloß, weil er einen Hammer hat. Jetzt reicht's mir wirklich. – Und so stürmt er hinüber, läutet, der Nachbar öffnet, doch bevor er «Guten Tag» sagen kann, schreit ihn unser Mann an: «Behalten Sie Ihren Hammer, Sie Rüpel!»

Um zu verhindern, daß man sich größere Ärgermarkensammlungen anlegt und um sinnvolle Alternativen zum Markenkleben zu finden, schlagen Rüttinger und Kruppa (1981) vor, sich folgende Fragen zu stellen:
- Bei welchen Gelegenheiten sammeln Sie Ärgermarken?
- Wer ist außer Ihnen noch an dieser Situation beteiligt?
- Worüber ärgern Sie sich bei/m anderen?
- Inwieweit ist es immer wieder dasselbe, über das Sie sich ärgern?
- Wenn Sie genau hinsehen, inwieweit ist Ihr Ärger berechtigt? Inwieweit beruht Ihr Ärger auf einer unrealistischen Annahme darüber, wie der oder die anderen sich verhalten sollten?
- Wie, wem gegenüber und wann lösen Sie Ihre gesammelten Rabattmarken ein?
- Inwieweit ändert das etwas an der Tatsache, daß Sie sich über bestimmte Personen oder Dinge ärgern?
- Welche Möglichkeiten haben Sie noch, mit Ärger umzugehen? Welche Erwachsenen-Ich-Lösungen bieten sich an?

2.9

Spiele der Erwachsenen

«Was war das, bevor du es gekocht hast?»

Auf die im obigen Beispiel gestellte Frage wird die Gesprächspartnerin sehr unterschiedliche verbale und nichtverbale Antworten geben – die Wahrscheinlichkeit, daß sie sagt, was es wirklich war, ist jedoch sehr gering. Bei der Frage: «Was war das, bevor du es gekocht hast?» handelt es sich um eine verdeckte Transaktion. Das heißt, das Gesagte stimmt nicht mit dem Gemeinten überein. Verdeckte Transaktionen sind Kennzeichen von Ränkespielen.

Nehmen wir an, der Ehemann möchte am Abend mit seinen Kollegen kegeln gehen. In einer offenen Kommunikation wird er das direkt sagen. Wenn die offene Kommunikation aber aus irgendwelchen Gründen nicht möglich ist, wird er ein Ränkespiel spielen, welches er mit der im Beispiel erwähnten «Frage» eröffnen kann. Wenn die Ehefrau antwortet: «Wenn es dir nicht paßt, kannst du ja wieder gehen», hat er das Spiel gewonnen. Er kann jetzt machen, was er ohnehin wollte.

Nach Berne (1967) sind Spiele «eine fortlaufende Reihe einfacher verdeckter Transaktionen, die zu einem gut erkenntlichen, vorhersehbaren Ausgang führen». Dieser vorhersehbare Ausgang oder «Nutzeffekt» besteht aus schlechten Gefühlen bei einem oder allen am Spiel Beteiligten.

Ränkespiele werden an ihrem sich ständig wiederholenden, stereotypen Ablauf erkannt, der immer mit einer
verdeckten Transaktion beginnt, nämlich einer Abwertung
des andern. Zu Beginn des Spiels bleibt der Nutzeffekt verborgen, er wird erst am Schluß des Spiels deutlich. Spiele
laufen in der Regel nicht bewußt ab, was ihr Aufdecken so
schwierig macht.

Spiele werden gespielt, um
- etwas zu erreichen, das man nicht offen auszusprechen
  wagt,
- bei anderen Beachtung und Bestätigung zu suchen,
- negative Zuwendung zu bekommen, die letztlich besser
  ist als gar keine,
- echte Beziehungen zu vermeiden.

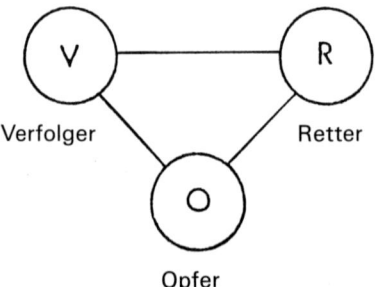

*Drama-Dreieck oder
«Karpman-Dreieck»*

Eine einfache Möglichkeit, Spielverläufe zu analysieren, ergibt sich bei der Anwendung des Drama-Dreiecks
von Karpman (1968). Es hat sich gezeigt, daß Familien-,
Unternehmens- oder politische Dramen immer wieder wie
im griechischen Drama auf drei Rollen zurückgeführt werden können:

2.9.1

Die Verfolger-Rolle

Der Verfolger handelt aus der Grundposition: Ich
bin besser als der andere (+ −). Er setzt den andern zu und
sagt ihnen, was sie zu tun haben, um dadurch die (+ −)-
Grundposition zu stärken.
Typische Verfolgerspiele sind:
- «Sehen Sie bloß, was Sie angerichtet haben!»
- «Wenn Sie nicht wären»

- «Jetzt habe ich Sie doch noch erwischt»
- «Ich habe es Ihnen ja gleich gesagt»
- «Meines ist besser, größer, schöner als deines»

2.9.2

Die Retter-Rolle

Der Retter will helfen und müht sich ihretwegen ab, um seine $(-+)$-Grundposition erträglicher zu machen oder aber auch aus einer $(+-)$-Grundposition heraus, um zu zeigen, daß er weiß, was für die anderen gut ist. Bei dieser Rolle handelt es sich nicht um jemanden, der z. B. aus einer beruflichen Situation heraus in schwierigen Situationen anderen uneigennützig hilft, ohne sie damit von sich abhängig zu machen, sondern um einen «Retter», der entweder unter der Maske des Helfers andere um den Preis der Abhängigkeit aus schwierigen Situationen befreit oder mit der Absicht zu zeigen, daß es ohne ihn nicht geht.
Typische Retterspiele sind:
- «Versuchen Sie es doch mal so»
- «Ich wollte Ihnen ja nur helfen»
- «Ich will doch nur Ihr Bestes»
- «Lassen Sie mich das für Sie machen»

2.9.3

Die Opfer-Rolle

Opfer spielen ihre Rolle aus der Grundposition «Ich bin hilflos, du bist besser als ich» (– +). Wiederum ist hier zwischen wirklichen Opfern (den Opfern einer Katastrophe, eines Vorurteils, einer Krankheit) und vermeintlichen Opfern zu unterscheiden. Die vermeintlichen «Opfer» spielen diese Rolle, um die Position «Aus mir wird ja doch nie etwas» zu beziehen. Opfer in diesem Sinne nehmen auch die Hilfe der Retter nicht an. Das Spiel dient lediglich dazu, den Kontakt mit anderen aufrechtzuerhalten. Dieser ginge ja verloren, wenn das Problem gelöst würde.

Typische Opferspiele sind:
- «Das begreife ich nie»
- «Ich bin völlig überlastet»
- «Warum muß das immer mir passieren?»
- «Knall mir eine»
- «Ich bin blöd»
- «Sie haben schon recht, aber ...»

2.9.4

Führungsstil und Spiele der Erwachsenen

Sehr häufig neigt eine Führungskraft im Verhaltensstil II zu Opferspielen, vor allem, wenn das Angepaßte Kindheits-Ich stark ausgeprägt ist.

Retter-Spieler finden sich oft entweder unter den «Fürsorglichen» mit der (− +)-Grundhaltung oder dem Kritischen Eltern-Ich in der (+ −)-Grundposition. Führungskräfte mit dem Verhaltensstil III haben häufig die Tendenz, Verfolgerspiele zu spielen.

Charakteristisch für den Stil IV ist es, daß dieser Stil mit einem Minimum an Spielen auskommt und auf die indirekte Möglichkeit der Zuwendungsbeschaffung verzichten kann.

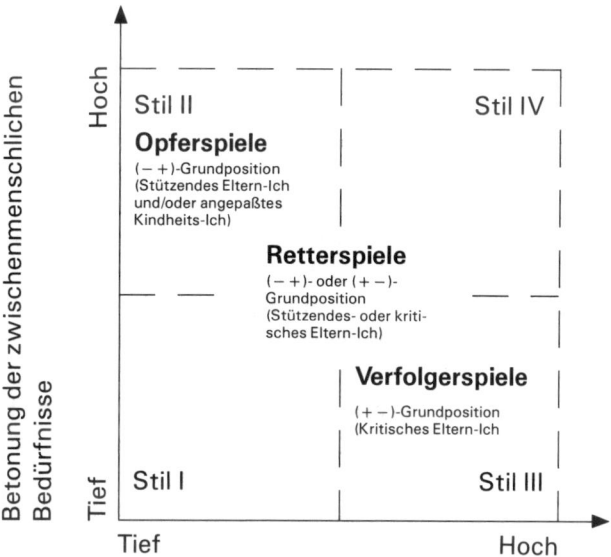

Betonung des Erreichens der Sachziele

Ein Beispiel:

Nehmen wir an, ein Vorgesetzter oder Mitarbeiter, der ständig in Zeitnot ist, fragt Sie, wie er sein Zeitproblem lösen könne. Wenn er auf Ihre Vorschläge immer mit «Ja, aber...» reagiert, spielt er mit Ihnen das «Ja, aber»-Spiel, dessen Nutzeffekt darin besteht, Ihnen zu zeigen, daß auch Sie ihm nicht helfen können. «Ja, aber»-Spiele können Sie abbrechen, indem Sie dem Fragesteller keine Vorschläge mehr machen. Sie können mit gezielten Fragen den «Hilfesteller» dazu bringen, daß er lernt, seine Probleme selber zu lösen. Sie können auch aus echter Überzeugung sagen: «Ich sehe im Moment keinen Weg, Ihr Problem zu lösen.» Sie können aber auch direkt auf den «Nutzeffekt» des Spiels hinweisen und ihm klarmachen, daß Sie nicht bereit sind, sich mißbrauchen zu lassen.

Die Hintergründe oder verborgenen Motive eines «Ja, aber»-Spiels sind häufig so zu erklären, daß mit der Lösung des Problems neue, womöglich noch bedrohendere Probleme entstehen.

Ein Manager, der nie Zeit hat, löst mit diesem Problem viele andere Probleme. So kann er sich zum Beispiel der Aufgabe entziehen, sich mit echten Problemen auseinanderzusetzen, im Beruf, in der Familie usw.

2.9.5

Das Abbrechen von Spielen

Sofern ich erkenne, daß ich an einem Spiel beteiligt bin, kann ich vermeiden, eine Rolle im Spiel des anderen zu übernehmen.

Für einen Opferspieler ist ein Spiel ohne Retter reizlos. Ferner kann ich darauf achten, «automatische» Reaktionen aus dem Stützenden oder Kritischen Eltern-Ich zu vermeiden: Mit dem Stützenden Eltern-Ich verstärke ich die Abhängigkeit (Opfer-Rolle). Mit dem Kritischen Eltern-Ich verstärke ich den Widerstand (Verfolger-Rolle) oder verursache Schuldgefühle (Opfer-Rolle).

Nach Kirsten (1978) eignen sich folgende Überlegungen, um aus Spielen auszusteigen:

- Achten Sie mehr auf Ihre eigenen Gefühle: So erkennen Sie rechtzeitig, wenn Sie an einem Spiel beteiligt sind.
- Helfen Sie dem anderen, das Spiel zu erkennen: Sprechen Sie mit ihm darüber, wie Sie und er sich verhalten.
- Werten Sie den anderen nicht ab.
- Helfen Sie dem anderen, in das Erwachsenen-Ich zu gehen: Stellen Sie ihm Fragen.

- Antworten Sie mit «paradoxer Kommunikation»: Geben Sie eine unerwartete Antwort (z.B. aus dem natürlichen Kindheits-Ich). Antworten Sie auf die Aussage «Ich bin blöd» mit der Antwort: «Ja, stimmt».
- Ersetzen Sie negative durch konstruktive Kritik.
- Zeigen Sie dem anderen, daß Sie ihn als gleichberechtigt und gleichgestellt anerkennen.
- Aktivieren Sie Ihr natürliches Kindheits-Ich.
- Handeln Sie, statt zu diskutieren.
- Treffen Sie Entscheidungen, statt zu klagen.
- Hören Sie auf, den Retter zu spielen (das heißt, denen zu helfen, die gar keine Hilfe nötig haben).
- Hören Sie auf, den Verfolger zu spielen (das heißt, Kritik zu üben oder anzuklagen, wo es besser wäre, sich über die Lösung des Problems Gedanken zu machen).
- Hören Sie auf, Opfer zu spielen (das heißt, sich hilflos oder abhängig zu fühlen und zu verhalten, wenn Sie im Grunde genommen mit beiden Beinen auf der Erde stehen könnten).
- Verlassen Sie in extremen Fällen die Szene!

Da Spiele in vielen Fällen unbewußt ablaufen, ist das Aufdecken von Spielen auch Ziel therapeutischer Arbeit. Wenn Sie sich nicht mehr auf Ränkespiele einlassen, sind Sie andererseits aber auch allein, weil Sie für Ihre «Gegenspieler» nicht mehr «interessant» sind. Dafür gewinnen Sie Zeit für andere, sich lohnendere Kontakte.

2.10

Der unbewußte Lebensplan oder das Skript

Die Transaktionale Analyse hat nachgewiesen, daß wir viele Entscheidungen nach einem unbewußten Lebensplan fällen, der in unserer Kindheit unter dem Einfluß der elterlichen Erziehung entstanden ist. Für ein kleines Kind sind elterliche Gebote, Verbote, Prinzipien und Regeln absolut, da es bis zum sechsten oder siebten Altersjahr wegen seines noch nicht stark genug entwickelten Denk- und Erkenntnisvermögens keine Möglichkeit hat, diese Prinzipien zu bewerten und sich bewußt damit auseinanderzusetzen.

Noch als Erwachsene – auch im reifen Alter – befolgen wir unbewußt viele dieser elterlichen Botschaften. Zum Teil wirken solche unterstützend, vor allem diejenigen, die wir aus dem Stützenden Eltern-Ich unserer Eltern übernommen haben (zum Beispiel: «Laß Dir nur Zeit»). Andere wirken einengend und belastend, vor allem diejenigen aus dem Kritischen Eltern-Ich unserer Bezugspersonen (zum Beispiel: «Nur wer schuftet, hat Erfolg»). Ein Ziel der Skriptanalyse ist es, sich belastender und einengender Normen, Regeln usw. bewußt zu werden, diese Eltern-Botschaften mit Hilfe des Erwachsenen-Ichs kritisch dahin zu überprüfen, ob sie angesichts der Realitäten und der jeweiligen Situation überhaupt sinnvoll sind, und sich, wo nötig, soweit als möglich von ihnen zu befreien, um schließlich zu einem Verhalten zu kommen, für das man selbst und eigenständig die Verantwortung übernehmen kann.

Bis zu einem gewissen Grade ist es jedem Menschen möglich, selbst zu erforschen, welche Botschaften er übernommen hat und welche sein Entscheiden und Handeln noch heute einengen:

Skriptanalyse...

- Welches waren die Erwartungen und Ängste der Eltern mir gegenüber? («Werde nicht wie Onkel Max!»)
- Welche Lebensregeln sind häufig wiederholt worden? («Erst die Arbeit, dann das Vergnügen!»)
- Welche direkten Verhaltensanweisungen habe ich mir zu Herzen genommen? («Sei nicht allzu ehrgeizig!»)
- Welchen Verwünschungen und Glückwünschen habe ich geglaubt? («Aus Dir wird nie etwas Rechtes!»)
- Welche geheimen Provokationen habe ich erfüllt? («Werde du, was ich nicht konnte, z. B. Vorgesetzter»)
- Welche Etiketten habe ich akzeptiert? («Du bist und bleibst unordentlich!»)

Ein 63jähriger Manager will aussteigen und eine Beratungstätigkeit aufnehmen, da er nicht erträgt, daß ihm sein junger Nachfolger zusehends das Steuer aus der Hand nimmt. Das Vorhaben erweist sich bei näherer Analyse als irrational, das heißt, eine frühe Verpflichtung verleitet ihn zu diesem unbedachten Schritt. Sie geht auf die Erfahrung des väterlichen Konkurses in der Jugend zurück. Der Manager befolgt unbewußt die Elternbotschaft: «Mach um Himmels willen nie Konkurs!» Die sukzessive Übergabe seiner Kompetenzen und Aufgaben an den Nachfolger erklärt sich nun als Konkurserlebnis, das es zu vermeiden gilt.

2.10.1

Die Antreiber in unserem Kopf

Kahler und Capers (1974) weisen auf fünf grundlegende elterliche Forderungen in unserer Leistungsgesellschaft hin, die sie als «Antreiber» bezeichnen:

- *«Sei immer perfekt»* oder *«Mach keine Fehler»*. Dieser Antreiber verlangt Perfektion, Vollkommenheit und Gründlichkeit in allem, was ich tue. In der Regel erwarte ich ein solches Verhalten auch von anderen. Dieser Antreiber ist ein Aufruf zur Übererfüllung der Ziele und gleichzeitig eine Warnung, «fünf gerade sein zu lassen».
- *«Mach immer schnell»*, *«Beeil Dich»* oder *«Schau immer vorwärts»*. Dieser Antreiber ist Anlaß, alles rasch zu erledigen, auch rasch zu antworten, rasch zu sprechen, rasch zu essen.
  Es ist ein Aufruf zur Hektik und zum Verlassen der Gegenwart und häufig eine verborgene Warnung, anderen zu nahezukommen.
- *«Streng Dich immer an»*, *«Im Schweiße Deines Angesichts»* oder *«Müh Dich bis zum letzten ab»*. Wer diesem Antreiber folgt, macht aus jedem Auftrag ein Jahrhundertwerk. Und er versucht, auch andere dazu zu bringen, daß sie sich mit ihm zusammen bemühen. Wer unter dem Einfluß dieses Antreibers steht, folgt dem Aufruf: «Nur nicht lockerlassen.» Vor den Erfolg haben die Götter den Schweiß gesetzt. Es ist darin auch die Warnung davor enthalten, sich gehenzulassen.
- *«Mach es immer allen recht»*, *«Sei immer liebenswürdig»* oder *«Mit dem Hute in der Hand...»*. Bei diesem

*Der Antreiber in
unserem Kopf*

Antreiber ist der andere immer wichtiger als ich selbst.
Wer unter diesem Antreiber steht, fühlt sich dafür verantwortlich, daß die anderen sich wohlfühlen. Er kommt
den anderen entgegen; denn es ist ihm wichtig, von anderen geschätzt zu werden und beliebt zu sein. Dieser Antreiber ist ein Aufruf zur Freundlichkeit und zum «Frieden». Zudem ist er eine Warnung vor Konflikten und eine
Ermahnung, ja keine eigenen Bedürfnisse anzumelden.

– *«Sei in jeder Lage stark»* oder «Beiß auf die Zähne».
Dieser Antreiber besagt: Sich keine Blöße geben, Vorbild
sein, Haltung bewahren, eiserne Konsequenz zeigen und
am besten alles allein durchstehen, nur keine fremde Hilfe in Anspruch nehmen, «wir lösen unsere Probleme selber».
Dieser Antreiber ist ein Aufruf zum Heldentum und eine
Warnung davor, Gefühle zu zeigen oder traurig zu sein.

Wer mit diesem Wissen um die Antreiber Manage-
ment-Entscheidungen beobachtet, wird überrascht feststellen, wie stark sie kriterienbildend sein können, als Argumente in die Entscheidungsfindung einfließen und damit
die Entscheidung beeinflussen.
     In gleichem Maße, wie Menschen Antreiber haben,
können auch Unternehmen unter solchen Antreibern stehen. Diese werden häufig vom Unternehmensgründer
selbst geprägt, der wie «ein guter Vater» seine Botschaften
seinen Nachfolgern hinterläßt. Wenn sich die Umweltsitua-
tion im Verlaufe der Jahre oder Jahrzehnte verändert, können solche Gründerbotschaften einem Unternehmen recht
zu schaffen machen.
     Diese Antreiber stehen wie Hinweistafeln oder Weg-
weiser in mehr oder minder deutlichem Klartext in unseren
Köpfen. Falls Sie sich darüber etwas Klarheit verschaffen
möchten, können Sie den folgenden Fragebogen zu Hilfe
nehmen:

2.10.2

Fragebogen zum Mini-Skript

     Beantworten Sie bitte diese Aussagen mit Hilfe der
Bewertungs-Skala (1–5), so wie Sie sich im Moment in Ihrer
Berufswelt *selber sehen*. Schreiben Sie den entsprechen-
den Zahlenwert in den dafür vorgesehenen Raum.

     Die Aussage trifft auf mich in meiner Berufswelt zu:

     voll und ganz = 5
     gut   = 4
     etwas   = 3
     kaum   = 2
     gar nicht   = 1

1) ☐ Wenn immer ich eine Arbeit mache, dann mache ich sie gründlich.

2) ☐ Ich fühle mich verantwortlich, daß diejenigen, die mit mir zu tun haben, sich wohlfühlen.

3) ☐ Ich bin ständig auf Trab

4) ☐ Anderen gegenüber zeige ich meine Schwächen nicht gerne.

5) ☐ Wenn ich raste, roste ich.

6) ☐ Häufig brauche ich den Satz: «Es ist schwierig, etwas so genau zu sagen.»

7) ☐ Ich sage oft mehr, als eigentlich nötig wäre.

8) ☐ Ich habe Mühe, Leute zu akzeptieren, die nicht genau sind.

9) ☐ Es fällt mir schwer, Gefühle zu zeigen.

10) ☐ Nur nicht lockerlassen ist meine Devise.

11) ☐ Wenn ich eine Meinung äußere, begründe ich sie auch.

12) ☐ Wenn ich einen Wunsch habe, erfülle ich ihn mir schnell.

13) ☐ Ich liefere einen Bericht erst ab, wenn ich ihn mehrere Male überarbeitet habe.

14) ☐ Leute, die «herumtrödeln», regen mich auf.

15) ☐ Es ist für mich wichtig, von den anderen akzeptiert zu werden.

16) ☐ Ich habe eher eine harte Schale, aber einen weichen Kern.

17) ☐ Ich versuche oft herauszufinden, was andere von mir erwarten, um mich danach zu richten.

18) ☐ Leute, die unbekümmert in den Tag hineinleben, kann ich nur schwer verstehen.

19) ☐ Bei Diskussionen unterbreche ich die anderen oft.

20) ☐ Ich löse meine Probleme selber.

21) ☐ Aufgaben erledige ich möglichst rasch.

22) ☐ Im Umgang mit anderen bin ich auf Distanz bedacht.

23) ☐ Ich sollte viele Aufgaben noch besser erledigen.

24) ☐ Ich kümmere mich persönlich auch um nebensächliche Dinge.

25) ☐ Erfolge fallen nicht vom Himmel; ich muß sie hart erarbeiten.

26) ☐ Für dumme Fehler habe ich wenig Verständnis.

27) ☐ Ich schätze es, wenn andere auf meine Fragen rasch und bündig antworten.

28) ☐ Es ist mir wichtig, von anderen zu erfahren, ob ich meine Sache gut gemacht habe.

29) ☐ Wenn ich eine Aufgabe einmal begonnen habe, führe ich sie auch zu Ende.

30) ☐ Ich stelle meine Wünsche und Bedürfnisse zugunsten derjenigen anderer Personen zurück.

31) ☐ Ich bin anderen gegenüber oft hart, um von ihnen nicht verletzt zu werden.

32) ☐ Ich trommle oft ungeduldig mit den Fingern auf den Tisch.

33) ☐ Beim Erklären von Sachverhalten verwende ich gerne die klare Aufzählung: Erstens...; zweitens...; drittens...

34) ☐ Ich glaube, daß die meisten Dinge nicht so einfach sind, wie viele meinen.

35) ☐ Es ist mir unangenehm, andere Leute zu kritisieren.

36) ☐ Bei Diskussionen nicke ich häufig mit dem Kopf.

37) ☐ Ich strenge mich an, um meine Ziele zu erreichen.

38) ☐ Mein Gesichtsausdruck ist eher ernst.

39) ☐ Ich bin nervös.

40) ☐ So schnell kann mich nichts erschüttern.

41) ☐ Meine Probleme gehen die anderen nichts an.

42) ☐ Ich sage oft: «Macht mal vorwärts.»

43) ☐ Ich sage oft: «Genau», «exakt», «klar», «logisch».

44) ☐ Ich sage oft: «Das verstehe ich nicht...»

45) ☐ Ich sage eher: «Könnten Sie es nicht einmal versuchen?» als «Versuchen Sie es einmal.»

46) ☐ Ich bin diplomatisch.

47) ☐ Ich versuche, die an mich gestellten Erwartungen zu übertreffen.

48) ☐ Beim Telephonieren bearbeite ich nebenbei oft noch Akten.

49) ☐ «Auf die Zähne beißen» heißt meine Devise.

50) ☐ Trotz enormer Anstrengung will mir vieles einfach nicht gelingen.

Zur Auswertung des Fragebogens übertragen Sie jetzt bitte Ihre Bewertungszahlen für jede entsprechende Fragenummer auf den folgenden Auswertungsschlüssel. Zählen Sie dann die Bewertungszahlen zusammen.

«Sei perfekt» Fragen:
1, 8, 11, 13, 23, 24, 33, 38, 43, 47,

___ ___ ___ ___ ___ ___ ___ ___ ___ ___

Total _____

«Mach schnell» Fragen:
3, 12, 14, 19, 21, 27, 32, 39, 42, 48,

___ ___ ___ ___ ___ ___ ___ ___ ___ ___

Total _____

«Streng Dich an» Fragen:
5, 6, 10, 18, 25, 29, 34, 37, 44, 50,

___ ___ ___ ___ ___ ___ ___ ___ ___ ___

Total _____

«Mach es allen recht» Fragen:
2, 7, 15, 17, 28, 30, 35, 36, 45, 46,

___ ___ ___ ___ ___ ___ ___ ___ ___ ___

Total _____

«Sei stark» Fragen:
4, 9, 16, 20, 22, 26, 31, 40, 41, 49,

___ ___ ___ ___ ___ ___ ___ ___ ___ ___

Total _____

Um die Ausprägungen Ihrer Antreiber graphisch noch sichtbarer zu machen, bitten wir Sie, nun noch die Totalwerte jedes Antreibers auf das untenstehende Schema zu übertragen.

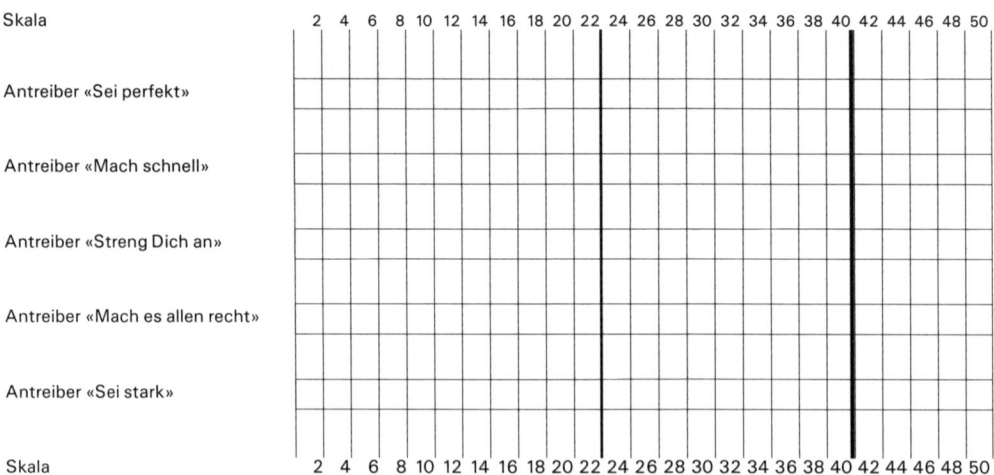

Wenn bei einem Antreiber, wie im folgenden Beispiel, der Skalenwert 40 überstiegen wird, darf mit großer Wahrscheinlichkeit angenommen werden, daß dieser bei einem Gespräch schon binnen weniger Minuten im Verhalten beobachtet werden kann (Schlegel, 1979).

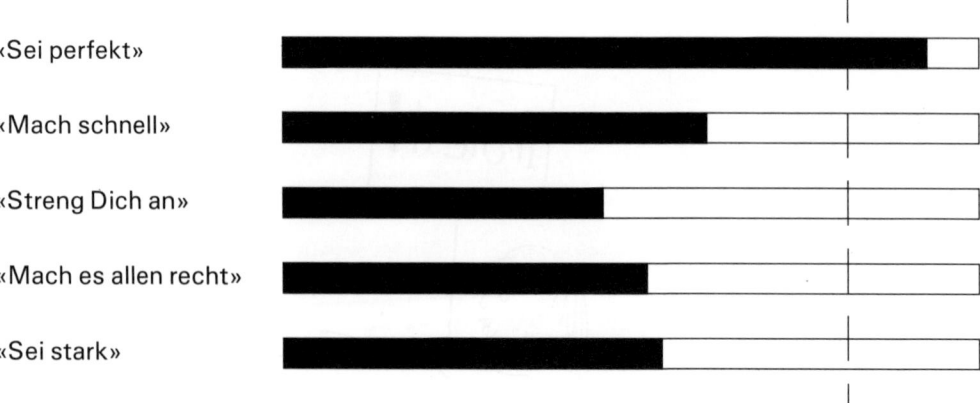

Wenn jemand, der unter dem Antreiber «Sei perfekt» steht, gefragt wird, was zwei und zwei gebe, wird er wahrscheinlich antworten: «Das ist vom System abhängig, auf das sich diese Zahlenwerte beziehen!» Steht der Fragende selbst unter diesem Antreiber oder aber auch unter dem

Mach es allen recht...

Antreiber «Mach es allen recht» oder «Streng Dich an», so wird er durch diese Antwort möglicherweise veranlaßt, von nun an «intelligentere» und «bessere» Fragen zu stellen. Auf diese Art können sich zwei Gesprächspartner in ihren Antreibern gegenseitig bestärken.

Zweifellos sind Gründlichkeit und Genauigkeit in vielen beruflichen und privaten Situationen wichtige Eigenschaften. Dynamik und Tempo des «Mach schnell»-Antreibers sind zum Beispiel bei Außendienstmitarbeitern gefragt. Pflichtbewußtsein und Fleiß («Streng Dich an») und Loyalität, Rücksichtnahme, Freundlichkeit («Mach es allen recht») werden bei Abdankungen und in Nachrufen immer lobend erwähnt. Berufe, in denen Heroismus, Durchsetzungs- und Durchhaltevermögen vorausgesetzt werden, sind für «Sei-stark»-Angetriebene wie geschaffen.

Einengend werden die Antreiber dann, wenn sie als unumstößlich aufgefaßt und ohne situativen Bezug über-

Sei stark...

trieben werden. Antreiber in diesem Sinne sind nicht der Wirklichkeit angepaßt, und sie werden befolgt, als würde eine Katastrophe hereinbrechen, wenn man sich nicht nach ihnen richtet (Schlegel, 1979). In ihrer Absolutheit sind die Antreiber nie erfüllbar, und sie verursachen letztlich Enttäuschungen und schlechte Gefühle.

Hinter dem Antreiber steht die Annahme: «Ich bin o.k., wenn ich immer perfekt bin.» Erfülle ich nun diese Forderung nicht – und sie ist nicht erfüllbar –, entsteht das Gefühl «Ich bin nicht o.k., weil...». Und dieses Gefühl äußert sich dann in Niedergeschlagenheit oder in Wut. Um diese schlechten Gefühle künftig zu vermeiden, werde ich das nächste Problem noch perfekter zu lösen versuchen. Und so gerät man immer mehr in einen Teufelskreis. Aus diesem Teufelskreis können wir ausbrechen, indem wir die Antreiber durch Erlauber ersetzen.

Statt immer perfekt zu sein, erlaube ich mir mit Hilfe des Erwachsenen-Ichs, kein schlechtes Gewissen zu haben, wenn auf viele Erfolge nun eben einmal ein Mißerfolg fällt. Statt immer schnell durchs Leben zu rennen, erlaube ich mir, einmal fünf Minuten nichts zu tun und einfach «zu sein». Statt sich durch den «Streng-dich-an»-Antreiber zu verkrampfen, erlaube ich mir, vieles gelassener zu tun. Statt es immer allen recht zu machen, erlaube ich mir, auch einmal auf mich selbst Rücksicht zu nehmen und «nein» zu sagen, ohne deswegen ein schlechtes Gewissen zu haben. Statt immer stark zu sein, erlaube ich mir, auch einmal traurig zu sein.

Das Ersetzen der Antreiber durch Erlauber ist etwas, das schneller gesagt als getan ist. Antreiber haben immer auch einen emotionalen Hintergrund: die Bindung an die Eltern und wichtige Bezugspersonen. Der notwendige Abschied von den Eltern (Halpern, 1978) kann kaum mit einer einfachen Willensbildung erwirkt werden. Vielmehr hat hier ein länger dauerndes Überdenken einzusetzen:
- Wieweit ist ein Antreiber heute für mich noch gerechtfertigt?
- Wieweit verzerrt ein Antreiber meine Wahrnehmung der gegenwärtigen Situation?
- Was würde geschehen, wenn ich einen Antreiber in sämtlichen Situationen ernstnehme?
- Was würde passieren, wenn ich einen Antreiber vollends über Bord werfe?
- Welche Vor- und Nachteile bringt die rigorose Befolgung des Antreibers in der gegenwärtigen Situation?
- Welche Vor- und Nachteile bringt eine bedingte Einhaltung des Antreibers, und welches müßten die Bedingungen sein?

Mit dem Abbau starker Antreiber erlaube ich mir, ein bißchen mehr mich selber zu sein.

2.11

Kann ich mein Verhalten verändern?

Eric Berne soll einmal gesagt haben (English, 1982): Selbstbehandlung ist, als wollte man sich selber die Haare schneiden. Sicher ist es schwierig, wirklich an alle Ecken und Winkel heranzukommen, aber es ist möglich, sofern man einen zuverlässigen Spiegel benützt und mit sich selbst Geduld hat.

Ein Vorteil der Transaktionalen Analyse ist es, daß sie schon dann wirkt, auch wenn ich mich mit ihr nur intellektuell auseinandersetze. Es ist sogar schwer, sich dieser Wirkung zu entziehen.

Falls Sie auf Grund ihrer bisherigen Einsichten in Ihrem Verhalten etwas verändern wollen – das Können ist meist nicht das Problem –, ist es wichtig, mit sich selbst einen Vertrag zu schließen, um einem Veränderungsziel mehr Verbindlichkeit und Erfolg zu geben. Das folgende Vertragsformular ist dem Buch «A New Self» von James und Savary (1977) entnommen.

Selbstbehandlung ist, als wollte man sich selber die Haare schneiden

2.11.1

Ein Vertrag mit sich selbst

Dieses Formular soll Ihnen helfen, ein Ziel, das Ihnen wichtig ist, konsequent anzustreben.

In meinem Leben möchte ich gern folgendes besser machen

_____

_____

Genau gesagt habe ich folgendes Ziel _____

_____

(Überprüfen Sie, ob dieses Ziel durchführbar, vernünftig und meßbar ist. Wenn nicht, ändern Sie das Ziel entsprechend ab.)

Um dieses Ziel zu erreichen, könnte ich _____

_____

(Ist das durchführbar, vernünftig und meßbar? Wenn nicht, ändern Sie es bitte entsprechend ab.)

Fähigkeiten, Einstellungen und Wertvorstellungen, die die Erfüllung dieses Vertrags erleichtern, sind _____

_____

Welche Vorurteile, Verhaltensmuster, Traditionen, Eltern-Ich-Botschaften unterstützen oder sabotieren möglicherweise diesen Vertrag? _____

_____

_____

Gesichtspunkte, die mein inneres Kindheits-Ich an diesem Vertrag reizvoll oder aber hart und bedrohlich findet, sind

_____

_____

_____

Ob ich mein Ziel erreicht habe, kann ich messen, indem ich

_____

_____

Andere Menschen, die diesen Vertrag unterstützen sind:

_____

_____

Andere Menschen, die diesen Vertrag sabotieren könnten, sind: _____

_____

Die persönliche Veränderung, die ich mit diesem Vertrag anstrebe, können andere erkennen, wenn ich _____

_____

_____

Wenn mich jemand bei der Erfüllung dieses Vertrages behindert, könnte ich _____

_____

_____

Um Unterstützung für die Erfüllung dieses Vertrags von anderen Menschen zu bekommen, könnte ich _____

_____

_____

Wenn dieser Vertrag nicht funktioniert, auch wenn ich mich engagiert dafür einsetze, dann werde ich erkennen _____

_____

_____

Das Schlimmste, was bei Nichterreichen des Ziels passieren
könnte, ist _____

_____

_____

Wenn ich noch einmal auf meine Antwort zur ersten Frage
zurückkomme, dann sehe ich darin folgendes Lebens-
problem _____

_____

_____

Wenn ich darüber nachdenke, dann fühle ich _____

_____

und ich beschließe _____

_____

Nachdem ich mein Ziel von verschiedenen Seiten her überprüft habe, möchte ich es neu – im Hinblick auf Durchführ-
barkeit, Vernunft und Meßbarkeit – so formulieren:

_____

_____

_____

Ort _____

Datum _____

Unterschrift _____

3

Karl Blöchliger

Führungskräfte mit Profil

Die schwierige und angespannt wirtschaftliche Lage vieler Unternehmungen macht zwei Sachverhalte in bezug auf die Führung deutlich: Einmal braucht das Management ein gut ausgebautes, aber einfach handhabbares Führungsinstrumentarium, das ermöglicht, die notwendigen Entscheide auf der Basis realistischer Daten und Fakten rasch zu fällen. Aber das allein genügt nicht: Es braucht darüber hinaus Manager, die als Persönlichkeit fähig sind, ihr Unternehmen sicher durch schwierige Zeiten zu führen.

Die Frage, was eine «Führungspersönlichkeit» ist und wie sie sich in der täglichen Führungsarbeit verhält, ist von Praktikern und Sozialwissenschaftern schon oft gestellt worden, wird aber wohl kaum je abschließend beantwortet werden können. Die Erfahrungen aus der Beratungsarbeit mit Führungskräften in verschiedenen Unternehmungen und Verwaltungen lassen aber dennoch bestimmte Feststellungen ableiten, durch welche Merkmale eine Führungspersönlichkeit vor allem auf der obersten Führungsebene geprägt sein könnte oder auch sollte. Manche dieser nun folgenden Gedanken sind nicht wissenschaftlich abgesichert und entspringen eher einem «intuitiven Spüren» von wesentlichen Kernpunkten im persönlichen Erscheinungs- und Anforderungsbild einer Führungskraft von heute.

3.1

Der notwendige Blick über die Grenzen

Unternehmungen sind nicht in sich geschlossene Systeme, sondern stehen in einem ständigen, wechselseitigen Austausch mit ihrer Umwelt. Es ist daher von großer Bedeutung, daß der Manager sich nicht in den firmeninternen Problemstellungen verliert oder festbeißt, sondern immer auch die Fähigkeit besitzt, Probleme aus einer umfas-

senden und das unmittelbare Geschehen im Unternehmen
übersteigenden Sicht zu beurteilen. Einem kurzfristigen,
eindimensionalen Denken entspringen kaum jene Lösungen, die unsere Unternehmungen heute so dringend brauchen. Die Gefahr, daß in Krisenzeiten ein kurzfristiges Denken überhandnimmt, ist groß. Dabei wäre es gerade heute
wichtig, daß die Manager sich jener drängenden wirt-
schafts- und gesellschaftspolitischen Fragen annähmen,
mit denen sich über kurz oder lang alle Unternehmungen
werden befassen müssen.

3.2

Die kleinen Dinge, die die großen Linien zudecken

Daß viele Manager überlastet sind, ist zwar eine bekannte, aber wenig ermutigende Tatsache. Häufig liegt die
Ursache für diese Überlastung darin, daß es dem Manager
nicht gelingt, Wesentliches vom Unwesentlichen zu trennen, die großen Linien in seiner Führungsarbeit zu sehen
und sich konsequent an Prioritäten zu orientieren. Dies ist

jedoch nur auf der Basis einer inneren Großzügigkeit und
Bereitschaft möglich, eine ganze Reihe von Planungen,
Entscheidungen und Arbeiten an andere Menschen im Unternehmen abzugeben – im vollen Vertrauen darauf, daß
diese Menschen bereit sind, die ihnen übertragenen Aufgaben verantwortungsbewußt und kreativ zu bearbeiten.
Ohne dieses grundlegende Vertrauen in seine Mitarbeiter
wird eine Führungskraft zwangsläufig und ständig von den
kleinen Dingen erdrückt werden und keine äußere – und
schon gar nicht innere! – Ruhe haben, sich den großen
Linien in seiner Führung zu widmen.

3.3

Das unternehmerische Risiko, das oft keines mehr ist

Über die Notwendigkeit und den Mut zum unternehmerischen Risiko wird heute viel gesprochen, und die
Leute sind schnell zur Hand, die solche Risiken bejahen, solange sie abschätzbar und verantwortbar sind. Das Problem liegt nun aber eben darin, daß der Manager heute viele
Unternehmensentscheide treffen muß, die sich auf eine
Umwelt mit ständig wechselnden, labilen Faktoren beziehen, und daß das Risiko in seiner Bedeutung und Tragweite
für das Unternehmen immer schwieriger abschätzbar ist.
Und dieses nicht mehr erfaßbare Risiko bringt dem Manager Probleme.

Es wird allmählich sichtbar, daß unternehmerische
Risiken durch noch so ausgeklügelte Informations- und
Datenverarbeitungssysteme nicht wesentlich erfaßbar gemacht werden können. Dieser Sachverhalt erfordert vom
Manager die Fähigkeit, die persönliche Einsamkeit und
Unsicherheit, die in jedem unternehmerischen Entscheid
enthalten ist, anzunehmen und nicht in eine falsche Hektik
und Betriebsamkeit zu flüchten. Das wird allerdings nur jener Führungskraft gelingen, die fest in der eigenen Persönlichkeit verankert ist und demzufolge Risikoentscheidungen aus einer von innen heraus getragenen Sicherheit als
unvermeidbare Realitäten seiner Führungsaufgabe akzeptieren kann.

3.4

Die innere Stille, die zu Kreativität führt

Die Technik des kreativen Arbeitens läßt sich überall in Kursen lernen. Ein bedeutender Aspekt jeder echten Kreativität wird jedoch oft übersehen: Kreativität setzt innere Ruhe und Stille voraus. Diese notwendige Stille ist vielen abhanden gekommen. Andauernder Streß und die scheinbar unvermeidbare Hektik des Alltags verhindern das Entstehen tragfähiger neuer Ideen und Problemlösungsansätze. Es ist für jede Führungskraft von großer Wichtigkeit, daß er sich Freiräume der Ruhe und Stille – vor allem der inneren Stille – schafft, in denen neue, kreative und innovative Ideen langsam wachsen können.

Zu viele Führungskräfte leben ständig an der «vordersten Front» der Fakten, Zahlen und Realitäten und übersehen dabei, daß Neues und für das Unternehmen Bedeutsames sehr oft nur aus der inneren Ruhe und Stille einzelner Menschen heraus entstehen und wachsen können.

3.5

Das «Gespür» für ungenutztes Potential

Jedem Manager wird früher oder später drastisch klar, in welch großem Maß er von anderen Menschen im Unternehmen abhängig ist. In einer komplexen Zeit und in den hochkomplexen Organisationen ist er nicht mehr in der Lage, alles allein zu überblicken und zu entscheiden. Es gehört zur reifen Führungspersönlichkeit, die Tatsache dieser Abhängigkeit von anderen Menschen zu akzeptieren. Zusätzlich erfordert es die Fähigkeit, das offene Gespräch zu suchen ohne ständige Angst vor einem möglichen Machtverlust. Das Suchen des offenen Gesprächs beinhaltet unter anderem das «Herausspüren» jener Leute im Unternehmen, die den Manager in einer bestimmten Problemsituation umfassend und ehrlich beraten können.

Mehr noch als früher gilt heute die Überzeugung, daß Unternehmungen grundsätzlich in der Lage sind, die

meisten Probleme aus eigenen Kräften zu lösen – sofern es
gelingt, das im Unternehmen vorhandene, menschliche
Problemlösungspotential aufzuspüren. Dieses «Herausspüren» ist keine Hexenkunst, es braucht dazu auch nicht
die Hilfe des Psychologen. Es braucht «nur» Führungskräfte, die zuhören und andere Menschen mit allen ihren
Kenntnissen, Fähigkeiten und Meinungen akzeptieren können und wollen.

3.6

Das ewige Lernen

Der Druck der Verantwortung und die Hektik der
täglichen Geschäfte führen beim Manager oft dazu, daß er
seine eigene persönliche Weiterentwicklung, das Lernen,
vergißt. Mit Lernen ist weniger das Erlernen von Führungs-
techniken und -instrumenten in Kursen gemeint, sondern

vielmehr die Entwicklung und die Auseinandersetzung mit der eigenen Persönlichkeit. Kein Mensch erträgt auf die Dauer Druck, Streß, Verantwortung usw., ohne daß er in häufigen und längeren Ruhepausen seine Aufgabe und seine Rolle, seine persönlichen Ziele und Lebenswerte überdenkt und sich damit auseinandersetzt. Eine Führungspersönlichkeit zeichnet sich u. a. anderem auch dadurch aus, daß sie die eigenen Stärken und Schwächen kennt und dementsprechend die eigenen Möglichkeiten realistisch einschätzen kann. Nur so wird es ihr gelingen, nicht ständig in einem Zustand der persönlichen Überforderung zu leben und zu arbeiten.

Dieser Auseinandersetzungs- und Lernprozeß kann sich nicht in der Hektik des Unternehmens, sondern nur in der Zurückgezogenheit und Stille ergeben, sei es an den Abenden und Wochenenden, in den Ferien oder in einem Seminar, das die Möglichkeit zu dieser intensiven Auseinandersetzung mit der eigenen Person und dem eigenen Leben bietet.

3.7

Der Mut zur Klarheit

In einer wirtschaftlichen Phase, die eher durch Unsicherheit und düstere Zukunftsperspektiven gekennzeichnet ist, braucht es vermehrt Führungspersönlichkeiten, die den Mut haben, die Situation ihrer Unternehmung klar und realistisch einzuschätzen sowie die notwendigen Konsequenzen und Entscheide aus dieser Einschätzung abzuleiten und zu vertreten. Es hilft niemandem, wenn sichtbar werdende Probleme aus Angst oder falsch verstandenem Optimismus überdeckt und herabgespielt werden. Es ist eine der allerersten Verantwortlichkeiten des Managers, solche Problementwicklungen samt möglichen Konsequenzen frühzeitig zu erkennen und offen aufzudecken, auch wenn damit unbequeme Fragen und Forderungen verbunden sind.

Eine solche Klarheit – und hier wird ein Kernproblem jeder Führung sichtbar – schafft häufig zusätzliche Unruhe und Konflikte. Es ist aber gerade der unbeirrbare Mut einer Führungskraft, unternehmerische Problem- und

Konfliktsituationen offen zu bearbeiten, der einer Unternehmung in wirtschaftlich schwierigen Zeiten die notwendige Sicherheit und Ruhe und damit auch die Basis zur Weiterentwicklung verleiht. Zu viele unternehmerische Entscheide gründen auf Kompromissen, die es zwar allen recht machen, aber das eigentliche Problem nicht lösen. Nur Führungspersönlichkeiten, die auf eine menschliche Art diesen Mut zur Klarheit ausstrahlen, wird es gelingen, im Unternehmen einen fruchtbaren Boden für langfristige Lösungen und Entwicklungen zu schaffen.

3.8

Und die Menschlichkeit?

Selten wird eine Begriff wie jener der Menschlichkeit so belastet, falsch verstanden und auch häufig mißbraucht. Was bedeutet er im Rahmen unserer Überlegungen zur Führungspersönlichkeit? Zunächst ist Menschlichkeit nicht etwas, das im Unternehmen «vorhanden» oder «nicht vorhanden» ist. Zuvorderst hat Menschlichkeit einen tiefen Zusammenhang mit der Persönlichkeit des Managers: dieser Zusammenhang wird in der Ernsthaftigkeit sichtbar, mit der der Manager seine eigene Person für voll nimmt und aus dieser vollen Person heraus auch seine Führungsaufgabe versteht und wahrnimmt. Gerade bei Führungskräften auf der oberen und obersten Führungsebene entsteht immer wieder die Gefahr, daß wesentliche Teile ihrer Person (Intuition, Gefühle, Kontakt, Zuneigung usw.) in der Führung nicht mehr sichtbar werden, bzw. werden «dürfen». Diese Persönlichkeitsanteile werden «zu Hause» gelassen oder gänzlich zugedeckt, was über kurz oder lang zu Konsequenzen wie Überforderung, Krankheit, Führungsfehler usw. führt. Eine reife Führungspersönlichkeit wird vor allem daran sichtbar, daß die eigene Persönlichkeit akzeptiert und in der täglichen Führungsarbeit in vollem Umfange zu leben gewagt wird – wobei «leben» nicht mit «ausleben» verwechselt werden darf.

Zwei Beispiele: Ein Manager lebt seine Persönlichkeit, wenn er durch menschliche Wärme und Herzlichkeit in seiner nächsten Umgebung ein Klima schafft, das andere das eigene Entfalten und Wachsen ermöglicht.

Ein Manager lebt seine Persönlichkeit aber auch dann, wenn er in Beurteilungsgesprächen oder Konfliktsituationen seinen Mitarbeitern gegenüber offen und bestimmt Stellung nimmt und dabei auch wagt, negative Gefühle und Aspekte klar zu sagen. Auch dieses Verhalten des Vorgesetzten ist geprägt von einer echten Menschlichkeit: der Mitarbeiter weiß, woran er ist und erhält die Möglichkeit zu einer – immer wieder unentbehrlichen – Standortbestimmung und allfälligen Korrektur seines Verhaltens.

Die vorliegende Zusammenstellung gleicht einem Idealkatalog. Idealbilder aber enthalten immer die Gefahr, weit von der Realität entfernt zu sein. Für jede Führungskraft wird es im wesentlichen darum gehen, daß sie nicht Idealbildern nachrennt, sondern ihre eigene Persönlichkeit – mit den vorhandenen Fähigkeiten und Möglichkeiten, aber auch Grenzen und Schwächen – akzeptiert und in der Führung zur Geltung bringt. Manager sollen und können nicht Übermenschen sein. Sie müssen aber zur Kenntnis nehmen, daß in unserer Zeit der eher technokratischen Ausrichtung die Führung der dringenden Ergänzung und Erweiterung durch einige der hier dargelegten Persönlichkeitsaspekte bedarf.

II. Team-Entwicklung

Das Team als Bestandteil des Arbeits- und
Entscheidungsgeschehens im Unternehmen

Funktion und Bedeutung der Gruppe im Unternehmen

Karl Blöchliger

1.1

Die Gruppe als existentielle Notwendigkeit

Die Gruppe ist nicht eine Zweck-Mittel-Schöpfung der modernen Organisationspsychologie, sondern eine existentielle Notwendigkeit für das Leben jedes einzelnen Menschen.

Bei allen Betrachtungen über Kooperation und modernes Management wurde ein wesentlicher Sachverhalt bisher nur indirekt oder überhaupt nicht berücksichtigt: Für sich allein genommen ist der Mensch unvollkommen angelegt. Erst durch die intensive Interaktion mit anderen Menschen vermag er eine gewisse Ganzheit zu erlangen. Neuere Wissenschaftszweige wie Entwicklungspsychologie und Verhaltensforschung zeigen deutlich, daß der Mensch vom Leben in Gruppen abhängig ist. In der Gruppe findet der Einzelne eine gewachsene, unmittelbare Sicherheit und Geborgenheit. In der Gruppe besteht für ihn die Möglichkeit der Begegnung, und er findet gleichartige Motive und Interessen zu einem bestimmten Verhalten.

Als soziales Wesen braucht der Mensch die Zugehörigkeit zu verschiedenen Gruppen, und nur in gut funktionierenden Gruppen kann der Mensch seine Fähigkeiten voll zur Entfaltung bringen. Diese Tatsache hat überall dort größte Bedeutung, wo komplizierte Lern- und Leistungsprozesse angestrebt werden. Ohne die Hilfe von Gruppen vermag der einzelne Mensch viele seiner grundlegenden Bedürfnisse nicht zu befriedigen und entscheidende Probleme nicht zu lösen. Infolgedessen ist der Mensch zeit seines ganzen Lebens darauf angewiesen, Mitglied einer ihn bergenden Gruppe zu sein.

Die gesamte menschliche Gesellschaft besteht aus einem komplizierten, eng ineinandergreifenden Netzwerk verschiedener Gruppen, und es gibt kaum soziale Gebilde, in denen nicht stets Gruppen aufeinandertreffen und Beziehungen zueinander entwickeln.

Das Schicksal des Einzelnen wie der Gesellschaft ist bedingt und geprägt durch die Gruppe. Der Mensch denkt, fühlt und handelt nie als autonomes Individuum, sondern immer als Mitglied von Gruppen, sei es im Privatleben oder im Beruf. Er ist in viel größerem Maße von den psychologischen Bezügen zu Gruppen abhängig, als dies zuvor angenommen wurde. Erst die Gruppe vermittelt dem Menschen ein Sicherheits-, Verbundenheits- und Geborgenheitsgefühl, das für eine gesunde Entwicklung auch im Erwachsenenalter unerläßlich ist.

1.2

Die sozialpsychologische Dynamik in Arbeitsgruppen

Das Management wird langfristig nur dann Erfolg haben, wenn der Betrieb nicht nur als technischwirtschaftliche Sachrealität angesehen wird, sondern auch die sozialpsychologische Dynamik in das Führungsdenken miteinbezogen wird.

Jeder Betrieb bildet nicht nur als Einheit eine Gruppe, vielmehr besteht diese Organisations-Einheit wiederum aus einer Vielzahl kleinerer Gruppen, zum Teil formaler Art, durch die Hierarchie oder den Arbeitsablauf bestimmt, aber auch informaler Natur, z. B. Freizeitinteressengruppen. Die Dynamik des Gesamtbetriebes wird von diesen Gruppen beeinflußt und bestimmt. Die verschiedenen Gruppen innerhalb einer Organisation stehen in Wechselbeziehung, sind aufeinander angewiesen und ergänzen sich gegenseitig. Es treten Kommunikations- und Koordinationsprobleme auf, Macht und Einfluß spielen eine Rolle. Wer das Wesen einer Organisation erfassen will, muß auch diese gruppendynamischen Prozesse in sein Denken miteinbeziehen.

Kooperatives und wirkungsvolles Management würde somit voraussetzen, daß die Grundprinzipien gruppendynamischen Geschehens bekannt sind und in ihren

Auswirkungen akzeptiert werden. Diese ist heute leider erst wenig der Fall. Es sind noch zu wenige, die gelernt haben, Gruppenprozesse innerhalb einer Organisation zu erkennen und die Möglichkeiten und Grenzen der Gruppenarbeit zu erfassen.

Trotzdem die Gruppe innerhalb des Betriebes dauernd erlebt wird, erreichen viele Vorgesetzte nicht die Stufe, einfache Gruppenprozesse zu diagnostizieren und zu interpretieren.

Wir haben somit aus der Tatsache, daß wir dauernd in Gruppen leben und von solchen abhängig sind, keine Konsequenzen für die Gestaltung und Führung von Organisationen und Gruppen gezogen. Im allgemeinen erweisen wir uns auch als ziemlich unfähig, wenn es darum geht, Ziele durch Gruppenarbeit zu realisieren. Schuld daran trägt unser ungenügendes Wissen über die Dynamik von Gruppen und das Zusammenarbeiten zwischen Gruppen, sowie die mangelnde Fähigkeit, geeignete Bedingungen für eine unverfälschte Entfaltung des Einzelnen in einer Gruppe zu schaffen. Gruppen im Betrieb unterliegen eigenen Gesetzmäßigkeiten. Wer sie nicht kennt, muß früher oder später bei dem Versuch scheitern, das Verhalten von Gruppen in seinem Sinne zu beeinflussen.

1.3

Gruppe und Individuum

Der formierten Gruppe innerhalb des Betriebes kommt eine ebensolche Bedeutung zu wie dem einzelnen Mitarbeiter.

Über Sinn und Leistungsfähigkeit der Gruppe gehen die Meinungen immer noch weit auseinander. Da sind die einen, die überhaupt nichts für Gruppen übrig haben und glauben, daß man innerhalb einer Organisation sehr wohl auf der Basis von Beziehungen zwischen Individuen arbeiten könne. Ja, man geht noch weiter und behauptet, jede Gruppenaktivität erzeuge einen nivellierenden Effekt auf das Individuum, töte den Einfallsreichtum des Einzelnen ab und erweise sich ganz allgemein als Behinderung und Beschneidung der menschlichen Leistungsfähigkeit. Diese Ansichten verkennen jedoch die Realitäten des Zusammenlebens in Organisationen. Eine ganze Reihe von Aufgaben und Arbeiten lassen sich einfach nicht von einer Person allein ausführen, und viele Probleme können von einer Einzelperson nicht gelöst werden.

Die Frage «Gruppe oder Individuum» ist letztlich überhaupt nicht mit entweder-oder beantwortbar. Es gibt Aufgaben, die auf den Einzelnen zugeschnitten sind, währenddem andere nur von einer Gruppe bewältigt werden können.

Beide, Gruppe und Individuum, verhalten sich keineswegs wie Gegensätze zueinander. In einer wirklich fruchtbaren Gruppe findet auch der Einzelne seine höchste Befriedigung. Anderseits gewinnen Gruppen an Wirksamkeit in dem Maße, wie Sie es verstehen, die spezifischen Fähigkeiten von Individuen zu fördern und zu nutzen. In einer Zeit, in der durch weitgehende Arbeitsteilung dem Einzelnen an seinem Arbeitsplatz fast alle Verantwortung und Selbständigkeit genommen worden ist, kann durch die Arbeitsgruppe wieder ein gesundes Verhältnis zu den Menschen und zu der Arbeit hergestellt werden. Die richtige Frage lautet demnach: wo kann die Gruppe mehr leisten als der Einzelne?

1.4

Vorteile der Teamarbeit

Sobald es sich um komplizierte Zusammenhänge, schwierige Entscheide, hochkomplexe Planungsaufgaben, kurz, um erschwertes Verstehen und Darstellen handelt, ist die Arbeit der Gruppe der Einzelarbeit vorzuziehen.

Das Wesen der Gruppenarbeit besteht nicht nur in der Arbeitserleichterung durch Arbeitsteilung und Entlastung, sondern gleichzeitig in einer Produktivitätssteigerung als Folge der Leistungsüberlegenheit einer integrierten Gruppe gegenüber den möglichen Einzelleistungen ihrer einzelnen Angehörigen. In Anlehnung an Hofstätter (1957) kann in bezug auf die Gruppenleistung allgemein folgendes festgehalten werden:

1.4.1

Die Gruppe weiß mehr

Die Kenntnisse der einzelnen Gruppenmitglieder summieren sich, insbesondere was spezielle Kenntnisse oder praktische Erfahrungen anbelangt. So vermag die

Gruppe Lücken auszufüllen, die dem Einzelnen selbst bei sorgfältigster Überlegung entgangen sind. Bei Problem-Lösungsaufgaben kann die Gruppe neue Möglichkeiten des Vorgehens finden, sobald sich aus der Addition der Einzelkenntnisse eine Horizonterweiterung für alle Gruppenmitglieder ergeben hat. Weiß die Gruppe mehr, dann hat auch der Einzelne die Chance, durch die Gruppe und von der Gruppe zu lernen.

1.4.2

Die Gruppe regt an

Die Wirkung einer Gruppendiskussion geht über die Summe der Einzelmeinungen hinaus, indem geäußerte Gedankengänge neue Denkanstöße vermitteln. Aber nicht nur im Denkbereich werden durch die Gruppe Anstöße gegeben. Auch der Geltungsanspruch und das Leistungsniveau können durch gruppendynamische Vorgänge nachhaltig gesteigert werden. Es gibt zahlreiche Belege für die stimulierende Funktion einer Gruppe, die sich nicht zuletzt in der Gruppenmeinung gegenüber der Einzelmeinung durchzusetzen pflegt.

1.4.3

Die Gruppe gleicht aus

Gegensätzliche Auffassungen sind bei Auseinandersetzungen mit einem emotional geladenen Gegenstand praktisch unumgänglich. Durch Zustimmung und Widerspruch gleicht die Gruppe aus. Wo keine eindeutige Entscheidung nach den Kategorien «richtig oder falsch» oder «zutreffend-unzutreffend» möglich ist, lebt die Gruppe vom Kompromiß. Bei einer emotionalen Belastung der einzelnen Gruppenmitglieder kann der ausgleichende Einfluß der Gruppe zu einer Entspannung und damit zu einer Verbesserung der subjektiven Leistung beitragen.

1.5

Voraussetzungen für die Leistungsvorteile der Gruppe

Damit die Leistungsvorteile der Gruppe sich realisieren lassen, müssen bestimmte Voraussetzungen in der Organisation einerseits und in der Struktur der Gruppe gegeben sein.

1.5.1

Die Gruppe braucht eine klare Aufgaben- und Rollenverteilung

Ob diese Aufgabenverteilung von außen vorgegeben ist oder ob sich die Gruppe selber strukturieren kann, spielt für die Integration und die Zusammenarbeit der Gruppe eine eher untergeordnete Rolle. Es liegt auch nicht im Wesen der Gruppe, daß eine bestehende Struktur notwendigerweise permanent ist. Wichtig ist, daß jedes Gruppenmitglied eine bestimmte Funktion und Rolle zugewiesen erhält oder selber übernehmen kann. Dazu kommt, daß das einzelne Gruppenmitglied in seiner Rolle und Aufgabe nicht nur von der Gruppe akzeptiert werden muß, sondern daß der Einzelne auch sich selber in seiner Rolle akzeptieren kann, wenn eine echte Gruppenleistung erbracht werden soll. Eine unklare Aufgabenverteilung oder ein mangelhaftes Rollenverständnis verunmöglicht es der Gruppe, ihre volle Leistungskapazität auszuschöpfen. Es treten in der Folge laufend Schwierigkeiten (Kommunikationsstörungen, Kompetenzstreitigkeiten usw.) auf, was weiter dazu führt, daß die Gruppe ihre internen Probleme auf der betrieblichen Sachebene austrägt und so zum Beispiel eine optimale Entscheidungsfindung verunmöglicht wird.

Funktionsumschreibungen und Pflichtenhefte können diesbezüglich ein Organisationsmittel darstellen – vorausgesetzt, daß sie nicht in einem bürokratisch-autoritären Geist aufgestellt und interpretiert werden. Wenn ein Pflichtenheft nur dazu dient, ein Gebiet abzutrennen, in das sich kein anderer einzumischen hat, so ist das dem Entstehen einer integrierten Gruppe alles andere als förderlich.

1.5.2

Die Gruppe braucht ein Ziel

Ähnliches gilt für die Zielsetzung einer Arbeitsgruppe: ob ein Ziel von außen gesteckt wird oder ob sich die Gruppe im Rahmen der Unternehmenszielsetzung ihre eigenen Ziele setzen kann – wesentlich ist, daß die gemeinsame Aufgabe von der Gruppe und ihren Mitgliedern anerkannt und als wichtig erachtet wird.

Damit eine solche Anerkennung von Leistungszielen im Betrieb eintreten kann, müssen objektive und subjektive Zielsetzungen in gewissen Bereichen übereinstimmen. Das heißt, der Einzelne muß mit der Erreichung betrieblicher Ziele zugleich auch persönliche Ziele (Bedürfnisse nach materieller Sicherheit, Anerkennung, Erfolg und Verantwortung) befriedigen können. Ist dies nicht möglich, so wird sich sowohl der Einzelne wie die Gruppe über kurz oder lang gegen die Ziele der Organisation wenden, und diese durch Interesselosigkeit, Gleichgültigkeit oder Rebellion sabotieren.

Ein wirklich echtes Akzeptieren einer von außen vorgegebenen Zielsetzung ist wohl kaum möglich, wenn nicht die Gruppe als Ganzes die Gelegenheit erhält, an der Aufgaben- und Zielformulierung mitzuarbeiten. Das trifft im besonderen zu für Führungsgruppen, Planungsteams oder Entscheidungsfindungsgruppen.

1.5.3

Die Gruppe braucht Kommunikation

Eine der wesentlichsten Voraussetzungen zur Gruppenentstehung und ihrer Erhaltung ist die gegenseitige Kommunikation aller Beteiligten. Kommunikation ist der Träger des gesamten sozialen Geschehens. Sie ermöglicht es dem Einzelnen, die Erfahrungen anderer in der Gruppe zu nutzen und auf diese Weise das zu verarbeiten, was ihm selbst entgangen ist.

Für die Gruppe stellt Kommunikation das eigentliche Arbeitsinstrument dar, mit dem Sachprobleme analysiert, Entscheide gefällt und Einzelleistungen innerhalb der

Gruppe auf das Gruppenziel hin koordiniert werden. Daneben ist Kommunikation auch jenes Instrument, durch das es der Gruppe erst möglich wird, ihre internen Probleme und Schwierigkeiten zu erkennen und zu lösen. Und letztlich dient Kommunikation der Gruppe, um mit anderen Gruppen innerhalb des Betriebes in Kontakt zu treten und die verschiedenen Gruppenleistungen zu einem sinnvollen Ganzen zu fügen. Wird die Kommunikation durch eine bürokratisch-autoritäre Führung oder eine allzu starre, formalistische Organisationsstruktur unterbunden oder behindert, dann ist die Gruppe in ihrer Lebens- und Leistungsfähigkeit bedroht. Um ein gemeinsames Ziel auf eine sinnvolle Art und Weise mit einem vernünftigen Energieaufwand zu erreichen, braucht die Gruppe eine offene, spontane Kommunikation, die weder an Abteilungsgrenzen noch an hierarchischen Rangstufen unterbrochen werden darf. In diesem Sinne ist Kommunikation bedeutend mehr als nur der geregelte und korrekte Lauf innerbetrieblicher Informationen. Informationen von oben allein können niemals die für jede Gruppe notwendige Kommunikation ersetzen.

Es kommt dazu, daß Kommunikation nur dann funktionieren kann, wenn die Gruppe nicht durch räumliche Trennung oder zu seltenes Zusammentreffen am Gruppenprozeß gehindert wird. Eine weitere Erschwerung der Kommunikation entsteht dann, wenn eine bestimmte, optimale Gruppengröße überschritten wird. In einer Gruppe von 20 Mitgliedern kann die Kommunikation oft schon auf beträchtliche, vor allem psychologisch bedingte Hindernisse stoßen. Je größer eine Gruppe, desto anfälliger ist sie für Konflikte, die ihren Grund in einer mangelhaften, gehemmten Kommunikation der Mitglieder untereinander haben.

1.5.4

Erfolgreiche Gruppenarbeit setzt Führung voraus

Führen einer Gruppe ist nicht eigengesetzlicher Selbstzweck, sondern ist immer abhängig von der Gruppe und nicht umgekehrt. Über die Zweckmäßigkeit des Führungsstiles kann letztlich nicht der Vorgesetzte selber entscheiden; Führen ist immer eine Funktion der Art und Umstände des Gruppenauftrages, der Arbeitsbedingungen, der Organisationsstruktur und der personellen Zusammensetzung der Gruppe sowie der Führung. Eine demokratisch kooperative Führung von Gruppen bewirkt in vielen Fällen keinen wesentlich höheren Arbeitserfolg als eine autoritär-patriarchalische Führung, aber sie weckt die Initiative, die Mitverantwortung und die Integration der Gruppe. Führung ist ein Vorgang in und mit der Gruppe; sie darf nicht über und auf Kosten der Gruppe geschehen, soll die Gruppe ihre optimale Leistungsfähigkeit erreichen und bewahren.

Das Hauptproblem der Führung ist nicht, wie so oft angenommen wird, in der Gruppe Begeisterung oder Gehorsam zu erreichen, sondern eine Situation zu schaffen, in der die Mitarbeiter bereitwillig den Führer als Träger ihrer kooperativen Bemühungen ansehen. Eine Gruppe kann nur dann sinnvoll auf ein Ziel hin arbeiten, wenn die Führungsverhältnisse nicht nur klar geregelt sind (Organigramm, Kompetenzenverteilung usw.), sondern auch bei der Gruppe auf spontane und echte Zustimmung und Akzeptation stoßen.

Es liegt im Wesen der kooperativen Führung, daß stabile Verhältnisse zwischen Führer und Geführten nicht existieren. Führung in einer Gruppe kann nur schwerlich ein für allemal festgelegt werden. Sie muß sich vielmehr von Fall zu Fall ergeben aus der betrieblichen Situation, der Situation der Gruppe und den zur Lösung anstehenden Problemen. Führung kann somit im Laufe einer Aufgabenerfüllung von einer Hand in die andere gehen, so wie es die Fähigkeiten, Kenntnisse und Reife der Gruppenmitglieder zulassen. Es ist auch durchaus denkbar, daß gleichzeitig zwei Führerfiguren als solche von der Gruppe akzeptiert werden, mit entsprechender Aufteilung der Funktionen.

Letztlich hat Führung den Sinn, dem Einzelnen die Integration in eine Gruppe zu ermöglichen, in der er in relativer Freiheit seine Eigenart ausdrücken und nach Möglichkeit sich selbst verwirklichen kann, ohne sich Autoritäten blind fügen zu müssen. Für eine solcherart integrierte Gruppe bedeutet das, daß sie über Gruppenmitglieder verfügt, die in freiwilliger Einordnung und mit persönlichem Engagement an der Verwirklichung der Gruppenziele und ihrem Ausbau mitwirken.

1.6

Das Erfassen der Gruppenprozesse

Um sinnvoll arbeiten zu können, braucht das Management eine Ausbildung im Erfahren und Erfassen von Gruppenprozessen.

Es kann als gesichert gelten, daß zukünftige betriebliche und soziale Aufgaben nur noch durch eine vermehrte Zusammenarbeit und ein zielstrebiges Teamwork bewältigt werden können. Voraussetzung dazu ist jedoch, daß zumindest die Vorgesetzten verstehen lernen, was eine Gruppe ist, welche Möglichkeiten sie besitzt, aber auch, wo ihre Grenzen liegen, und wie Schwierigkeiten in der Teamarbeit rechtzeitig erkannt und behoben werden können. Dazu kommt, daß jede Organisation als ein System verschiedenster Gruppen ganz bestimmten, erfaßbaren Gesetzmäßigkeiten unterliegt. Vom Verstehen dieser Gesetzmäßigkeiten hängt

weitgehend der Einfluß des Einzelnen auf die Leistungsfähigkeit der Organisation ab.

Die nunmehr bereits langjährige systematische Erfor-
schung kleiner Arbeitsgruppen hat zur Entwicklung der
gruppendynamischen Managementsausbildung (Sensiti-
vity-Training, ERGOM-Seminare) geführt. Das gruppendynamische Seminar als Simulation der beruflichen und
organisatorischen Realität unternimmt den Versuch, Lern-
prozesse in Gruppen zu ermöglichen, die den Einzelnen bewußt werden lassen, wie er sich im Rahmen eines Gruppen-
gefüges tatsächlich verhält. Aus der Gruppe heraus erhält
der Seminarteilnehmer Antwort auf eine Reihe von Fragen,
die im alltäglichen Berufsleben aus verschiedenen Gründen
kaum gestellt und schon gar nicht beantwortet werden. Die
Beantwortung solcher Fragen kann die Bereitschaft, Veränderungen in sich selber und in Gruppen zu akzeptieren, erheblich vergrößern. Man lernt sich selber besser kennen,
und es gelingt in vermehrtem Maße, die Probleme zwischenmenschlichen Verhaltens zu sehen und zu verstehen.
Es kann in der Folge bedeutend leichter fallen, die persönlichen und beruflichen Aufgaben zu bewältigen.

Darüber hinaus gibt das gruppendynamische Seminar Gelegenheit, anhand der Seminarerfahrungen die eigene Arbeitsweise zu analysieren, zu fragen, wo die Ursachen
für eine gestörte oder mangelhafte Kommunikation liegen,
wie Gruppenentscheide zustande kommen oder verunmöglicht werden, und wie der Einzelne oder die Gruppe auf verschiedene Formen von Führung und Autorität reagieren.

1.7

Leistungsstarke und leistungsschwache Gruppen

Die Sozialwissenschaften zeigen uns auf, nach welchen Regeln und Gesetzen Gruppen innerhalb einer Organisation funktionieren. Aus diesen Gesetzen lassen sich
bestimmte, gut beobachtbare Merkmale von leistungsstar-
ken bzw. leistungsschwachen Gruppen erarbeiten. Die folgende Gegenüberstellung dieser Merkmale (Mc Gregor,
1970) gibt gleichzeitig Gelegenheit, die organisationspsy-
chologische Funktionstüchtigkeit der eigenen Arbeitsgruppe zu überprüfen.

1.

Das *Gruppenklima* ist unbürokratisch und entspannt. Spannungen sind selten. Es herrscht eine Arbeitsatmosphäre, die Menschen zu engagieren und zu interessieren vermag. Anzeichen von Langeweile sind keine vorhanden.

Das *Gruppenklima* ist von Gleichgültigkeit und Langeweile gekennzeichnet. Spannungen treten häufig auf. Die Gruppe ist von ihrer Aufgabe nicht wirklich angesprochen.

2.

Aufgaben und *Ziele* der Gruppe sind allen Mitgliedern klar und finden Zustimmung. Strittige Punkte werden in aller Offenheit diskutiert, und es wird nach Lösungen gesucht.

Aus Gesprächen ist schwer zu entnehmen, wie die *Aufgabe* der Gruppe lautet, oder welches die *Ziele* sind. Obwohl sie vielleicht «verkündet» worden sind, gibt es keinerlei Anzeichen dafür, daß die Gruppe sie verstehen will oder bereit ist, ein gemeinsames Ziel zu akzeptieren.

3.

Die *Kommunikation* ist spontan, offen und fließt in allen Richtungen. Die Gruppenmitglieder hören einander zu. Jede Idee findet Gehör. Es hat niemand Angst, seine Meinung beizusteuern, wenn sie der Gruppe irgendwie weiterhelfen könnte.

Die *Kommunikation* ist vorsichtig zurückhaltend oder ganz blockiert. Niemand weiß, woran er ist. Die Gruppenmitglieder hören kaum aufeinander. Wenn Meinungen geäußert werden, dann vor allem, um die eigene Position zu stärken.

4.

Meinungsverschiedenheiten werden von der Gruppe akzeptiert. Es gibt keine Anzeichen dafür, daß man Konflikten aus dem Wege geht. Konflikte werden nicht unterdrückt, sondern als Anstoß zum weiteren Diskutieren und Beraten genommen. Konflikte helfen der Gruppe weiter.

Die Gruppe ist nicht fähig, aus *Meinungsverschiedenheiten* Nutzen zu ziehen. Konflikte blockieren die gesamte Gruppe. Sie werden deshalb unterdrückt oder in persönlichen Feindschaften und Rivalitäten auf Kosten der Gruppe ausgetragen.

5.

Die meisten *Entscheide* werden im Geiste der Übereinstimmung gefällt, und es herrscht Klarheit darüber, daß die Lösung bei allen auf Zustimmung stößt. Ist jemand nicht einverstanden, so bringt er seine Bedenken in aller Offenheit vor, und die Gruppe versucht, die Bedenken in den Entscheid einzubauen, sofern dazu Möglichkeiten vorhanden sind.

Oft werden *Entscheide* gefällt, ohne daß die Konsequenzen für die Gruppe geprüft worden wären. Nach dem Entscheid beginnt das Gemecker jener Leute, die den getroffenen Entscheid nicht akzeptieren können und sich gegen die Durchführung weigern oder sie sabotieren.

6.

Wird eine Aufgabe angefangen, so werden klare *Anordnungen* getroffen und akzeptiert.

Niemand weiß so recht, wer was machen soll. Selbst dann, wenn gewisse Verantwortlichkeiten festgelegt sind, werden erhebliche Zweifel angebracht, ob man sich ihnen unterzieht.

7.

Kritik wird offen und ohne Angst vorgebracht. Sie wird nicht als persönlicher Angriff aufgefaßt. Kritik ist konstruktiv und zielt darauf ab, Hindernisse zu beseitigen, die der Gruppe den Weg zum Ziel erschweren oder behindern.

Kritik führt regelmäßig zu Spannungen. Mit Kritik werden persönliche Angriffe vorgetragen. Von Kritik ist die Gruppe peinlich betroffen. Aus Angst vor Spannungen und Konflikten wird jede offene Kritik vermieden.

8.

Die Gruppenmitglieder geben ihren *Gefühlen* Ausdruck, soweit sie zum Problem beitragen und die Ziele der Gruppe betreffen. Es gibt keine Leisetreter. Geheime Vorgehensweisen werden nicht angewendet. Jeder weiß vom andern, was er denkt.

Mit seinen *Gefühlen* hält man möglichst zurück. Keiner will sich die Finger verbrennen oder sich bloßstellen. Viele Dinge sind daher geheim, und keiner weiß vom andern, was er denkt.

9.

Der Vorgesetzte herrscht nicht über die Gruppe, die *Führung* wird von Zeit zu Zeit weitergegeben, so wie es die Umstände erfordern, und es die Fähigkeiten der Mitarbeiter zulassen. Es gibt daher auch wenig Anzeichen für Macht- und Prestigekämpfe. Nicht wer recht hat, steht zur Debatte, sondern wie die Gruppe ihre Aufgabe optimal lösen kann.

Der Vorgesetzte läßt sich die *Führung* unter gar keinen Umständen aus den Händen nehmen. Er klammert sich mit allen ihm zur Verfügung stehenden Mitteln an seine Rechte, seine Macht und Stellung. Letztlich lautet die entscheidende Frage: wer hat recht, wer setzt sich durch.

10.

Die Gruppe ist sich selbst gegenüber *kritisch*. Sie verfolgt ihre Arbeit mit wachem Auge. Um was es sich auch immer handelt, man wird darüber offen diskutieren und nach Lösungen suchen.

Die Gruppe geht jeder Diskussion über ihre eigene Funktionsfähigkeit aus dem Wege. Sie hält sich für unfehlbar und kritisiert vor allem andere Gruppen.

2

Karl Kälin

Die Gruppenprozeß-Kontrolle als Führungsmittel

Jede Arbeitsgruppe im betrieblichen und geschäftlichen Alltag arbeitet unter einer bestimmten Zielsetzung. Dabei besteht die Schwierigkeit, daß wir alle aus den verschiedensten Gründen gewohnt sind, auf dem kürzesten Wege die *sachliche* Realisierung dieser Arbeitszielsetzung anzustreben, ohne Zeit zu haben, uns um die dazu parallel laufenden hindernden und fördernden *sozialen* Prozesse während der Teamarbeit zu kümmern.

2.1

Ein psychologisches Problem

Um als Gruppe erfolgreich zu sein, ist für die Realisierung der Zielsetzung jedoch erforderlich, daß sich jedes Teammitglied mitverantwortlich fühlt. Dazu gehört aber, daß jedes Teammitglied und insbesondere ein Teamleiter in der Lage sein sollte, Gruppenprozesse der Zielsetzung entsprechend bewußt zu steuern. Das Hilfsmittel dazu ist die *Gruppenprozeß-Kontrolle.*

Unter Gruppenprozeß-Kontrolle ist zu verstehen, daß die Gruppe neben der rein fachlichen, problemorientierten Arbeit auch erkennt, welche zwischenmenschlichen Prozesse sich während der Gruppenarbeit abspielen. Das heißt, es ist eine *Diagnose* der gegebenen und beobachteten Situation zu erstellen.

Diese Diagnose beinhaltet 3 wichtige Grundfragen:

1. Das Erkennen und Beschreiben aktueller Prozesse während der Arbeit.
   Grundfrage: *Was passiert?*
   Zum Beispiel:
   Ich beobachte, daß ein Teammitglied seit geraumer Zeit, entgegen seiner sonstigen Gewohnheit, nichts mehr sagt.

2. Die Überlegung, warum sich die aktuellen Prozesse gerade so abspielen. Das Fragen nach möglichen Hintergründen.
Grundfrage: *Warum passiert es so?*
Zum Beispiel:
Das passive Teammitglied könnte darüber verärgert sein,
daß die Arbeitsgruppe seine Argumente und Vorstellungen bei der Arbeit seiner Meinung nach nicht ausrei-
chend berücksichtigt hat; oder das Teammitglied fühlt
sich durch das Verhalten eines anderen Mitarbeiters
benachteiligt; oder es ist überfordert, unterfordert,
müde, mit anderen Problemen beschäftigt usw.
3. Wenn mich das passive Verhalten eines Gruppenmit-
glieds stört, stellt sich für mich die nächste
Grundfrage: *Wie kann ich angemessen eingreifen?*
Da ich ja die Gründe für das «Aussteigen» eines Team-
mitglieds nicht kenne, ist es erforderlich, eine IST-
Aufnahme des Gruppenprozesses zu machen. Mit ver-
steckten Vorwürfen in Form von «Fragen» wie z.B. «Was
meinen eigentlich Sie, Herr X, dazu?» erfahre ich in der
Regel über die Gründe der Passivität nichts.

In unserem Fall habe ich im wesentlichen zwei Möglichkeiten:

a) Ich kann einfach das sagen und beschreiben, was ich beobachtet habe: «Herr X, Sie sind so ruhig...»

Die Reaktion wird wesentlich durch die emotionale Färbung meiner Aussage bestimmt. Wenn ich meine Aussage sachlich mache, ist sie eine Aufforderung für Herrn X, aber auch für die anderen Gruppenmitglieder, sich zu überlegen, was in der Gruppe im Moment abläuft. Im günstigsten Fall wird Herr X wieder aktiv in die Gruppenarbeit einbezogen und die gegenseitigen Standpunkte können geklärt werden.

b) Ich kann meine vermuteten Hintergründe meiner Beobachtung nennen: «Ich habe den Eindruck, Herr X, daß Sie sich im Moment übergangen fühlen, stimmt das?»

Diese Art der Steuerung hat den großen Vorteil, daß sich Herr X in seiner Situation *verstanden fühlt* und es ihm dadurch leichter fällt, seine zurückgezogene Position zu verlassen und aktiv zu werden. Außerdem besteht die Möglichkeit, daß die vermuteten Hintergründe vom Betroffenen differenziert und korrigiert werden können.

2.2

Auf zwei Ebenen steuern

Die bisher genannten Aspekte der Gruppenprozeß-
Kontrolle und Steuerung lassen sich zur Verdeutlichung
graphisch darstellen:

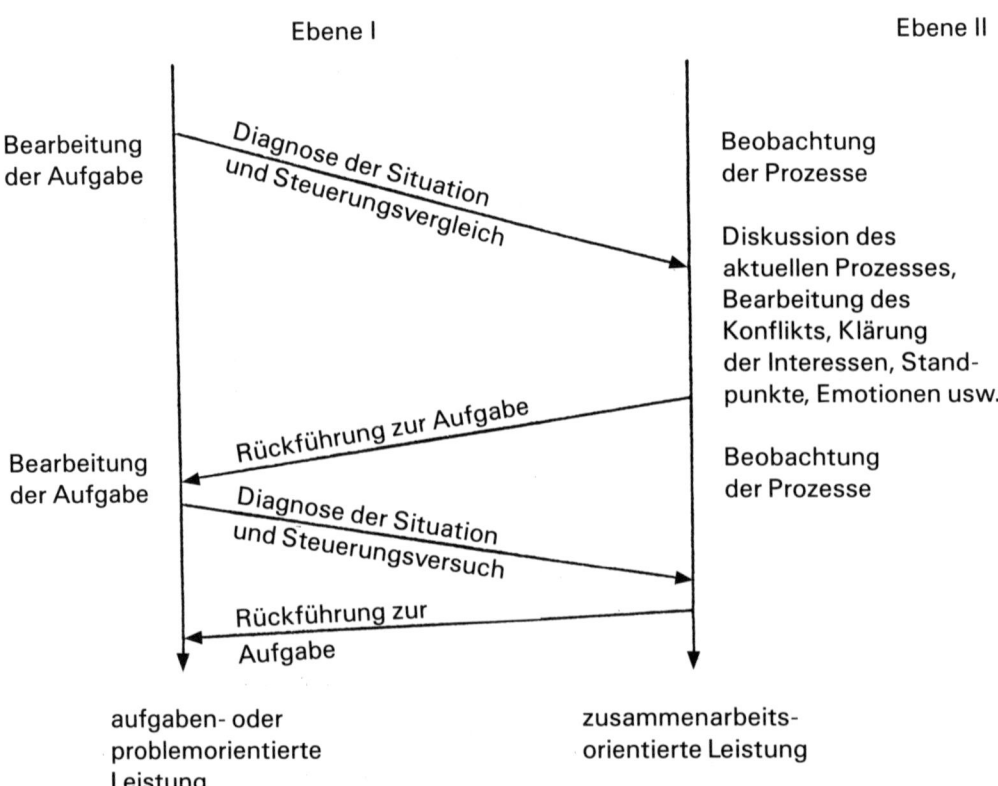

Ebene I   Ebene II

Bearbeitung   Diagnose der Situation   Beobachtung
der Aufgabe   und Steuerungsvergleich   der Prozesse

                                                                   Diskussion des
                                                                   aktuellen Prozesses,
                                                                   Bearbeitung des
                                                                   Konflikts, Klärung
                                                                   der Interessen, Stand-
                                                                   punkte, Emotionen usw.

                         Rückführung zur Aufgabe
Bearbeitung   Beobachtung
der Aufgabe   Diagnose der Situation   der Prozesse
                        und Steuerungsversuch

                        Rückführung zur
                        Aufgabe

aufgaben- oder   zusammenarbeits-
problemorientierte   orientierte Leistung
Leistung

Zusammengefaßt besagt diese Darstellung, daß wir
während der Teamarbeit immer auf zwei verschiedenen
Ebenen, der *Aufgaben- und Zusammenarbeitsebene,*
aktiv sein sollten. Wenn auf der Aufgabenebene Störungen
auftreten (z. B. «Treten an Ort», Langeweile, Ungeduld, das
Team kann sich nicht einigen, geringe Beteiligung usw.),
kann es erforderlich sein, für kurze Zeit diese Ebene zu verlassen, um mit den beschriebenen Möglichkeiten der
Gruppenprozeß-Kontrolle und -Steuerung auf die Ebene

der Zusammenarbeit zu gehen, damit hinderliche Prozesse bei der angestrebten Realisierung des Gruppenzieles geklärt werden können.

Die Fähigkeit, auf beiden Ebenen arbeiten zu können, erfordert Übung im bewußten Beobachten und Wahrnehmen. Sehr häufig werden Störungen auf der Zusammenarbeits- oder Beziehungsebene mit nichtverbaler Körpersprache signalisiert. Mit Übung gelingt es, so viel «Kanalkapazität» zu erreichen, daß man trotz einer sehr engagierten Aufgabenbearbeitung noch in der Lage ist, die sich dabei parallel abspielenden Prozesse der Zusammenarbeit zu beobachten, zu interpretieren und zu steuern. Das Mittel der Prozeßkontrolle und Prozeßsteuerung ist nicht nur kurzfristig bei der Arbeit in Meetings und bei Tagungen anzuwenden, sondern ist auch eine sehr gute Hilfe, um die langfristige Zusammenarbeit in Arbeitsgruppen den Zielsetzungen entsprechend zu steuern.

Die Gruppenprozeß-Kontrolle und -Steuerung lassen sich also auf drei grundlegende Fragen reduzieren, die man sich zur eigenen Kontrolle während der Teamarbeit stellen sollte:

1. *Was* passiert in der Gruppe?   _____ Beobachten und «Wahr»nehmen.
2. *Warum* passiert es so?   _____ Sich selbst fragen.
3. *Wie* kann ich steuernd eingreifen?   _____ Die anderen fragen. Beobachtung schildern.

Die Gruppenprozeß-Kontrolle ist die bewußte Beobachtung von Gruppenprozessen. Durch das Bewußtmachen verdeckter Handlungsweisen können Konflikte angegangen und bearbeitet werden. Dadurch wird nicht nur die Beziehung unter den Teammitgliedern verbessert, sondern auch eine effizientere Aufgabenbearbeitung ermöglicht.

Ein einfaches Hilfsmittel für den Führungsalltag ist die folgende Checklist.

2.3

Analyse der Teamarbeit

Wir empfehlen Ihnen, nach jeder Teamsitzung oder am Ende eines Arbeitstages im Team Ihre Gedanken zu folgenden Fragen auszutauschen:
- Welchen Sinn und Zweck hatte die Teamsitzung?
- Was hat die Teamsitzung gefördert?
- Wer hat die Teamsitzung gefördert?
- Was hat die Teamsitzung behindert?
- Wer hat die Teamsitzung behindert?
- Welche Folgerungen können wir ziehen?
  - Für unser Team?
  - Für das einzelne Teammitglied?

3

Peter Müri

Teamentwicklung

3.1

Grundsätzliches

Unter Teamentwicklung wird im folgenden jenes Entwicklungsfeld verstanden, das auf die originäre Arbeitsgruppe oder die Primärgruppe, evtl. auch Projektgruppe (Chef mit seinen direkt unterstellten Mitarbeitern) beschränkt ist und das sich damit gegenüber Organisationsentwicklung oder Bereichsentwicklung und gegenüber Lernaktivitäten in gemischten Gruppen abgrenzt.

Die Teamentwicklung bezweckt den Aufbau, die Pflege und die Förderung des Teams. Das Team wird dabei als wichtiges Führungs-«Instrument» der Unternehmung verstanden, das bei guter Funktion die Zusammenarbeit verbessert, Leistungsfähigkeit steigert und die Qualität der Entscheidungen anhebt.

Die Gestaltung der zwischenmenschlichen Beziehung spielt in der Teamentwicklung eine wichtige Rolle. Jedoch bleibt die Förderung nicht auf diesen Fokus beschränkt, sondern umfaßt auch die Sachanliegen und Leistungsziele, den Informationsfluß, die Organisation, die Koordination usw. der Gruppe. Deshalb führt die Methode der Teamentwicklung über jene der angewandten Gruppendynamik hinaus, schließt sie aber gleichzeitig ein.

Von der konventionellen Kaderschulung unterscheidet sich die Teamentwicklung durch das Realitäts- und Aktualitätsprinzip. Gegenstand der Teamentwicklung ist stets ein faktischer Zustand, ein echtes Problem oder eine lebens- oder arbeitswichtige Frage.

Die Teamentwicklung folgt hier den Arbeitsprinzipien der Organisationsentwicklung, indem immer von den aktuellen Bedürfnissen der Gruppe ausgegangen wird und ein Arbeitsprozeß eingeleitet wird, den die Gruppe trägt und verantwortet. Der Berater begleitet zwar den Arbeitsprozeß, fördert ihn durch direkte und indirekte Steuerung und Eingriffe (sogenannte Interventionen) sowohl in methodischer, menschlicher und sachlicher Hinsicht, ist aber nicht mehr der führende Instruktor, Arrangeur oder Dirigent wie in den Kaderkursen, selbst wenn dort mit Gruppenmethoden interaktionistisch vorgegangen wird.

Es gibt keinen verbindlichen, nicht einmal einen empfehlenswerten Standardablauf einer Teamentwicklung. Dies würde dem Hier-und-Jetzt-Prinzip gerade widersprechen. Dennoch weist die Literatur Vorgehensmodelle vor, die sich aber weitgehend an üblichen Problemlösungsleitfäden orientieren, aber nicht das Spezifische eines Teamentwicklungsprozesses abbilden. Dieses wird eben nicht im Ablauf, sondern nur im Prozeß selber sicht- und erlebbar.

Wenn sich der Ablauf auch jeweils immer neu an der Problemstellung zu orientieren hat, können dennoch Bausteine definiert werden, die sich aus wiederholenden Zielsetzungen und Methoden ableiten lassen. Die folgende Aufzählung faßt praktische Erfahrungen zusammen und ist deshalb nicht abschließend.

TEAM - ENT - WICKLUNG

3.2

Ziele der Teamentwicklung

Das Ziel braucht nicht immer vorgegeben zu sein. Die erste Sitzung kann der Zielfindung, der Themastellung oder Fokussierung eines zu behandelnden Problems dienen. Der Vorgesetzte kann aber aus der Kenntnis der Sachlage Ziel und Thema vorschlagen und von der Gruppe evaluieren lassen.

Je nach Zielart wird auf der Sach-, Methoden- oder Beziehungsebene eingestiegen, was die Beachtung der jeweils anderen Ebenen während des Prozesses nicht ausschließt.

3.2.1

Einstieg auf der Sachebene

Bevorzugte Ziele:
1. Bildung und Überprüfung von Gruppenzielen, wie sie sich aus dem MbO-Prozeß ergeben.
2. Klärung und Überprüfung der gruppeninternen Arbeitsteilung und -abläufe.
3. Klärung und Verbesserung der Verbindungen nach außen.

3.2.2

Einstieg auf der Methodenebene

Bevorzugte Ziele:
4. Untersuchung und Prüfung der in der Gruppe angewandten Arbeitstechniken und Methoden.
5. Untersuchung und Überprüfung der in der Gruppe geltenden Zusammenarbeitsmethoden.
6. Untersuchung und Prüfung der im Team angewandten Problemlösungs- und Entscheidungsprozesse.
7. Untersuchung und Prüfung der Innovationsstrategie in der Gruppe.

3.2.3

Einstieg auf der Beziehungsebene

Bevorzugte Ziele:
8. Thematisierung der Gruppenkohäsion, im besonderen der Kommunikation, Kooperation und des Vertrauens.
9. Thematisierung von Wertvorstellungen im Zusammenhang mit Gruppenpolitik und Gruppenzielen.
10. Thematisierung von Spielregeln wie Gruppennormen, -stil, -leitbilder.
11. Thematisierung der Führung, d.h. der formellen und informellen Machtverhältnisse.
12. Thematisierung des Rollenverständnisses einzelner Gruppenmitglieder und der Rollenverteilung.

3.3

Methoden der Teamentwicklung

Die Methode wird in der Praxis oft vom Rollenverständnis des Beraters diktiert. Primär für die Methodenwahl sollten aber die Situation und das Ziel der Gruppe sein. Die Methode hat sich dem Ablauf anzupassen und kann deshalb auch wechseln. Entscheidend ist, daß die Methode bewußt gewählt und nur solange beibehalten wird, als sie der Gruppe weiterhilft.

Grundsätzlich ist die Prozeßbegleitung (Nr. 1) von der Beratung (Nr. 2 bis 4) und der Laborsituation (Nr. 5) zu unterscheiden, weil die Rolle des Begleiters jedesmal eine deutlich andere ist.

Nr. 1: Teambegleitung

a) Prozeßbegleitung: Der Berater ist Beobachter im alltäglichen Arbeitsprozeß, z.B. bei Gruppenkonferenzen, und liefert nach der Beobachtungsphase eine Prozeßanalyse.

b) Prozeßberatung: wie a), jedoch werden die Prozeßanalysen häufiger und vor allem beim Auftreten von Störungen eingesetzt. Der Berater steuert u. a. auch aktiv mit.

Nr. 2: Einstieg auf der Sachebene
a) Themenzentriertes Vorgehen: Die Gruppe bestimmt ein gruppenrelevantes Thema (siehe Zielkatalog), das nach der Methode der themenzentrierten Interaktion bearbeitet wird.
b) Problemzentriertes Vorgehen: Die Gruppe wählt ein gruppenrelevantes Problem, das bis zur Lösungsreife nach der Methode der problemzentrierten Interaktion bearbeitet wird.

Nr. 3: Einstieg auf der Methodenebene
a) Methodenzentriertes Vorgehen: Die Gruppe konzentriert sich auf eine deklarierte Zusammenarbeitsmethode und untersucht ihre Wirksamkeit und Grenze aus primär methodischer Sicht.
b) Systemzentriertes Vorgehen: wie a), jedoch auf ein eingeführtes Führungssystem, bzw. auf eine Führungsstruktur oder auf ein Führungsinstrument bezogen.

Nr. 4: Einstieg auf der Beziehungsebene
a) Kulturzentriertes Vorgehen: Die Gruppenkultur wird von der Gruppe untersucht und im Hier und Jetzt geklärt und eventuell verändert.
b) Konfliktzentriertes Vorgehen: Problematische oder gestörte Beziehungen in der Gruppe oder Gruppenkonflikte werden angegangen und zu lösen versucht.

Nr. 5: Gruppendynamisches Labor
a) Teilstrukturiertes Vorgehen: Mit Hilfe von Kommunikations- und Kooperationsübungen wird die Gruppe labormäßig trainiert.
b) Unstrukturiertes Vorgehen: Sach- und Methodenebene werden nicht thematisiert, es wird nur der laufende ungesteuerte Beziehungsprozeß reflektiert (Lernen am Prozeß).

3.4

Äußerer Ablauf einer Teamentwicklung

Grundsätzlich kann Teamentwicklung nur im und mit dem Team vor sich gehen. Deshalb ist der äußere Rahmen stets gekennzeichnet durch die Präsenz aller Teammitglieder. Wie lange eine Arbeits-Sequenz dauert, wie häufig sich Teamsitzungen folgen, wie umfassend eine Phase definiert wird, hängt wiederum von der Problemlage und dem Entwicklungsziel ab.

Es hat sich als vorteilhaft erwiesen, die Gruppe für einen bestimmten Zeitablauf zu verpflichten, z. B. durch die Festlegung der Dauer einer Phase und der Sitzungshäufigkeit. Erfahrungsgemäß benötigt Entwicklung Zeit, deshalb sollte ein minimales Volumen nicht unterschritten werden. Das gilt sowohl für die einzelne Sequenz (mind. Tagessitzungen, besser Mehrtagesklausuren, wie auch für eine ganze Phase (mind. ein halbes Jahr, besser ein bis zwei Jahre).

Ein problemzentriertes Vorgehen gliedert sich «im Normalfall» in folgende Schritte:

1. Interessenbekundung oder Anstoß durch den Vorgesetzten, nachdem er sich vorher mit der Gruppe besprochen hat.
2. Information der Berater über Bedürfnis und äußeren Anlaß. Diskussion möglicher Einstiegsformen.
3. Wahl der Adressaten, der Problemstellung und Planung der Einstiegsphase durch den Vorgesetzten in Absprache mit der Gruppe, durch die Gruppe oder in einer ersten Sitzung mit dem Berater und der ganzen Gruppe.
4. Kontraktschließung zwischen dem Berater und der Arbeitsgruppe, Festlegen der Rolle des Beraters und der Gestaltung der ersten Phase.
5. Datensammlung und Diagnose der Problemstellung in ersten Sitzungen, Klausuren usw. gemäß Plan und Definition der Problemstellung.
6. Überprüfung des Arbeitskreises hinsichtlich der Teilnehmer (evtl. Ergänzung durch weitere Betroffene), Wahl des Methodenrahmens für die Problembearbeitung (z.B. gewisse Teile an Subgruppen oder Experten delegieren usw.), Organisation der Rahmenbedingungen.

7. Vertiefte Problemanalyse, Suchen von Lösungsansätzen, Anstreben eines Gruppenkonsens bezüglich Lösungsstrategie und evtl. Entscheidung für den Lösungsansatz bzw. Antragsstellung.

8. Fokussierung der Veränderung, Bestimmen der Schrittfolge in der Einführung, Bestimmen der flankierenden Maßnahmen, Erfassen der Bedeutung für andere Bereiche und für das ganze Unternehmen, Konsequenzen für die Unternehmenskultur.

9. Einbezug weiterer betroffener Instanzen, Verhandlung mit höheren Instanzen bis zur Entscheidung. Information nach unten, evtl. Einbezug unterstellter Mitarbeiter. Lösung der Koordinationsprobleme. Verarbeitung des Feedbacks von oben und unten.

10. Beginn der schrittweisen Einführung unter laufender Kontrolle durch Einbau von Rückmeldesystemen, laufende Erfolgskontrolle, Abweichungsanalyse, Definition neuer Problemstellungen usw. in der Gruppe.

Wie erwähnt ist aus diesem äußeren Ablauf nicht die Art und Weise der Problembearbeitung ersichtlich. Diese aber kennzeichnet gerade Teamentwicklung, indem sie sich von Projektmanagement-Verfahren dadurch unterscheidet, daß mit der Problembearbeitung ein Lernen an Ort und Stelle stattfindet, das sich nicht nur an der Problemsache, sondern auch an der Art und Weise des Zusammenspiels der Gruppenmitglieder (Beziehungsebene) wie auch an der gegenseitigen Einflußnahme zwischen Team und Unternehmen (Kulturebene) orientiert.

Je nach Entwicklungsstand des Teams müssen unter Umständen Voraussetzungen für die Teamentwicklung nachgeholt werden, wenn sie nicht schon in der persönlichen Entwicklung bzw. Schulung geschaffen worden sind: Kommunikations- und Kooperationsfähigkeit des einzelnen und untereinander.

4

Rolf Fink

Frühwarnsysteme bei Gruppenproblemen

Jede Gruppe ist dauernd dabei, Entscheidungen zu treffen und Probleme zu lösen. Jede Gruppe sieht sich auch beim Anpacken ihrer besonderen Aufgaben in gewissen Phasen internen Problemen gegenüber, die sie in ihrer Arbeit und Leistung behindern.

Nach Bradford et al. (1961) sind die drei häufigsten Störungen in Gruppen:

Konflikte
Interesselosigkeit
Unentschlossenheit

Jede dieser Störungen äußert sich in beobacht-baren-Symptomen, auf Grund derer das eigentliche Problem bestimmt und innerhalb der Gruppe bewußt gemacht werden kann.

4.1

Konflikte

Konflikte in einer Gruppe äußern sich in Meinungs-verschiedenheiten, affektgeladenem Argumentieren, Spannung, Ungeduld, Anklagen, mangelnder Bereitschaft zu-zuhören, einzulenken und auf Kompromisse einzugehen.

4.1.1.

Allgemeine Symptome für Konflikte

- Die Mitglieder sind ungeduldig miteinander.
- Ideen werden angegriffen, noch ehe sie ganz ausgesprochen sind.
- Die Mitglieder ergreifen Partei und weigern sich nachzugeben.

– Die Mitglieder können sich nicht über Pläne und Vor-
schläge einigen.
– Argumente werden mit großer Heftigkeit vorgetragen.
– Die Mitglieder greifen einander an.
– Die Mitglieder sprechen abfällig über die Gruppe und
ihre Fähigkeit.
– Die Mitglieder werfen einander vor, daß sie das eigentli-
che Problem nicht verstehen.
– Die Mitglieder widersprechen den Vorschlägen des Lei-
ters.
– Die Mitglieder verdrehen die Beiträge von anderen.
– Die Stimmung ist gespannt, feindselig, aggressiv.

4.1.2

Mögliche Ursachen dieser Symptome

Problembereich I   Der Gruppe wurde eine Aufgabe übertragen, der sie
nicht gewachsen ist. Daher fühlen sich die Mitglieder fru-
striert: sie spüren, daß sie die an sie gestellten Aufgaben
nicht erfüllen können. Die Mitglieder fühlen sich überfordert.

Lösungsmöglichkeit:

Es ist hier die Aufgabe des Gruppenleiters und aller Gruppenmitglieder, zu entscheiden, ob diese Ursache zutrifft. Ist dies der Fall, sollte der Gruppenleiter alles in seiner Macht Stehende unternehmen, um die Aufgabe auf die Realisierbarkeit zu beschränken, indem er sie neu stellt oder bei seinen Vorgesetzten dafür eintritt, daß die Aufgabe lösbar gestaltet wird.

Problembereich II

Das Hauptinteresse der Teammitglieder ist möglicherweise nur die persönliche Anerkennung (Status) in der Gruppe. Die Aufgabe der Gruppe wird lediglich als Vorwand benutzt, um persönliche Bedürfnisse zu befriedigen.

Lösungsmöglichkeit:

Der Gruppenleiter kann zunächst sich selbst und dann die Teilnehmer fragen, ob er zuwenig Anerkennung ausspricht. Ist dies der Fall, wird er bewußt häufiger loben. Es lohnt sich dabei an den Grundsatz zu denken, daß Lob das Verhalten wirksamer verändert als Kritik. In solchen Gruppen lohnt es sich häufig auch, eine Feedback-Übung einzuschalten, in der sich die Teilnehmer ein wirklich empfundenes positives Feedback geben: Jeder sagt zu jedem etwas, das ihm am andern gefällt.

Problembereich III

Jedes Teammitglied geht von einem ganz bestimmten Gesichtspunkt aus, der von den andern nicht geteilt wird – vielleicht, weil die Teammitglieder überzeugte Anhänger von verschiedenen anderen Gruppen sind, deren Interesse mit denjenigen der gegenwärtigen Gruppe in Konflikt geraten.

Lösungsmöglichkeit:

Hier kann sich der Teamleiter zusammen mit den Mitgliedern darauf konzentrieren, den Inhalt der unterschiedlichen Meinungen so genau als möglich herauszuschälen und sicherzustellen, daß alle auch wirklich davon Kenntnis nehmen. Als nächstes müßte dann das Herausschälen von Gemeinsamkeiten in den ursprünglich gegensätzlichen Meinungen folgen. Zudem müßte beobachtet werden, ob sich die Gegner aufeinander zu, nebeneinander her oder auseinander bewegen. Im ersten und zweiten Fall lohnt es sich weiterzuarbeiten; im dritten Fall dürfte es sinnvoller sein, die Arbeit abzubrechen. Es geht den Parteien dann vermutlich ums Gewinnen, was meistens dazu führt, daß beide verlieren.

Konflikte gehören zu den häufigsten Gruppenproblemen: Man bekämpft sich, die Gruppe befindet sich in einer Spannung, die einen Teilnehmer möchten einen bestimmten Weg einschlagen, die anderen sind damit nicht einverstanden, wieder andere suchen zu vermitteln oder warten passiv ab. *Das Besprechen und Klären des Konflikts ist der einzige Ausweg.* Oft führt gerade dies zu einer bereichernden und guten Arbeit in der Gruppe. Jedenfalls ist der richtige Umgang mit Konflikten für die weitere Entwicklung der Gruppe ausschlaggebend.

4.2

Interesselosigkeit

Interesselosigkeit ist eine weitere Störung in Gruppen. Man ist nicht bei der Sache: Das Problem ist entweder banal oder heikel oder man hat auf wichtige Größen, die für eine Entscheidung wichtig wären, keinen Einfluß.

4.2.1

Allgemeine Symptome für Interesselosigkeit

- Häufiges Gähnen und Einnicken der Mitglieder.
- Die Mitglieder verlieren den Faden der Diskussion.
- Geringe Beteiligung.
- Die Diskussion ist schleppend.
- Verspätungen und häufige Abwesenheit der Mitglieder.
- Hastige Entscheidungen.
- Entscheidungen werden nicht ausgeführt.
- Bereitwilliges Vertagen.
- Mangelnde Vorbereitung auf die Zusammenkünfte.
- Verantwortung wird nur zögernd übernommen.
- Die Stimmung ist lahm, ohne Schwung, Wortmeldungen haben oft einen gereizten Unterton.

4.2.2

Mögliche Ursachen dieser Symptome

Problembereich IV   Das Problem, an dem die Gruppe arbeitet, scheint für die Mitglieder nicht wichtig oder zumindest weniger wichtig als ein anderes Problem zu sein.

Lösungsmöglichkeit:
Gruppen haben in der Regel eine feine Nase für Wichtiges und Unwichtiges. In einem solchen Fall sollten sich die Teammitglieder fragen, warum das zu Beginn formulierte Ziel so wichtig war. Eine neue Zielformulierung kann die Gruppe wieder aktivieren.

Problembereich V   Die Gruppe kennt keine angemessenen Verfahren oder Methoden für die Lösung ihrer Probleme.

Lösungsmöglichkeit:
  Wichtig ist, daß die Gruppe sich auf ein bestimmtes Vorgehen verpflichtet, dem alle zustimmen können, mit dem sie sich identifizieren. Solche Vorgehen werden in Problem- und Entscheidungstechnik-Kursen gelehrt. Solche Techniken und Denkwerkzeuge müssen nicht starr angewandt werden – jede Gruppe kann diese Techniken später modifizieren. Als Starthilfen haben sich diese Denkwerkzeuge in der Praxis jedoch sehr bewährt.

Problembereich VI   Die Teammitglieder fühlen möglicherweise, daß sie keine Möglichkeit haben, die Entscheidung mitzubestimmen.

Lösungsmöglichkeit:
  Die Kompetenzen des Gruppenleiters und der Gruppe sollten abgeklärt und festgelegt werden. Eigentlich sollten sich der Gruppenleiter und die Gruppe vor Beginn der Teamarbeit darüber im klaren sein.

4.3

Unentschlossenheit

  Unentschlossenheit ist eine dritte, sehr häufig vorkommende Störung in Gruppen. Man kann sich nicht entscheiden, weil man sich nicht einigen kann oder weil man vor den Konsequenzen Angst hat oder weil die Grundlagen für einen Entscheid nicht ausreichen. Die Gruppenaktionen kommen zum Erliegen oder beschränken sich auf wenige Teilnehmer, die die Macht an sich reißen.

4.3.1

Allgemeine Symptome für Unentschlossenheit

- Die Furcht vor den Folgen einer Entscheidung wird spürbar.
- Es verstreicht viel Zeit, bis man mit der Arbeit beginnt.

- Die Gruppendiskussionen sind abstrakt und theoretisch.
- Die Teammitglieder weigern sich, Verantwortung zu übernehmen.
- Die Gruppe scheint der Lösung von Problemen auszuweichen.
- Der Zusammenhalt unter den Teammitgliedern ist gering.
- Die Gruppe scheint unfähig zu sein, sich für eine der sich anbietenden Lösungen zu entscheiden.
- Die Stimmung ist lähmend, die Teilnehmer unzufrieden und festgefahren.

4.3.2

Mögliche Ursachen dieser Symptome

Problembereich VII   Die zu fällende Entscheidung ist zu schwierig, der Gruppenzusammenhalt ist noch gering, und die Gruppe traut sich selbst wenig zu.

Lösungsmöglichkeit:

Zuwarten, bis das Vertrauen in die und in der Gruppe wächst. Zusätzlich kann der Gruppenleiter für kleine Erfolgserlebnisse sorgen. Ist die Entscheidung sachlich nicht möglich, muß die Fragestellung abgeändert werden oder es müssen zusätzliche Informationen beschafft werden.

Problembereich VIII   Der Bereich, in dem Entscheidungen fällig sind, ist für die Gruppe bedrohlich, sei es wegen unsicherer Folgen, sei es aus Furcht vor der Reaktion anderer Gruppen, sei es aus Furcht vor Mißerfolg einzelner Teammitglieder.

Lösungsmöglichkeit:
Die Befürchtungen aussprechen und benennen, die Wahrscheinlichkeit ihres Eintreffens besprechen und deren Tragweite diskutieren. In den meisten Fällen wird danach eine Entscheidung möglich.

Problembereich IX   Der Problemlösung wird ausgewichen, z. B. aus Angst vor Entscheidungen und ihren Auswirkungen.

Lösungsmöglichkeit:
Auch hier helfen einzig und allein das Herausfinden und Formulieren der Befürchtungen. Nur so kann abgeschätzt werden, ob die Befürchtungen wirklich begründet sind. Je nach Situation sind sie durch konkrete Maßnahmen zu zerstreuen und zu entkräften, wenn die Arbeit weitergehen soll.
Die praktische Bewältigung von Störungen besteht grundsätzlich darin, beobachtete Symptome der Gruppe jeweils mitzuteilen, diese miteinander zu besprechen, um gemeinsam zu einer Deutung zu kommen. Wird man sich der Ursache einer Störung bewußt, so läßt sie sich in der Regel dadurch beseitigen.

4.4
Ein Fragebogen zur Analyse von Problemen in Arbeitsgruppen

Sie finden hier 54 Aussagen. Bewerten Sie jede Aussage, indem Sie sich überlegen, ob sie auf Ihre Gruppe zutrifft. Tragen Sie ihre Bewertung auf dem Antwortblatt ein (siehe Seite 146). Wenn Sie glauben, daß eine Aussage eher zutrifft, als daß sie es nicht tut, so kreuzen Sie das entsprechende Feld auf dem Antwortblatt an. Wenn Sie meinen, daß eine Aussage eher nicht oder weniger zutrifft, lassen Sie dieses Feld leer.

1. Vorschläge, die gemacht werden, scheinen aus praktischen Gründen nicht durchführbar.
2. Meistens kommt es zu keinen Lösungen.
3. Die Teammitglieder hören einander nicht zu.
4. Die Entscheidungen scheinen nicht wirklich wichtig zu sein.
5. Die Teammitglieder wissen nicht recht, wie sie vorgehen sollen.
6. Es wird die Ansicht geäußert, daß ein Fachmann zugegen sein sollte.
7. Die Gruppe gerät vom einen Extrem (sehr schnelle Entscheidungen) zum anderen Extrem (Entscheidungsunfähigkeit).
8. Die Gruppe gibt an, nicht genau zu wissen, worüber entschieden werden soll.
9. Es braucht lange Zeit, bis man überhaupt mit der Arbeit anfängt.
10. Teammitglieder greifen sich gegenseitig an.
11. Ideen werden angegriffen, noch ehe sie ganz ausgesprochen sind.
12. Die Teammitglieder können sich nicht über Pläne oder Vorschläge einigen.
13. Es wird nichts gegen unwichtige oder konfuse Diskussionsbeiträge eingewandt.
14. Teammitglieder beschweren sich, daß die Gruppe eine unmögliche Aufgabe hat.
15. Es wird gesagt, daß die Gruppenlösung ja doch keine Rolle spiele, weil die Lösung außerhalb der Gruppe ohnehin nicht beachtet werde.
16. Die Gruppendiskussion ist abstrakt und theoretisch.
17. Teammitglieder weigern sich, Verantwortung zu übernehmen.
18. Die Teammitglieder haben den Eindruck, daß sie zu wenig Informationen oder Fähigkeiten haben, um das Problem in Angriff zu nehmen.
19. Die Teammitglieder haben den Eindruck, daß die Gruppe zu wenig Erfahrung hat, um die Aufgabe zu lösen.
20. Es bilden sich häufig Untergruppen in der Gruppe.
21. Die Teammitglieder wollen ihre eigenen Vorschläge durchsetzen.

22. Die Teammitglieder wundern sich, daß man sich überhaupt mit einer solchen Aufgabe befaßt.
23. Es wird vorgeschlagen, die Entscheidung dem Gruppenleiter oder irgendeinem Spezialisten zu überlassen.
24. Es werden Zweifel geäußert, ob nicht die ganze Arbeit verlorene Liebesmüh ist.
25. Die Teammitglieder verlangen eine Definition und dann eine erneute Definition von völlig unwichtigen Punkten.
26. Es bestehen Meinungsverschiedenheiten, über welche Fragen man sich nun wirklich einig geworden ist.
27. Es gibt lange, belanglose Unterhaltungen, bevor man die Arbeit aufnimmt.
28. Die Teammitglieder können sich nicht darüber einigen, was die eigentliche Aufgabe der Gruppe ist.
29. Die Gruppe fährt sich in unwesentlichen Punkten fest.
30. Teammitglieder ergreifen Partei und weigern sich nachzugeben.
31. Es werden Vorschläge gemacht, sich einer anderen Aufgabe zuzuwenden.
32. Die gleichen Diskussionsbeiträge wiederholen sich immer wieder.
33. Es wird kein Versuch gemacht, eine wirkliche Übereinstimmung unter den Teammitgliedern zu erreichen.
34. Die Gruppe kommt beinahe zu einer Entscheidung, zögert aber im letzten Augenblick wieder.
35. Teammitglieder weigern sich, die Gruppenarbeit zu präsentieren.
36. Vorgeschlagene Lösungen werden oft als unrealistisch abgetan.
37. Die Teammitglieder fühlen sich überfordert.
38. Teammitglieder benutzen die Gruppenarbeit, um persönliche Bedürfnisse zu befriedigen.
39. Diskussionsbeiträge bauen nicht auf den Beiträgen anderer auf.
40. Es scheint, daß die Teammitglieder wichtigere Probleme zu lösen haben, als die vorliegende Aufgabe zu lösen.
41. Die Gruppe kennt keine angemessenen Verfahren für die Lösung ihrer Probleme.
42. Die Teammitglieder geben zu verstehen, daß sie keine Möglichkeit haben, die endgültige Entscheidung mitzubestimmen.
43. Die Teammitglieder trauen sich die Lösung der Aufgabe noch nicht zu.

44. Die Gruppe hat aus Furcht vor der Reaktion anderer Gruppen Schwierigkeiten beim Entscheiden.
45. Die Gruppe scheint der Lösung von Problemen auszuweichen.
46. Der Gruppe wurde eine Aufgabe übertragen, der sie nicht gewachsen ist.
47. Es gibt subtile Angriffe gegen den Gruppenleiter.
48. Die Teammitglieder gehen von ganz bestimmten Standpunkten aus, die nicht von allen in der Gruppe geteilt werden.
49. Die Diskussion in der Gruppe ist schleppend.
50. Die Teammitglieder weichen oft auf Randaufgaben oder Randprobleme aus.
51. Es werden in der Gruppe sehr unrealistische Entscheidungen gefällt.
52. Der Zusammenhalt zwischen den Teammitgliedern ist gering.
53. Das Problemgebiet, in dem Entscheidungen fällig sind, ist für die Gruppe wegen unsicherer Folgen bedrohlich.
54. Die Gruppe scheint unfähig zu sein, sich auf eine von verschiedenen sich anbietenden Lösungen zu einigen.

4.4.1

Antwortblatt für den Fragebogen

	1	2	3	4	5	6	7	8	9
	1	2	3	4	5	6	7	8	9
	10	11	12	13	14	15	16	17	18
	19	20	21	22	23	24	25	26	27
	28	29	30	31	32	33	34	35	36
	37	38	39	40	41	42	43	44	45
	46	47	48	49	50	51	52	53	54
Summenzeile									
Problembereich	I	II	III	IV	V	VI	VII	VIII	IX

Wenn Sie alle Aussagen beantwortet haben, zählen Sie die Anzahl der angekreuzten Felder in jeder Spalte zusammen. Tragen Sie das Ergebnis in die unten freigelassenen Felder ein.

Die Problembereiche mit den höchsten Punktwerten zeigen die Probleme an, mit denen sich Ihre Gruppe Ihrer Meinung nach besonders auseinanderzusetzen hat. In der Regel wollen die Gruppenmitglieder ihre Antworten miteinander vergleichen. Mit Hilfe des folgenden Schemas erkennen Sie die Hauptprobleme in der Gruppe. Unterschiede in den Punktwerten der einzelnen Gruppenmitglieder können durch die individuell verschiedenen Maßstäbe, die die einzelnen angelegt haben, oder durch ihre unterschiedliche Interpretation der Aussagen zustandegekommen. In jedem Fall müssen die Ergebnisse interpretiert und diskutiert werden. Für Problembereiche mit hohen Punktwerten lohnt es sich, die Verbesserungsmöglichkeiten in einem Aktionsplan festzuhalten.

4.4.2

Interpretation des Fragebogens

	Teilnehmer / Problem									Summe	Dringlich-keitsstufe
Konflikte	I. Überforderung des Teams										
	II. Teammitglieder suchen nach persönlicher Anerkennung										
	III. Interessenkonflikte										
Interesselosigkeit	IV. Das Gruppenproblem scheint im Moment unwichtig zu sein										
	V. Es mangelt an angemessenen Problemlösungsmethoden										
	VI. Keine Möglichkeit, die endgültige Entscheidung mitzubestimmen										
Unentschlossenheit	VII. Die Teammitglieder trauen sich eine Entscheidung noch nicht zu										
	VIII. Angst vor Mißerfolg										
	IX. Angst vor Entscheidungen										
	Summe										

5

Hans Bernhard

Konfliktbewältigung im Führungsalltag

5.1

Einleitung

«Konflikte sind für die Beziehungen einzelner uner-
freulich und gefährlich, in Gruppen und Unternehmen unproduktiv und unökonomisch. Trotzdem kommt man wohl
kaum an dem Schluß vorbei, daß manche Konflikte in
zwischenmenschlichen Beziehungen unvermeidlich sind.
Daraus ergeben sich zwei Aufgaben: Wir müssen herausfinden, wie wir die Zahl der Konflikte so gering wie möglich
halten und wie wir die unvermeidlichen lösen können.»
(Gordon, 1979, S. 149)

Der Artikel will im Sinne des zitierten Abschnittes
aus dem Buch «Managerkonferenz» – Effektives Führungstraining von Thomas Gordon (1979) Wege zur produktiven Konfliktbewältigung in konkreten, alltäglichen
Arbeitsbeziehungen aufzeigen, aber auch möglichst reali-
tätsnah auf Bedingungen und Grenzen von Lösungsansätzen hinweisen, optimales und nicht ideales Funktionieren
von Beziehungen in den Mittelpunkt stellen, perfektionisti-
sche Anforderungen an menschliches Verhalten vermeiden.
Sowohl grundsätzliche Überlegungen als auch praktische
Handlungshinweise sollen als Anregung, als Anstoß zum
praktischen Versuch, nie aber als alleingültige Vorschrift
verstanden werden.

Grundlagen des Artikels bilden, wie erwähnt, die
Ausführungen des amerikanischen Psychologen und Beraters Thomas Gordon sowie die Erfahrungen des Autors dieses Artikels als Unternehmensberater, als Trainer von
Führungs- und Verkaufskräften in vielen Unternehmen und
in manchen weiteren Rollen beruflichen und privaten Lebens.

Um dem Leser die Übersicht zu erleichtern, sei hier
der Versuch gemacht, den Aufbau des Artikels kurz zu skizzieren: In den Kapiteln 5.2 und 5.3 werden Konflikte als
zwangsläufig auftretende Erscheinungen jeder produktiven Arbeitsbeziehung dargestellt. Die Kapitel 5.4 bis 5.6 be-

schreiben die problematischen, in der Realität recht häufig anzutreffenden Scheinbewältigungen von Konflikten durch Abwehrverhalten oder unter Hinterlassung von Verlierern, während in Kapitel 5.7 eine produktivere Alternative ohne Verlierer aufgezeichnet ist.

Kapitel 5.8 ist der praktischen Durchführung von zweiseitigen Gewinn-Methoden der Konfliktbewältigung gewidmet, und führt zu Kapitel 5.9 über, in welchem wichtige Bedingungen, aber auch Grenzen und Risiken anzustrebender zweiseitiger Prozesse gestreift werden.

Schließlich wird in Kapitel 5.10 die Anwendung von Gewinn-Gewinn-Konfliktlösungen als bedeutender zwischenmenschlicher Prozeß zusammengefaßt, während Kapitel 5.11 einige Gedanken zur Veränderung persönlichen Konfliktlösungsverhaltens und zum Lernen enthält.

Als «Lesehilfe» ist jedem Kapitel in Anführungszeichen eine Aussage vorangestellt, welche auf jeweils zentrale Inhalte hinführen soll.

5.2

Zwischenmenschliche Beziehungen und Arbeitsproduktivität

«Gute zwischenmenschliche Beziehungen bilden eine unerläßliche Voraussetzung zur Erreichung einer hohen Arbeitsproduktivität.»

Prinzipien von Führung und Zusammenarbeit sind wesentlich mitbestimmt vom Menschenbild, auf welchem sie aufbauen. McGregor (1970) hat in seiner etwas überzeichnenden «Theorie X» das Bild des «ökonomischen Menschen» und seine problematische Auswirkung auf traditionelle Führungs- und Zusammenarbeitstheorien aufgezeigt. In einem solchen Denkmodell spielen zwischenmenschliche Beziehungen kaum eine Rolle, da die Grundannahme vorherrscht, daß Menschen letztlich allein durch ökonomische Anreize völlig kontrollierbar und Arbeitssituationen hundertprozentig regelbar sind. Damit werden Führung und Zusammenarbeit auf rein sachlogisches Organisieren von Arbeitsabläufen reduziert, in welchen zwischenmenschliche Beziehungen unnötig sind, ja sogar störend wirken können.

Veränderte gesellschaftliche, wirtschaftliche und technologische Bedingungen haben in den letzten Jahrzehnten eine Revision solcher Menschenbilder als Führungsgrundlage erfordert, ohne daß dabei diese Ideen bereits verschwunden wären. Grundlage der Gestaltung von Führung und Zusammenarbeit liefert heute mehr ein Bild des «komplexen Menschen», eines vielfältig angelegten und differenziert reagierenden Mitarbeiters, welcher grundsätzlich durchaus in der Lage ist, ohne hundertprozentige von «oben» angeordnete Regelung seine Arbeit von sich aus auf kooperative Anforderungen auszurichten und damit Produktivität in einer immer komplexer und dynamischer sich entwickelnden Umwelt sicherzustellen. (Vgl. dazu als zusammenfassende Übersicht: Rosenstiel, 1972, S. 24 ff.)

Die in diesem Artikel dargestellten Überlegungen beruhen auf einem solchen Menschenbild des «komplexen Menschen» mit den dazugehörenden Führungsprinzipien, -modellen und -grundsätzen. Im nachfolgenden Schema ist dargestellt, welche Fähigkeiten Menschen in einer solchen Sicht brauchen, um in Arbeitsgemeinschaften produktive Leistungen zu erreichen.

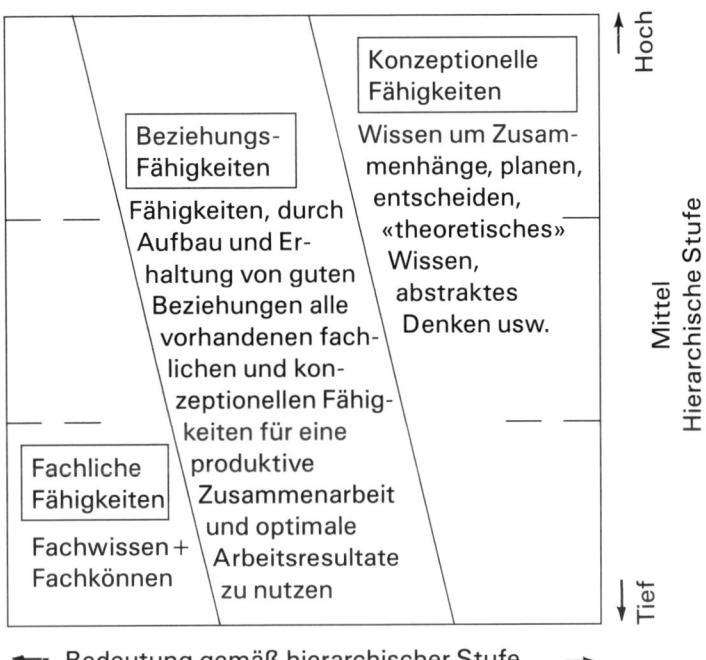

← Bedeutung gemäß hierarchischer Stufe →

Während mit zunehmender hierarchischer Höhe die Bedeutung der rein fachspezifischen Fähigkeiten abnimmt (oder abnehmen sollte), wächst gleichzeitig die Bedeutung der konzeptionellen Fähigkeiten, welche Tätigkeiten wie Koordination, Planen, Lösen von übergreifenden Aufgaben, Erkennen von Zusammenhängen beinhalten. Gleichsam als «Bindeglied» wirkt nun die Fähigkeit jedes Menschen, mit andern Menschen jeder hierarchischen Stufe gute stabile Beziehungen aufzubauen, um zu gewährleisten, daß die individuell vorhandenen fachlichen und konzeptionellen Fähigkeiten auch zu einem *gemeinsamen, produktiven Zweck* eingesetzt werden.

Menschen, die miteinander auskommen, sich respektieren, gerne miteinander arbeiten, werden sich eher um die Erreichung gemeinsamer, übergeordneter Ziele kümmern als Menschen, die einander gleichgültig sind oder sogar miteinander im Streit stehen. Jedem Leser werden wohl Beispiele auftauchen für Situationen, in welchen Menschen wegen grundsätzlich gestörter Beziehungen ihre

Fähigkeiten, ihre ganze Intelligenz sogar zu destruktiven Zwecken einsetzen und damit hohe menschliche und materielle Kosten verursachen. Als Beispiel sei hier der Fall eines Vorgesetzten erwähnt, welcher seinen Stellvertreter, zu welchem er keine positive Beziehung fand, den er aber nicht auswechseln konnte, monatelang mit gezielten Fehlinformationen versorgte, auf welchen dieser seine ganze Arbeit aufbaute, und damit «bewies», daß sein Stellvertreter unfähig war. Er tat dies mit einer solchen Geschicklichkeit, daß die Geschäftsleitung erst nach langer Zeit das Spiel durchschaute.

So betrachtet ist es unerläßlich, daß Menschen in ihrem Zusammenarbeitsverhalten, aus hierarchisch verschiedenen oder gleichgestellten Positionen heraus, gute, tragfähige Beziehungen aufbauen müssen, um eine Grundlage für gemeinsames, zielgerichtetes Entscheiden und Handeln zu schaffen, statt Energien in unproduktiven, durch negative Beziehungen verursachten Reibungen zu verlieren.

5.3

Konflikte sind unausweichlich

«Die Freiheit in unserer Zusammenarbeit liegt nicht darin, ob wir Konflikte wollen oder nicht, sondern darin, wie wir sie bewältigen.»

Jedes Individuum bringt, bewußt oder unbewußt, seine persönlichen Voraussetzungen in die Arbeitssituation mit, und zwar

a) auf der Ebene von *Wertvorstellungen* (als Beispiel: «Man soll den Leuten nicht den kleinen Finger geben, sonst nehmen sie die ganze Hand»),

b) auf der Ebene von *persönlichen Zielen und Bedürfnissen* (Beispiel: «Ich erwarte, daß bis in zwei Jahren meine Leistungen durch die Erteilung einer Prokura belohnt werden») und

c) auf der Ebene von *Handlungsalternativen* (Beispiel: «Ich habe das bis jetzt so gemacht, und das hat immer gut funktioniert»).

In jeder Zusammenarbeit werden immer wieder auf einer der drei Ebenen momentane Unvereinbarkeiten oder eben Konflikte zwischen den verschiedenen beteiligten Menschen entstehen, in schwacher oder intensiver, kurzer oder lange andauernder Ausformung. Nur absolut identische Menschen mit identischen Werten, Bedürfnissen und praktischen Erfahrungen hätten theoretisch betrachtet keine Konflikte.

Auf der andern Seite unternimmt zwar die Organisation Bemühungen, unnötige Reibungsverluste zu verhindern, indem sie Handlungsanweisungen, Regeln aufstellt, Ziele für einzelne oder ganze Gruppen formuliert und gewisse Werte als für alle verbindlich erklärt. Die Aufgabe der Organisation besteht aber nicht etwa darin, den Freiheitsspielraum durch Regelungen völlig zu reduzieren, sondern ihn in Form von optimalen Rahmenbedingungen zu definieren und zu gewährleisten, angepaßt an die konkrete Situation, beispielsweise die Komplexität von Aufgaben und Mitteln, die Dynamik von äußeren Umständen und die Fähigkeiten und die Motivationslage der Mitglieder.

Daraus läßt sich die in der Einleitung zitierte zweifache Führungsaufgabe ableiten: Einerseits gilt es, unnötige Konflikte durch eine angepaßte Rahmensetzung zu vermeiden, andrerseits aber zu akzeptieren und den Einsatz von geeigneten, d.h. produktivitätsunterstützenden Bewältigungsverfahren sicherzustellen.

Ein konkretes Beispiel: Um ein möglichst reibungsloses Zusammenwirken der Verkaufsleitung Innendienst und der Verkaufsleitung Außendienst zu gewährleisten, werden einerseits möglichst präzise Stellen- und Funktionsbeschreibungen als Rahmenbedingungen für die konkreten Verhaltensweisen der Stelleninhaber erarbeitet, und somit unnötige Reibungspunkte vermieden; andererseits aber ist es notwendig, die Fähigkeit der Stelleninhaber zur Akzeptierung und positiven Bewältigung von Konflikten, welche sich zwangsläufig durch die Gewährung eines optimalen Handlungsspielraums, beispielsweise gegenüber Kunden ergeben, zu sichern und nötigenfalls zu fördern.

5.4

Abwehrreaktionen auf Konflikte sind Scheinlösungen

*«Konfliktwahrnehmung ist häufig von negativen Ge-
fühlen begleitet. Dadurch erhöht sich die Gefahr, daß
Konfliktpartner unkontrollierte Abwehrreaktionen zeigen.»*

«Mir wird schon unwohl, wenn ich diesen Typ nur
von weitem sehe, geschweige denn, wenn ich mit ihm reden
muß.» Wer kennt nicht solche oder ähnliche Gefühle, welche einen tatsächlichen oder auch nur einen imaginären
Kontakt mit Menschen begleiten. Gerade Konflikte aber
neigen dazu, solche negativen Gefühle wie Angst, Unlust,
Ärger, Mißmut, Unbehagen auszulösen, was bei den
betroffenen Menschen wiederum die Tendenz verursacht,
diese negativen Gefühle möglichst schnell «aus der Welt zu
schaffen». In der Praxis geschieht dies allerdings häufig
mit unkontrollierten, vielfach auch unbewußt ablaufenden
Abwehrreaktionen, welche das Risiko enthalten, daß ein
Konflikt im besten Fall kurzfristig «verdeckt» wird, sich
häufig aber gerade dadurch verstärkt und ausweitet.

Solche Abwehrreaktionen als spontane Scheinlösungen lassen sich im Arbeitsalltag in vielen Variationen
beobachten. Im folgenden sind sie in drei Gruppen zusammengefaßt. (Für eine detaillierte Zusammenstellung von
Abwehrverhalten vgl. Krüger, 1973, S. 96 ff.).

5.4.1

Kampf

Es wird der Versuch unternommen, den «Gegner»
physisch oder psychisch zu «zerstören», sei dies durch
direkte Angriffe, beispielsweise in einem Wortgefecht, sei
dies durch *indirekte Attacken* wie Verleumdung, Sabo-
tage, Erpressung, Falschinformationen usw. So hart diese
Varianten auch tönen, so häufig sind sie praktisch in mehr
oder minder intensiver Ausformung anzutreffen.

5.4.2

Flucht

Hier gilt als Grundprinzip der scheinbaren Konfliktlösung das *Ausweichen*. Die Skala der konkreten Ausformung dieser Abwehrverhalten reicht vom einfachen Vermeiden eines persönlichen Kontakts (z. B. «Ich gehe nur in die Kaffeepause, wenn ich sicher bin, daß X nicht in der Cafeteria ist») über Gesuche um interne Stellenwechsel bis hin zu Kündigungen.

5.4.3

Sich abfinden

Die Grundhaltung des unverarbeiteten «Sich-Abfindens» zeigt sich konkret in Reaktionen wie Verdrängen, Überspielen («Das ist alles nicht so schlimm»), Kompensieren («Dann konzentriere ich mich halt auf etwas anderes») bis hin zur Resignation («Es dauert ja nur noch einige Jahre, bis er pensioniert wird»).

Sosehr Abwehrreaktionen kurzfristig scheinbar Hilfe bieten, indem sie es dem Anwender erlauben, für den Moment der durch den Konflikt verursachten negativen Gefühle Herr zu werden und damit ein gewisses seelisches Gleichgewicht wiederherzustellen, sosehr sind sie auf die Dauer Scheinlösungen, da sie in keiner Art das eigentliche grundlegende Problem, nämlich das Aufeinanderprallen verschiedener unvereinbarer Verhaltensweisen, Ziele, Bedürfnisse oder Werte angehen. Durch diesen Mangel an konkreter Problemlösung wird die letztlich negative Bedeutung von Abwehrhaltungen für produktive Zusammenarbeit deutlich.

5.5

Gewinn-Verlust-Denken in der Konflikthandhabung

«Wer als Gewinner eines Konflikts einen Verlierer zurückläßt, ist früher oder später selber Verlierer.»

Gerade in Arbeitssituationen ist bei Konfliktpartnern häufig ein ausgeprägtes «Gewinn-Verlust-Denken» festzustellen. Der Konflikt wird als ein «Nullsummenspiel» betrachtet: «Ein Nullsummenspiel ist mit andern Worten ein Spiel, bei dem der eine Spieler das gewinnt, was der andere notwendigerweise verliert» (Rapport, in: Bühl, 1972, S. 282). Diese Grundannahme setzt voraus, daß in der Konfliktsituation grundsätzliche, unmöglich aufzulösende, diametral entgegengesetzte Interessen, Ziele, Bedürfnisse vorhanden sind. Dies mag auf gewisse Konfliktsituationen zutreffen, beispielsweise wenn begrenzte Mittel verteilt werden müssen. Die Gefahr eines ausgeprägten Gewinn-Verlust-Denkens liegt nicht so sehr im einzelnen begründbaren Fall, sondern darin, daß es als Grundhaltung in Beziehungen einfließt, damit aber auch Konfliktverläufe negativ vorprogrammiert, die keineswegs absolute Unvereinbarkeiten enthalten.

Die Problematik einer Gewinn-Verlust-Bewältigung eines Konflikts liegt dabei darin, daß die Erfahrung des Verlierens in den Menschen zwangsläufig negative Gefühle auslöst, welche je nach Bedeutung der Situation in ihrer Intensität variieren können von leichten Unmutsgefühlen über Gefühle des «Sich-klein-und-häßlich-Vorkommens» bis hin zu Ärger, Wut und Haß. Damit aber wird beim Verlierer ganz klar die Gefahr erhöht, daß er mit Abwehrreaktionen antwortet, wie sie im letzten Abschnitt beschrieben sind. Wenn wir aber davon ausgehen, daß die Konfliktpartner, die in irgendeiner Form gemeinsame Ziele erreichen sollen, auf Zusammenarbeit angewiesen sind, wird deutlich, wie sehr durch jede Abwehrreaktion die Produktivität gefährdet bis verunmöglicht wird.

Gordon (1979, S. 149ff.) beschreibt die Gefahren von Gewinn-Verlust-Bewältigungen sehr deutlich in zwei verschiedenen Varianten: Als *Methode I* bezeichnet er die Situation «Ich gewinne – Du verlierst», als *Methode II* die

Situation «Du gewinnst – Ich verliere». Beiden Methoden gemeinsam ist, daß der Verlierer dazu neigt, mit Abwehrverhalten zu reagieren, damit aber auch den scheinbaren Gewinn des Siegers deutlich in Frage stellt.

Teilweise geradezu verführerisch wird die Anwendung von Gewinn-Verlust-Methoden durch das Phänomen von Macht. Jede Position beinhaltet eine größere oder kleinere Portion Macht. Der Vorgesetzte hat Macht dank seiner Position, der unterstellte Mitarbeiter dank seines Wissens, eines ausgetrockneten Personalmarktes, eines guten Bekannten, oder er findet Macht durch Anschluß an eine starke Vereinigung. Gerade aber die Anwendung von Macht als Mittel der Konfliktbewältigung zwingt den Verlierer beinahe zu Abwehrreaktionen, vor allem in für ihn subjektiv wichtigen Situationen, und macht damit früher oder später auch den Machtanwender zum Verlierer, da kaum mehr optimale produktive Leistungen aus der Zusammenarbeit resultieren können. Wer einen auf *Kampf* eingestellten Konfliktpartner hat, braucht viel Zeit und Energie, sich zu schützen, sich abzusichern, Fallen aufzustellen, Gräben zu ziehen. Konfliktpartner, die auf der *Flucht* sind, bringen kaum mehr Leistungen, absolvieren «Dienst nach Vorschrift», behalten Wissen für sich, bereiten nur noch ihren Abgang vor. *Resignierte* Konfliktpartner verfallen oft in hohe Passivität, riskieren nichts mehr, müssen zu allem angeleitet und eingeladen werden, warten nur noch ab.

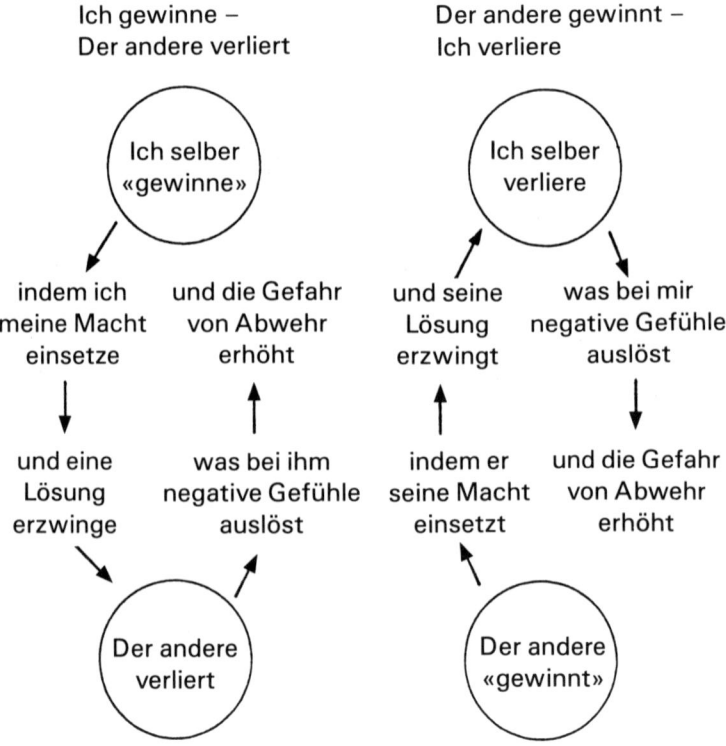

Zusammenfassend läßt sich sagen, daß das Gewinn-Verlust-Denken in Konfliktsituationen als Grundprinzip Beziehungen zerstört und damit auf die Dauer optimale Produktivität beeinträchtigt und verhindert. Eine einzelne Verlierer-Situation kann ein Mensch wohl verkraften, ohne allzu negative Abwehrhaltungen zu entwickeln; dauernd und in wichtigen Situationen der Verlierer zu sein wird wohl jeden Menschen in die Abwehr drängen und ihn daran hindern, seine möglichen Leistungen für gemeinsame Ziele zu erbringen.

5.6

Ein Fall mit Verlierern

Bevor wir zu produktiveren Varianten der Konfliktbewältigung übergehen, sei ein konkreter Fall dargestellt, welcher, wenn auch etwas überspitzt, einen Konfliktverlauf nach Gewinn-Verlust-Methode darstellt, aus dem letztlich nur Verlierer herauskommen.

A, der Leiter des Marketing-Departementes der Firma R, hat eines Tages mit seinem äußerst tüchtigen, aber etwas «hemdsärmeligen» Verkaufsleiter B eine Auseinandersetzung über zukünftige Prioritäten in der Marktbearbeitung. Während A gezieltere Systematik einführen will, wehrt sich B für eine seiner Ansicht nach notwendige größere Flexibilität für seinen Außendienst. Eine längere Diskussion bringt keine Lösung, eher eine Verhärtung der Positionen. Daraufhin ordnet A Maßnahmen im Sinne seiner «Lösung» an, obschon er auch im Anliegen von B durchaus gute Punkte erkennen kann, aber er hat schließlich auch Verpflichtungen gegenüber der Geschäftsleitung (A «setzt sich durch», indem er seine Anordnungsbefugnis, mit andern Worten: seine Macht anwendet). B fühlt sich jetzt ernsthaft in die Ecke gedrängt, betrachtet seinen Chef A jetzt noch mehr als vorher als «reinen Theoretiker», der von Frontarbeit überhaupt nichts versteht (er ist jetzt beleidigt, fühlt sich nicht für voll genommen, zurückgesetzt). Im Gespräch mit einem guten Kunden der Firma findet B heraus, daß dieser Kunde seiner Meinung ist, ebenfalls Flexibilität im Außendienst als wichtigste Voraussetzung betrachtet. Mit dieser für ihn äußerst wohltönenden Botschaft kehrt er zu A zurück (B hat durch den Kunden nun zusätzlich Gewicht und auch etwas Macht erhalten). Darauf reagiert nun A sauer. Er wirft B vor, daß interne Angelegenheiten die Kunden nichts angingen (A fühlt sich jetzt seinerseits als Verlierer, hintergangen und greift wieder an).

Es kommt zum offenen Streit zwischen den beiden, in dessen Verlauf die konkreten Konfliktursachen (verschiedene Prioritäten bezüglich Marktbearbeitung) immer mehr in den Hintergrund geraten (der Schlagabtausch zwischen den beiden gerät immer mehr zur rein destruktiven Zerstörung der Beziehung). Im Laufe einer weiteren heftigen Auseinandersetzung droht B mit der Kündigung (letzter Machtanwendungsversuch), welche A sofort annimmt. Die Beziehung ist inzwischen so verhärtet, daß auch ein Schlichtungsversuch eines Geschäftsleitungsmitglieds nichts mehr bringt.

Fazit: Aus dieser traurigen Geschichte gehen nur Verlierer hervor. Der erste ist Marketingleiter A. Er verliert seinen tüchtigen, bei den Kunden sehr beliebten und erfolgreichen Verkaufsleiter und sucht nun mit großem Aufwand einen neuen, welchen er mit hohen Kosten schließlich auch findet und mühsam einarbeitet, was ihn wiederum von andern wichtigen Aufgaben abhält (eventuell ein neuer Konfliktherd?). Das letzte, was er diesem B noch antun kann, ist, ihn überall geschickt, d. h. nicht zu auffällig, zu disqualifizieren, besonders, wenn Referenzen eingezogen werden sollten.

Der zweite Verlierer ist B. Er sucht eine neue Stelle als Verkaufsleiter, was sich in seiner Branche als recht schwierig erweist (oder hat die Kampagne von A schon gewirkt?). Schließlich findet er eine Stelle als Verkäufer mit späteren Aufstiegschancen bei der Firma S, einer Konkurrentin von R. Er läßt in Zukunft keine Gelegenheit vorbeigehen, sich bei Kunden entsprechend über seinen früheren Arbeitgeber zu äußern. Der erste Kunde hat schon signalisiert, daß er in Zukunft, wenn das so weitergeht, weder bei R noch bei S einkaufen werde (also hat die Geschichte vielleicht doch noch einen Gewinner: irgendeinen lachenden Dritten!). Damit sind aber auch die beiden Firmen R und S als mögliche Verlierer angedeutet.

Diese Geschichte ist, wie einleitend gesagt, möglicherweise etwas überspitzt dargestellt. Der Leser mag Namen, Umstände, Details beliebig ändern, dann spielt sich diese Geschichte tagtäglich irgendwo ab.

5.7

Gewinn-Gewinn-Denken in Konfliktsituationen

«Nur Gewinner sind produktive Leistungsträger.»

Die produktive Alternative zu Gewinn-Verlust-Methoden liegt in Antworten auf die Fragen, ob es Möglichkeiten gibt, Konflikte in einer Art zu bewältigen, die nur Gewinner und keine Verlierer kennt, und wie solche Gewinn-Gewinn-Methoden aussehen. Die folgenden Abschnitte befassen sich mit solchen Antworten.

Um die Chancen des Funktionierens einer Gewinn-Gewinn-Methode hochzuhalten, müssen zwei wesentliche Voraussetzungen erfüllt sein: Erstens müssen sich Konfliktpartner grundsätzlich vom Bild des Konflikts als «Nullsummenspiel» lösen. Konflikte entstehen nicht zwangsläufig aus generell unvereinbaren, diametral entgegengesetzten Standpunkten, Konfliktpartner sind somit auch nicht zwangsläufig Gegner oder Feinde, sondern eben Partner in einer als normal zu bezeichnenden Phase ihrer Zusammenarbeit.

Zweitens prallen in Konflikten meist nicht eigentliche Bedürfnisse, Anliegen, Ziele aufeinander, sondern bereits Lösungs- oder Realisierungsversuche bezüglich dieser Bedürfnisse, Anliegen, Ziele, Werte. Konfliktpartner müssen lernen, daß es aber für jedes Bedürfnis, jedes Ziel mehrere gangbare Lösungsansätze gibt, was aber wiederum die Wahrscheinlichkeit erhöht, daß jedem Konfliktpartner Bedürfnisbefriedigung, Zielerreichung möglich wird, ohne damit zwangsläufig dem andern seine Bedürfnisbefriedigung zu verunmöglichen und ihn damit zum Verlierer zu machen.

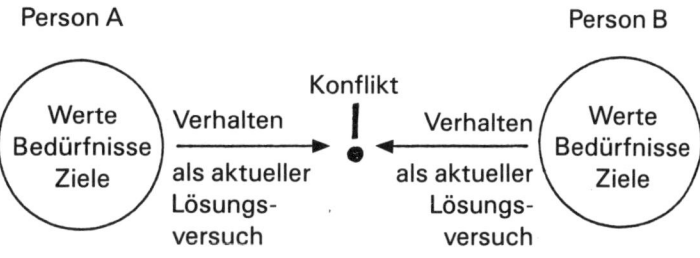

Ein Beispiel: Für den Mitarbeiter, welcher unbezahlten Urlaub verlangt, ist nicht dieser Urlaub selber Bedürfnis, sondern möglicherweise steht dahinter die Realisierung eines längst vorhandenen Wunsches, persönliche Weiterbildung in Gang zu setzen. «Unbezahlter Urlaub» könnte also ein *Lösungsversuch* für das Bedürfnis «Weiterbildung, Weiterkommen» sein. Der Vorgesetzte, welcher den Urlaub ablehnt, hat auf der andern Seite nicht das Bedürfnis, seinem Mitarbeiter etwas abzulehnen, sondern für ihn ist die möglichst störungsfreie Weiterführung der Arbeit in seiner Abteilung wichtig. Sein «Nein» ist ein Lösungsversuch für sein Bedürfnis «Sicherstellung der Arbeitserledigung». Gelingt es nun diesen beiden Konfliktpartnern, ihre eigentlichen Bedürfnisse zu entdecken und gegenseitig offen darzulegen, so könnten sie beispielsweise eine Lösung finden, in welcher der Mitarbeiter sein Bedürfnis nach Weiterbildung in einem wöchentlich halbtägigen Kurs befriedigen kann, was arbeitstechnisch für den Vorgesetzten akzeptabel ist. Damit sind beide «Gewinner» in dem Sinne, daß sie ihre eigenen Anliegen verwirklichen können, ohne damit einem andern zu schaden und ihn zum Verlierer zu machen. Dadurch aber, und das scheint das wichtigste Resultat, bleibt ihre Beziehung auch in Zukunft intakt und belastbar, keiner der Konfliktpartner wird in Abwehrhaltungen gedrängt.

Glücklicherweise verlaufen in der Praxis Konfliktlösungen zwischen Menschen mit guten Beziehungen häufig spontan und unbewußt in der beschriebenen Art. Andrerseits können Menschen, wenn sie an sich selbst oder an andern negative Reaktionen auf scheinbare Konfliktlösungen wahrnehmen, durchaus bewußt versuchen, Gewinn-Gewinn-Methoden gezielt anzuwenden. Ein konkreter Fall soll dies zeigen.

Für den Vorgesetzten F stellte sich folgendes Problem: Er erhielt von der Materialverwaltung eine neue Schreibmaschine zugeteilt, mit der Bitte, sie einer seiner beiden Schreibkräfte zu übergeben. Da es geplant sei, später solche Maschinen anzuschaffen, solle die betreffende Sekretärin einige Wochen die Maschine ausprobieren und dann einen Erfahrungsbericht abgeben. Der Vorgesetzte informierte seine beiden Sekretärinnen und teilte die Maschine derjenigen zu, welche seiner Meinung nach die Vorteile der Maschine auf Grund ihrer Arbeitsbeschreibung besser nutzen und beurteilen konnte. Um aber die andere Schreibkraft nicht zu stark zu benachteiligen, erlaubte er auch ihr, die Maschine bei Bedarf zu benutzen; die beiden sollten sich darüber selber absprechen. Er war erstaunt, als er nach einigen Tagen die Kündigung der zweiten Sekretärin erhielt. Da er keine der beiden verlieren wollte, suchte er ein Gespräch und fand recht bald heraus, daß die neue Schreibmaschine eine wichtige Rolle spielte. Mit Hilfe eines neutralen Dritten stellte sich sehr bald heraus, daß sich die Sekretärin durch den Umstand, daß ihre Kollegin als «Testperson» bestimmt wurde, zurückgestellt fühlte. Sie akzeptierte die Lösung, daß beide zusammen den Erfahrungsbericht verfassen sollten und zog darauf ihre Kündigung zurück.

Der auf den ersten Blick banale Fall zeigt recht deutlich, daß eine scheinbare Konfliktregelung auf der Ebene von Lösungsansätzen (Zuteilen der Schreibmaschine) Verlierer mit den ganzen negativen Konsequenzen hinterläßt, daß Gewinn-Gewinn-Lösungen es notwendig machen, hinter den aktuellen Lösungsansätzen die eigentlichen Bedürfnisse der Konfliktpartner zu erkennen (im vorhergehenden Fall Wertschätzung, Zutrauen von Fähigkeiten), um nach Lösungen zur Befriedigung dieser Bedürfnisse suchen zu können.

Gordon (1979, S. 179 ff.) beschreibt unter dem Titel «Die Jeder-gewinnt-Methode: Wie aus Konflikt Kooperation wird» diese konstruktive Art der Konfliktbewältigung als *zweiseitigen, vernunftsgesteuerten Problemlösungsprozeß,* dessen erster und wichtigster Schritt darin besteht, daß die eigentlichen Bedürfnisse, welche zum Konflikt geführt haben, erkannt, definiert und gegenseitig verstanden werden. Auf dieser Basis können dann alternative Lösungen gesucht und bewertet, konkrete Lösungen gefunden, realisiert und überprüft werden. Er nennt dieses Vorgehen im Gegensatz zu den Gewinn-Verlust-Methoden die *Methode III,* deren Absicht es ist, aus allen Konfliktpartnern Gewinner zu machen, welche sich mit Verantwortung, Engagement und positiven Beziehungen an Konfliktlösungen beteiligen und damit aus Konflikten Produktivität gewinnen, statt mit Machtanwendung und Abwehrverhalten solche zu gefährden oder zerstören.

Konflikte sind, wie schon erwähnt, zwangsläufig auftretende Phasen jeder echten Kooperation. Jeder Mensch, der sich für eine produktive Gestaltung von Zusammenarbeit mitverantwortlich fühlt, und das sollte doch insbesondere auf Führungskräfte zutreffen, muß in der Lage sein, auch Konflikte positiv zu nutzen. Dazu muß er drei

*Die Konfliktbewälti-
gung ist ein zweisei-
tiger, vernunft-
gesteuerter Prozeß*

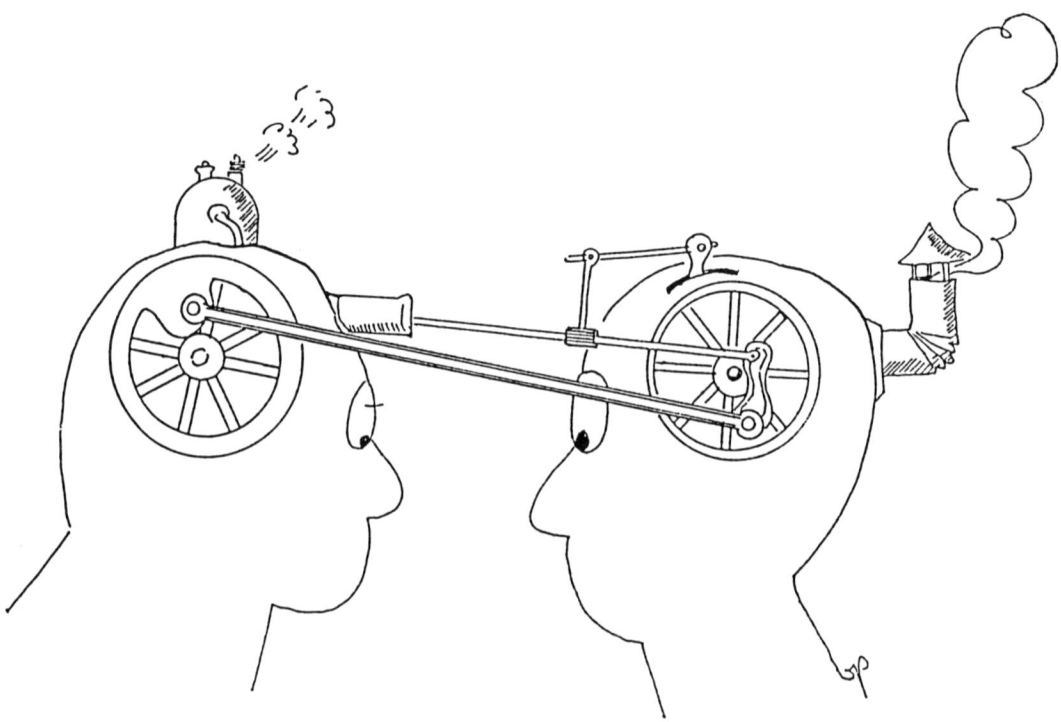

wesentliche Voraussetzungen erfüllen: Erstens muß er *Einsicht* haben in die Gefahren und «Kosten» der einseitigen
Methoden I und II und in die Chancen der zweiseitigen
Methode III. Damit verbunden sollte er sich entscheiden, in
Konfliktsituationen immer Methode III anzustreben, um
damit produktive Lösungen und stabile Beziehungen zu erreichen, welche dann auch einmal eine Methode I oder II
verkraften können. Zweitens sollte er den Ablauf der Methode III als gemeinsamen vernunftsgesteuerten *Problemlösungsprozeß* verstehen, welcher von der *Erfassung der
Bedürfnisse* der Konfliktpartner und nicht von der Fixie-
rung auf einmal vorgeschlagene Lösungen ausgeht. Und
drittens sollte er in der Lage sein, einen solchen gemeinsamen Problemlösungsprozeß in der Praxis auch *durchzu-
führen*. Davon handelt der nächste Abschnitt.

5.8
Kommunikation als zentrales Instrument der produktiven Konfliktbewältigung

«Menschen werden danach beurteilt, was sie tun» oder
«Es gibt nichts Gutes, außer man tut es.»

Wenn wir stabile, kreative, leistungsfähige Beziehungen untersuchen und uns fragen, was sie denn von gegenteiligen Beziehungen unterscheide, was denn zu Erscheinungen wie gegenseitige Achtung, Anerkennung und Zuneigung führe, so sind es oft weniger die Inhalte dieser Beziehungen, nicht eine völlige Übereinstimmung dieser Menschen in ihren Ansichten, Urteilen, Bedürfnissen, Zielen, Verhaltensweisen. Häufig sogar sind produktive Beziehungen durch große, markante inhaltliche Unterschiede zwischen den Parteien gekennzeichnet. Der Schlüssel liegt vielmehr in ihrem Verhalten, in der Art und Weise, wie sich die Menschen gegenseitig behandeln. Hier sind vor allem zwei grundsätzliche Fähigkeiten erkennbar: Erstens die Fähigkeit jedes Partners, dem andern klare, verständliche Botschaften seiner Sicht, seiner Lage zu senden, ohne dabei sofort eine Wertung, einen Versuch der Belehrung oder Bekehrung automatisch einzuschließen, und zweitens das dauernde Bemühen, die Botschaften des andern zu verstehen, ohne damit bereits Einverständnis auszudrücken, um auf der Basis dieses *gegenseitigen Verstehens* mit Vernunft dort gemeinsame Problemlösungen in Gang zu setzen, wo sie sich schließlich für eine Zusammenarbeit als notwendig erweisen.

Gordon konkretisiert diese beiden Fähigkeiten unter den Stichworten *«Ich-Botschaften»* und *«Aktives Zuhören»* (beide Begriffe sind nicht Erfindungen Gordons, seine Leistung ist vielmehr, daß er sie verständlich und praktisch anwendbar macht). «Ich-Botschaften» als beschreibende Darstellung der eigenen Situation, Gedanken, Bedürfnisse, Gefühle sollen einem Empfänger helfen, die Lage des Senders möglichst so zu erfassen, wie der Sender selber sie erlebt. Sie sollen keine verdeckten, kritisierenden, belehrenden Elemente enthalten. Ich-Botschaften richten sich an Empfänger, denen Urteils- und Entscheidungsvermögen zugetraut wird. (Zur Wirkung und Formulierung von «Ich-Botschaften» und der Problematik von Du-Botschaften vgl. Gordon, 1979, S. 98 ff.).

«Aktives Zuhören», als Gegenstück zur Ich-Botschaft, will dem Sender durch eine entsprechende Rückmeldung die Sicherheit geben, daß der Empfänger seine Botschaft so verstanden hat, wie er sie wirklich gemeint hat und wie sie als Basis für eine folgende Weiterführung oder Problemlösung dienen kann (vgl. dazu Gordon, 1979, S. 58).

Je konfliktgeladener eine Situation ist, desto größer wird die Gefahr von Mißverständnissen, die Erzeugung von negativen Gefühlen und des Auftretens von Abwehrreaktionen. Deshalb sind gerade und besonders in Konfliktbewältigungen offene und präzise «Kodierungen» und «Dekodierungen» von Botschaften absolut notwendig. Es

Die Ich-Botschaft

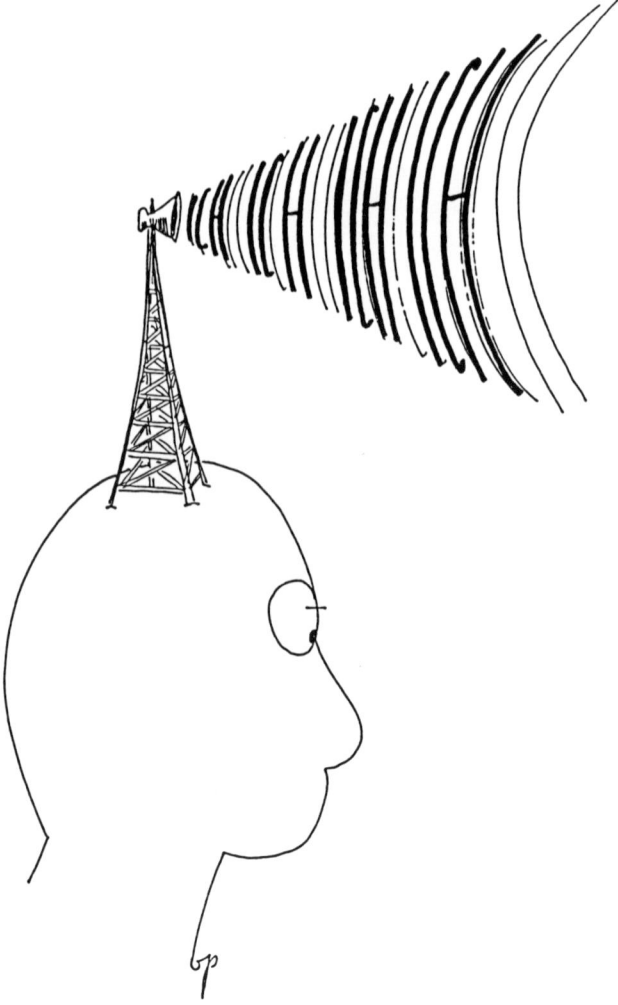

ist dabei allerdings zu beachten, daß jede Botschaft neben ihrem Inhaltsaspekt, den «Fakten», immer auch einen Beziehungsaspekt, in Form von die Fakten begleitenden Gefühlen enthält, deren Erfassung oft wichtiger ist als das Verstehen der reinen Fakten.

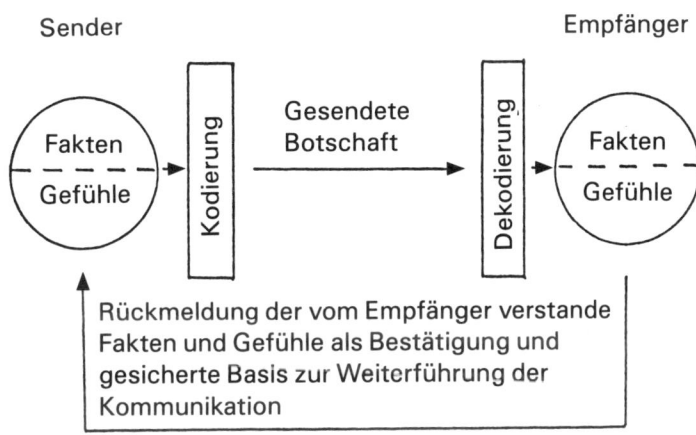

Nach Watzlawick (1982) ist der Beziehungsaspekt einer Kommunikation dem Inhaltsaspekt grundsätzlich übergeordnet, was er an einem Beispiel zeigt (S. 54): Frau A deutet auf Frau B's Halskette und fragt: «Sind das echte Perlen?» Der Inhalt dieser Frage ist ein Ersuchen um eine Information; die Stimmlage, der Tonfall, die Situation, in der die Frage gestellt ist, können aber auf der Beziehungsebene sowohl Bewunderung als auch Neid, sowohl freundliche Anerkennung als auch Angriff ausdrücken.

Je präziser also ein Sender seine Botschaft kodiert, indem er im Sinne einer Ich-Botschaft die entsprechenden Fakten und die damit verbundenen Gefühle formuliert, desto einfacher kann der Empfänger die Botschaft dekodieren und als Absicherung des Verständnisses zurückmelden, was dem Sender wiederum hilft, mögliche weitere Präzisierungen oder Korrekturen an seiner Aussage vorzunehmen. In dieser Art läßt sich eine eindeutige, von allen Gesprächspartnern akzeptierte Basis für mögliche folgende Problemlösungen schaffen. Ohne diesen Prozeß besteht eine erhebliche Gefahr, daß Partner zwar mit großem Aufwand Problemlösungen in Gang setzen, ohne dabei zu realisieren, daß sie nicht die gleichen oder falsche Probleme lösen.

Als Beispiel für eine Anwendung in einer Konflikt-situation wollen wir den Fall der Sekretärin, die eben gekündigt hat, wieder aufgreifen (vgl. Kap. 5.7) und einen Abschnitt aus dem Gespräch zwischen dem Chef, Herrn N, und seiner Sekretärin, Frau O, betrachten:

N: «Ich habe Ihre Kündigung erhalten und bin einerseits er-schrocken darüber, weil ich das überhaupt nicht erwartet habe, und andrerseits etwas bedrückt, weil ich Sie nur sehr ungern verlieren würde. (N versucht, in einer «Ich-Botschaft» möglichst vorwurfslos seine Situation dar-zustellen und Frau O damit einzuladen, auf ihn einzuge-hen.) Können Sie mir etwas Näheres über die Gründe Ih-res Entschlusses sagen?»

O: «Ja. Sehen Sie, ich möchte einfach einmal noch andere Erfahrungen machen, eine neue Umgebung kennenler-nen.» (Frau O ist hier nicht ganz offen, sie schiebt einen harmlosen Grund vor.)

N: «Verstehe ich das richtig: die Arbeit hier bietet Ihnen nicht genügend Vielfalt und Lernmöglichkeiten?» (N versucht, durch aktives Zuhören Frau O zu signalisieren, daß er ehrlich bemüht ist, ihr Problem zu verstehen, ohne sie dabei schon irgendwie zu beeinflussen.)

O: «So extrem würde ich das nicht sagen. Aber ich hatte in den vergangenen Monaten oft das Gefühl, gegenüber meiner Kollegin etwas die Nummer 2 zu sein und die übrigbleibenden Arbeiten erledigen zu dürfen.» (Frau O beschreibt nun schon exakter ihr eigentliches Problem.)

N: «Sie fühlen sich in der Aufgabenzuteilung nicht immer gleich behandelt wie Ihre Kollegin?» Weiteres aktives Zuhören bestätigt den «Empfang» und gibt Frau O zu-sätzliche Sicherheit weiterzureden.)

O: «Ja, genau so ist es. Und bei der Geschichte mit der neuen Schreibmaschine war das genau wieder dasselbe. Die Kollegin ist verantwortlich für die Prüfung und die Beurteilung. Ich darf im besten Fall mal auf der Maschi-ne schreiben.» (Jetzt hat Frau O ihr Problem konkreti-siert und damit eine gute Grundlage für eine Problem-lösung geschaffen.)

N: (Bestätigt nochmals kurz und leitet eine Problemlösung ein:) «Am Fall der Maschine haben Sie die ungleiche Be-handlung nochmals deutlich erlebt. Ich sehe jetzt Ihre Schwierigkeit, auf die ich vorher nicht geachtet habe. Ich möchte Sie einladen, mit mir zusammen eine Lösung zu finden, damit Sie in Zukunft sich nicht mehr untergeordnet fühlen und andrerseits unsere Zusammenarbeit doch weitergehen kann. Wären Sie bereit, den Versuch zu machen?» (N versucht, die Anliegen seiner Mitarbeiterin und seine eigenen Bedürfnisse, nämlich Frau O nicht zu verlieren, klar zu definieren. Das Problem ist damit erfaßt und der Weg zu alternativen Lösungsvorschlägen, deren Bewertung, Entscheidung und Realisierung offen. Im konkreten Fall war der erste Schritt der Problemlösung, wie oben erwähnt, der gemeinsame Prüfungsbericht der beiden Sekretärinnen. Weitere Schritte bestanden später darin, daß Arbeitszuteilungen und Kompetenzen geändert wurden.)

Das Beispiel zeigt einerseits deutlich den konkreten Nutzen einer Gewinn-Gewinn-Methode für die Beteiligten, beispielsweise:

- Frau O als geschätzte Mitarbeiterin bleibt an ihrer Stelle.
- Dadurch wird keine aufwendige und teure Suche und Einarbeitung einer neuen Mitarbeiterin notwendig.
- Frau O engagiert sich in Zukunft wieder mehr für ihre Arbeit.
- Dadurch erfolgt eine Entlastung des Chefs und der andern Mitarbeiter.

Andrerseits soll auch auf grundsätzliche positive Aspekte der Anwendung zweiseitiger Gewinn-Methoden hingewiesen werden, welche konkreten Nutzen erst möglich machen:

- Die grundliegenden Bedürfnisse werden geklärt. Damit wird sichergestellt, daß das richtige Problem gelöst wird. (In der Praxis ist häufig anzutreffen, daß mit großem Aufwand die falschen Probleme angegangen werden. Hätte N beispielweise für Frau O auch eine neue Schreibmaschine angeschafft, wäre Frau O trotzdem weggegangen, weil ihr eigentliches Problem nicht angegangen und gelöst wäre.)
- Nichts schafft so viel Vertrauen und damit Bereitschaft zu konstruktiven Lösungen, wie wenn ein Mensch sicher ist, daß der andere ihm zuhört, ihn wirklich verstanden hat. Einverständnis ist dabei keinesfalls zwingend nötig.
- Es wird vermieden, daß durch gegenseitige Vorwürfe, Angriffe, verdeckte oder offene Kritik, Suche nach Schuldigen usw. negative Gefühle produziert und damit

Abwehrreaktionen forciert werden. Vernunft bleibt somit verfügbar.
– Durch das Erleben konstruktiver Konfliktbewältigungen werden Beziehungen stabilisiert und sind damit bei immer wieder auftretenden, nicht vermeidbaren Störungen auch weniger anfällig.

Ich-Botschaften und aktives Zuhören sind dabei die zentralen Kommunikationsinstrumente, Verhaltensweisen, welche Konfliktpartnern in der Bemühung um konstruktive Lösungen und Produktivität unterstützen.

5.9

Bedingungen, Grenzen und Risiken in der Anwendung von Gewinn-Gewinn-Methoden

«Die Gefährdung produktiver Arbeitsbeziehungen liegt nicht in der einzelnen, sondern vielmehr in der grundsätzlichen, andauernden Anwendung von einseitigen Gewinn-Verlust-Methoden.»

Bis jetzt haben wir die Chancen von zweiseitigen Gewinn-Gewinn-Methoden und die Gefahren einseitiger Gewinn-Verlust-Methoden erwähnt. Es ist allerdings auch wichtig zu erkennen, daß produktive zweiseitige Lösungen auch gewisse Grundbedingungen benötigen, auf welchen aufbauend sie erst erfolgversprechend angewendet werden können:

a) Die Konfliktpartner müssen in ihrer Grundhaltung akzeptieren, daß zwischenmenschliche Beziehungen ein wesentliches Element produktiver Kooperation sind (vgl. Kap. 5.2).
b) Die vom Konflikt betroffene Beziehung sollte möglichst offen sein. Starke und unverarbeitete negative Erfahrungen aus der Vergangenheit belasten und erschweren produktive zweiseitige Lösungen. (Politische Beispiele zeigen deutlich, wie stark starre «Feindbilder», das Existieren von klaren «Fronten» zwischen «Gegnern» produktive Gespräche schwierig machen.)

c) Als Schlußfolgerung aus der ersten und zweiten Bedingung müssen beide Konfliktpartner die Bereitschaft mitbringen, nach beidseitig akzeptablen Lösungen zu suchen, auch wenn im Moment sich solche noch nicht klar abzeichnen.

d) Zweiseitige Konfliktlösungen brauchen Mut, persönliche Sicherheit und Selbstvertrauen. Keiner der Konfliktpartner kann sich mehr hinter anonymen Machtkonstellationen verstecken (vgl. Gordon, 1979, S. 256).

Darüber hinaus existieren sicher Situationen, in welchen zwar die Grundbedingungen erfüllt sind, aber gewisse äußere Umstände (z. B. extremer Zeitdruck, ungünstige Notlage usw.) die Suche nach zweiseitigen Lösungen momentan verhindern. Allerdings ist hier klarzustellen, daß in solchen Situationen die Anwendung von einzelnen Gewinn-Verlust-Bewältigungen Beziehungen nie ernsthaft gefährden wird, da alle beteiligten Konfliktpartner in der Lage sein sollten, die negativen unkontrollierbaren Einflüsse, welche eine zweiseitige Lösung verhindern, zu erkennen und damit auch zu akzeptieren.

Jede Konfliktsituation bedeutet ein potentielles Risiko für eine Beziehung, wobei gleichzeitig jedes Risiko eine Chance zum Lernen, zur Weiterentwicklung birgt. Es kann nie darum gehen, Risiko völlig auszuschalten, sondern darum, es nicht unnötig hochzuhalten. Das bewußte, offene Angehen eines Konflikts mit Gewinn-Gewinn-Bewältigungsversuch bringt somit neben den Chancen auch bereits zwangsläufig ein gewisses Risiko in Form einer momentanen Belastung der Beziehung mit sich. Jeder Konfliktpartner wird sich, bevor er sich Chance und Risiko stellt, vernünftigerweise risikoärmere Varianten überlegen:

Tief

- Konflikt bewußt und ohne negative Folgen ertragen.
- Eigenes Verhalten und Bedürfnisse überprüfen und die Frage nach eigener Verhaltensveränderung stellen (ohne Gefühl, der Verlierer zu sein).
- Umweltbedingungen verändern, Regelungen suchen.
- Zweiseitige offene Konfliktbewältigungen anbieten und realisieren.
- Vermittlung suchen.
- Einseitige, machtgestützte Konfliktbewältigung bewußt in Kauf nehmen (und den «Preis» dafür kennen und in Rechnung stellen).

Momentanes Risiko
für produktive
Arbeitsbeziehung

Hoch

Wichtig ist bei der Wahl einer Konfliktbewältigung, daß sie bewußt und vernunftsgesteuert getroffen und ihre Resultate und Konsequenzen in die Entscheidung und Realisierung der Lösung einbezogen werden. Keiner der getroffenen Lösungsansätze darf bei einem der Konfliktpartner andauernde, negative «Verlierer» oder «Opfer»-Gefühle bewirken, da sonst auf die Dauer die Grundvoraussetzungen für gute Beziehungen gestört werden.

5.10

Zweiseitige Konfliktbewältigung als grundlegender zwischenmenschlicher Prozeß

«Die Prozesse positiver zweiseitiger Konfliktbewälti-gung sind oft wichtiger als deren Resultate.»

In Kapitel 5.8 wurde bereits erwähnt, daß zweiseiti-ge Gewinn-Konfliktbewältigungen neben konkreten Nut-zen in Form von für alle Beteiligten akzeptablen Problem-lösungen auch noch weitere, mehr grundsätzliche positive Aspekte wie persönliche Sicherheit, gegenseitige Achtung und Anerkennung und Vertrauen fördern. Dadurch kön-nen unnötige, lediglich auf Mißtrauen beruhende Anord-nungen, Eingrenzungen und negative, unproduktive Kon-trollen ersetzt werden durch auf Vertrauen beruhender De-legation von Aufgaben, Pflichten und Verantwortung, kön-nen unproduktive Arbeitselemente jedes Partners reduziert und eliminiert werden. Die Wirkung von fachlicher und persönlicher Kompetenz und Autorität wird somit verstärkt und gefördert auf Kosten einer langfristig immer negativen, hemmenden Wirkung von scheinbarer Autorität, wie sie sich hinter Machtanwendung verbirgt.
Allerdings gehört dazu die Einsicht aller Beteilig-ten, daß eine so verstandene Zusammenarbeit einen dau-ernden Arbeits- und Lernprozeß bedingt, kein «Geschenk des Himmels» ist, immer wieder neue Investition von Kraft, Mut und Beharrlichkeit verlangt. Gordon (1979, S. 260) hat diesen oft beschwerlichen, letztlich aber sowohl

sachlich wie auch menschlich äußerst «rentablen» Prozeß in seinem «CREDO für meine Beziehungen» zusammengefaßt:

«Du und ich, wir stehen in einer Beziehung zueinander, die ich schätze und fortführen möchte. Wir sind jedoch zwei verschiedene Menschen mit besonderen Interessen und dem Recht, diese Interessen zu befriedigen.

Wenn du Probleme hast, deine Bedürfnisse zu befriedigen, will ich versuchen, dir zuzuhören und dich wirklich zu akzeptieren, um es dir leichter zu machen, deine Lösungen selbst zu finden, statt dich von meinen abhängig zu machen. Ich will auch versuchen, dein Recht zu achten, eigene Überzeugungen und eigene Wertvorstellungen zu entwickeln, wie verschieden sie auch immer von den meinen sein mögen.

Wenn sich aber dein Verhalten mit den Dingen nicht verträgt, die ich tun muß, um meine Bedürfnisse zu befriedigen, will ich dir das offen und ehrlich mitteilen. Ich will dir sagen, warum dein Verhalten mich stört, und dabei darauf vertrauen, daß du meinen Bedürfnissen und Gefühlen Achtung entgegenbringen und versuchen wirst, das Verhalten zu verändern, das ich nicht akzeptieren kann. Ich hoffe auch, daß du mir offen und ehrlich sagen wirst, wenn irgend etwas an meinem Verhalten für dich nicht akzeptabel ist, so daß ich versuchen kann, mein Verhalten zu verändern.

Stellen wir fest, daß keiner von uns sich verändern kann, um den Bedürfnissen des anderen zu genügen, wollen wir uns eingestehen, daß wir einen Konflikt haben. Wir wollen uns dazu verpflichten, jeden solchen Konflikt zu lösen, ohne daß einer von uns seine Zuflucht zu Macht und Autorität nimmt, um zu gewinnen, während der andere verliert. Ich achte deine Bedürfnisse, aber ich muß auch meine eigenen achten. Deshalb wollen wir uns stets bemühen, nach einer Lösung zu suchen, die wir beide akzeptieren können. Dann werden deine Bedürfnisse ebenso wie meine befriedigt sein.

Auf diese Weise kannst du auch weiterhin deine Bedürfnisse befriedigen und dich als Mensch entwickeln. Mir geht es nicht anders. So können wir eine gesunde Beziehung unterhalten, in der jeder von uns beiden die Chance hat, das zu werden, was er sein kann. Und unser Verhältnis wird weiterhin auf gegenseitiger Achtung, Liebe und Frieden beruhen.»

5.11

Das eigene Konfliktverhalten verändern

«Was Hänschen nicht gelernt hat, kann Hans sehr wohl noch lernen», oder «Die Dummen machen immer die gleichen Fehler, die Klugen immer neue.»

Jeder Mensch ist in seinem Zusammenarbeits- und damit in seinem Konfliktbewältigungsverhalten von seinen Erfahrungen in seiner Kindheit, in der Schule, in der beruflichen Ausbildung, in Organisationen und Tätigkeiten verschiedenster Art geprägt. Diese Erfahrungen decken sich in unterschiedlichem Maße, einmal mehr, einmal weniger, mit zweiseitigen Konfliktbewältigungen im Sinne Gordons.

Die Erfahrungen des Autors in vielen Trainingsprogrammen mit Führungskräften aller Ebenen und Bereiche ergeben eine gewisse Tendenz, daß betriebliche Situationen öfter als andere Situationen Menschen in die Nähe von einseitigen, machtgestützten Konfliktlösungsverhaltensweisen drängen. Andererseits entwickeln sich aber auch bei Machtanwendern nur selten so viele und so starke Abwehrhaltungen, daß es ihnen verunmöglicht würde, den grundsätzlichen Nutzen zweiseitiger Konfliktbewältigungsmethoden auch im betrieblichen Alltag einzusehen und auch konkret zu erleben. Unterstützend dabei wirkt, daß die Komplexität der heutigen Situation echte offene Kooperation nicht nur als wünschbar, sondern immer mehr als existenznotwendig sichtbar macht.

Lernen im Sinne der Stärkung wirklich kooperativer Verhaltensweisen auf der Grundlage der entsprechenden Haltung ist also offen. Es handelt sich dabei aber keineswegs um einen Sprung von «schwarz auf weiß», von «Situation unproduktiv» auf «Situation produktiv». Viele Beziehungen, egal ob zwischen hierarchisch Gleich- oder Über- und Untergeordneten, funktionieren bereits zu einem guten Teil in zweiseitiger Art und belegen die daraus resultierende Produktivität. Lernen in diesem Sinne bedeutet, bestehende zwischenmenschliche Beziehungen überdenken, überprüfen und sie wenn nötig vorsichtig, zielgerichtet verändern, ohne dabei von idealisierenden, realitätsfremden Bildern auszugehen. Persönliche Einsicht in nur kooperativ zu erreichende Ziele, in den Wert zwischenmenschlicher Beziehungen und in die gegenseitige Abhängigkeit dieser beiden Elemente leiten dieses dauernde Lernen. Wenn der Artikel einen bescheidenen Beitrag zur Bewußtmachung dieser Einsicht geleistet hat, ist sein Zweck erfüllt.

6

Eric H. Marcus

Neurolinguistisches Programmieren

Ein neuer Zugang zur zwischenmenschlichen Kommunikation in der Mitarbeiterführung

Vor ein paar Jahren haben die beiden Sprachwissenschafter Bandler und Grinder (1981) das Wesen der zwischenmenschlichen Kommunikation gründlich erforscht und daraus eine leicht erlernbare Kommunikationstechnik, das Neurolinguistische Programmieren (NLP), abgeleitet.

Im Vordergrund steht dabei nicht so sehr, *was* jemand sagt, sondern *wie* jemand etwas sagt. NLP beruht hauptsächlich auf beobachtbaren Sinneseindrücken und weniger auf theoretischen Konzepten oder Erklärungsmodellen. Das Wort «Neuro» bezieht sich auf die Funktionsweise des menschlichen Nervensystems als Element der Kommunikation (z. B. Herzklopfen, Erröten usw.); «Linguistic» bezieht sich darauf, wie bestimmte Wörter in der Kommunikation verwendet werden; mit «Programming» sind die Methoden gemeint, mit denen die zwischenmenschliche Kommunikation beeinflußt werden kann.

Das NLP geht davon aus, daß der Kommunikation das Wie wichtiger ist als das Was. Es steht also nicht der Gesprächsinhalt im Vordergrund, sondern die Art, wie das Gespräch geführt wird. Das NLP kann deshalb überall angewandt werden, wo es um zwischenmenschliche Kommunikation geht: in einer Therapie, im Verkauf, bei Verhandlungen, in der Mitarbeiterführung, in der Schule usw.

6.1

Voraussetzungen des Linguistischen Programmierens

Eine erste Annahme des NLP ist, daß jeder Mensch alle Voraussetzungen besitzt, um mit anderen wirkungsvoll zu kommunizieren. Das NLP will nicht Führungskräfte und Mitarbeiter mit neuen Kommunikationstechniken ausstatten, sondern die in jedem Individuum bereits vorhandenen Möglichkeiten aktivieren und bewußt machen.

Je mehr Handlungsmöglichkeiten ich habe, desto besser. Wenn ich zwischen zwei Varianten entscheiden muß, befinde ich mich oft in einem Dilemma. Habe ich aber drei und mehr Varianten, kann ich wählen. Dementsprechend will das NLP das «Denken in Varianten» unterstützen und beim Problemlösen die Kreativität fördern.

Schließlich geht das NLP davon aus, daß Flexibilität besser ist als Nichtflexibilität. Jedes System mit mehr Flexibilität ist einem System mit weniger Flexibilität überlegen. So sind kleinere Unternehmen den Großunternehmen sehr oft überlegen, sind Mitarbeiter ihren Chefs vielfach überlegen, oder sind flexible Patienten ihren nichtflexiblen Therapeuten oder Ärzten überlegen.

6.2

Der Zugang zum Gesprächspartner

Einer der wichtigsten Beiträge des NLP ist die systematische Analyse der Möglichkeiten, mit anderen auf verschiedenen bewußten und unbewußten Ebenen und durch verschiedene Kommunikationskanäle in Kontakt zu treten. Eine perfekt formulierte Mitteilung nützt wenig, wenn sie beim andern nicht ankommt. Erfolgreiche Verkäuferinnen und Verkäufer können oft intuitiv sehr schnell einen Kontakt zum Kunden herstellen. Diese «Intuition» macht das NLP faßbar und erlernbar.

Das Verständnis und die Vertrautheit zwischen Menschen hängen von einer Vielzahl von Faktoren ab, die meistens nicht bewußt sind. Im spontanen Kontakt fällen wir schnell ein Werturteil, dessen Entstehen uns nicht bewußt ist; es entsteht auf Grund persönlicher Eigenarten des Gesprächspartners, Kleidung, Aussehen, Benehmen, Geruch, Gesprächsstil usw. Diese Eindrücke können eine Verständigung erleichtern oder erschweren. Je mehr ein Gesprächspartner in all diesen Faktoren von uns abweicht, desto schwieriger wird eine spontane Verständigung. Und umgekehrt, je mehr uns der andere in diesen Faktoren gleicht, desto einfacher ist eine Verständigung.

6.3

Die verschiedenen «Wellenlängen»

Eine Möglichkeit, die Verständigung zu erleichtern, ist die Anpassung an den Sprachstil des Gesprächspartners. Jedermann nimmt die Umwelt durch die Sinne wahr: Sehen, Hören, Fühlen, Riechen, Tasten. Da Riechen und Tasten in unserem Kulturkreis bei Erwachsenen etwas in

den Hintergrund treten, beschränken wir uns hier auf das Sehen, Hören und Fühlen. Das NLP konnte nachweisen, daß bei den meisten Menschen eine dieser Sinneswahrnehmungen im Vordergrund steht und sich einerseits im Sprachstil und andererseits in den Augenbewegungen äußert.

Die «gefühl-dominanten» Gesprächspartner benützen in ihrem Sprachstil häufig Sätze wie «Ich fühle mich großartig», «Dieser Kunde macht mir Bauchschmerzen». Um sich mit «gefühl-dominanten» Gesprächspartnern optimal zu verständigen, gebraucht man mit Vorteil gefühlsbetonte Sätze, z. B. «Was fühlst du bei diesem Projekt?»

Die «hör-dominanten» Gesprächspartner brauchen häufig Sätze wie zum Beispiel «Bei mir klingelt's», «Ich höre wohl nicht recht», «Es klingt so als ob», «Wenn ich Sie so höre» usw. Um bei solchen Gesprächspartnern «anzukommen», ist der Gebrauch von «hörbezogenen» Wörtern erfolgreicher als gefühls- oder sehbetonte Ausdrücke und Wendungen.

Die «seh-dominanten» Gesprächspartner sprechen auffällig oft in Bildern. z. B. «Ich sehe...», «Ich stelle mir das so vor», «Wie sieht das aus?» usw. Den besten Kontakt mit «seh-dominanten» Gesprächspartnern erreicht man durch die Verwendung einer bildhaften Sprache oder beim Gebrauch von Bildmaterial. z. B. «Ist das Bild jetzt klar?», «Kannst du das Problem sehen?», «Siehst du durch?» usw.

6.4

Die Sprache der Augen

Neben dem Gebrauch des Sprachstils geben die Augenbewegungen Aufschluß über die vorherrschende Art der Sinneswahrnehmung. Die Vertreter des Neurolinguistischen Programmierens können nachweisen, daß die Augenbewegungen mit dem Wahrnehmungsprozeß verbunden sind. Die Augenbewegungen ermöglichen Rückschlüsse auf den Denk- und Fühlprozeß des Gesprächspartners. Die meisten Gesprächspartner bewegen die Augen nach oben, oder sie schauen geradeaus, wenn sie sich visuell etwas vorstellen. Rechtshänder schauen in der Regel nach rechts oben, wenn sie sich an ein Bild erinnern, das sie schon ein-

mal gesehen haben. Sie können das bei einem Gesprächs-partner selber prüfen, indem sie ihn zum Beispiel fragen: «Welche Farbe hat der Teppich in deinem Auto?» oder «Wie viele Fenster hat deine Wohnung?» Wenn sich Ihr Ge-sprächspartner aber etwas vorstellen muß, das er noch nie gesehen hat und das er konstruieren muß, wird er meistens nach links oben schauen. So zum Beispiel bei der Frage «Wie würdest du aussehen, wenn du dich mit meinen Augen sehen könntest?». Falls Ihr Gesprächspartner Linkshänder ist, verläuft die Augenbewegung umgekehrt: bei bereits bekannten Vorstellungen wird er nach links oben, bei kon-struierten Bildern nach rechts oben schauen. Bei konstru-ierten Lügen wird also der Rechtshänder meistens nach links oben, der Linkshänder nach rechts oben schauen.

Stellen Sie einem Gesprächspartner die Frage «Kannst du hören, wie ein bestimmter Mensch, dem du dich sehr nahe fühlst, deinen Namen ausspricht?», wird er – sofern er Rechtshänder ist – in der Regel seitwärts nach rechts schauen. Augenbewegungen nach links unten sind ein Hinweis darauf, daß der Gesprächspartner im Moment etwas fühlt. Ein «seh-dominanter» Gesprächspartner wird häufiger Augenbewegungen nach oben machen oder geradeaus schauen, «hör-dominante» Gesprächspartner schauen häufig seitwärts und «gefühl-dominante» häufig nach unten.

Das untenstehende Bild zeigt visuelle Zugangshinweise für einen «normal-organisierten» Rechtshänder aus der Sicht eines Beobachters (Bandler und Grinder, 1981, S. 43).

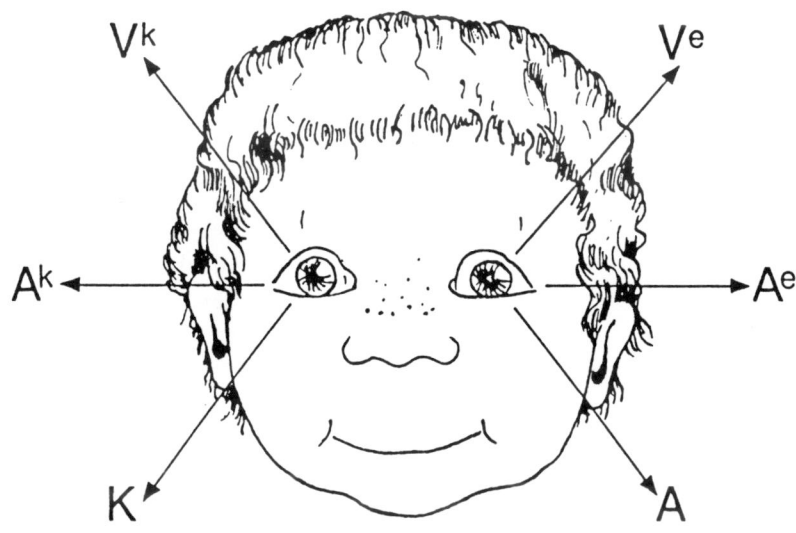

V^k visuelle konstruierte Vorstellungen

V^e visuelle erinnerte (eidetische) Vorstellungen

(„Augen defokussiert und unbewegt" ist ebenfalls ein Hinweis für visuellen Zugang)

A^k auditive konstruierte Klänge/ Geräusche oder Worte

A^e auditive erinnerte Klänge/ Geräusche oder Worte

K kinästhetische Empfindungen (zusätzlich Geruch und Geschmack)

A auditive Klänge/Geräusche oder Worte

6.5

Das Imitieren der Körpersprache

Die Körpersprache ist wahrscheinlich noch aussagekräftiger als der Sprachstil. Bei der Körpersprache denke ich hier weniger an die Bedeutung der Gesten; diese sind zu individuell, ausgenommen kulturell standardisierte Gesten wie zum Beispiel das Händeschütteln. Die Körpersprache, die ich hier meine, sind Gewohnheiten eines Individuums wie Kopfneigen auf eine Seite beim Sprechen, Klopfen mit den Füßen oder Atmen in einem bestimmten Rhythmus.

Die Körpersprache eines Menschen sachte zu imitieren ist einer der wirkungsvollsten Wege, Kontakt zum Gesprächspartner herzustellen. Die erfolgreichste Technik ist, den Atemrhythmus des Gesprächspartners zu kopieren. Wenn Sie Ihren Atemrhythmus demjenigen Ihres Partners anpassen, wird er sehr schnell mit Ihnen kommunizieren.

Bewegungen wie Kopfneigen, Kniekreuzen, Händereiben sind alles Gewohnheiten, die sich leicht kopieren lassen. Man meint vielleicht, es werde sofort bemerkt, wenn solche Bewegungen imitiert werden; erstaunlicherweise werden sie aber kaum beachtet. Es ist auch möglich, andere Körperteile zu benützen, um jemanden zu «spiegeln» («cross-over mirroring»). Sie können zum Beispiel den Atemrhythmus imitieren, indem Sie Ihre Hand oder Ihren Fuß im selben Rhythmus bewegen. Gute Kommunikatoren wenden dies – oft unbewußt – sehr häufig an.

Wenn zum Beispiel jemand zu Ihnen kommt, weil er wegen etwas sehr erbost ist, nützt es meist wenig, wenn Sie ihm sagen: «Jetzt beruhigen Sie sich doch wieder.» Die Kommunikation läuft besser, wenn Sie vorerst seine Wut zu verstehen suchen, indem Sie seine Körpersprache «spiegeln», also auch aufstehen und gestikulieren und ausrufen. Danach können Sie Ihre Gestik verlangsamen, den Ton zurücknehmen und langsam absitzen. In den meisten Fällen kommt der Gesprächspartner dann auch «herunter».

Immer dann, wenn es wichtig ist, einen guten Kontakt und eine gute Verständigung zu erreichen, lohnt es sich, auf diese Gesetzmäßigkeiten zu achten.

6.6

«Aufnahme» und «Verarbeitung»

Zusätzlich zur Verständigung ist der Zeitpunkt der Kommunikation sehr wichtig. Das NLP teilt die Kommunikationsphasen in «Aufnahme» (Up-time) und «Verarbeitung» (Down-time). Während der «Aufnahme» ist ein Gesprächspartner geistig aufnahmefähig. Während der «Verarbeitungsphase» denkt, plant, organisiert, phantasiert er.

Es ist hoffnungslos, jemandem während der «Verarbeitungsphase» Informationen anzubieten. Er ist nicht aufnahmefähig, sein Hörkanal ist abgeschaltet. Ein äußeres Merkmal für die «Verarbeitungsphase» sind leere, geradeaus starrende Augen. Sie brauchen nur zu warten, bis der Gesprächspartner wieder direkten Augenkontakt herstellt, und können dann mit Ihrer Informationsvermittlung weiterfahren. Geht ein Gesprächspartner während eines Gespräches öfters in die «Verarbeitungsphase», muß der Sprechende wissen, daß er zu viele Informationen anbietet.

6.7

«Realität» und «Annahme»

Es ist für Führungskräfte von entscheidender Wichtigkeit, zwischen «Wahr-nehmung» und reiner Vermutung zu unterscheiden. Ohne diese Unterscheidung gibt es in der zwischenmenschlichen Kommunikation öfters Verwirrungen und Vermengungen von objektiver Realität und Schlußfolgerungen.

Das NLP definiert Realität als Information, welche ich durch die Sinne (Sehen, Hören, Riechen) wahrnehme. Alle andern Informationen sind Meinungen, Werturteile, Vermutungen, die den Hirnfunktionen entspringen und nicht direkt wahrgenommen werden.

So kann ich zum Beispiel mit Hilfe meiner Sinneswahrnehmung sehen, ob jemand, der «ja» sagt, auch wirklich «ja» meint, oder ob jemand, der «nein» sagt, auch wirklich «nein» meint. Wahrnehmbare Sinneseindrücke, die darauf hinweisen, daß ja = ja bedeutet, sind:

- Nicken
- rötliche Hauttönung
- erweiterte Pupille
- langsames Atmen
- tiefe, gedehnte Tonlage (gedehntes Jaaa)
- das, wozu man ja gesagt hat, wird auch getan

Wahrnehmbare Sinneseindrücke, die darauf hinweisen, daß nein = nein bedeutet, sind:

- Kopf schütteln
- bleiche Hauttönung
- verengte Pupillen
- rasches Atmen
- hohe, «kurze» Tonlage (kurzes «Neinnein»)
- das, wozu man nein gesagt hat, wird auch getan.

Wenn ich also bei einem Gesprächspartner beobachte, daß sein «Ja» von Kopfschütteln begleitet ist, seine Haut einen bleichen Schimmer hat, die Pupillen sich verengen, die Atmung flach ist und die Tonlage hoch («jajaja»), dann ist dieses «Ja» in Wirklichkeit eben ein Nein.

6.8

Die Anker-Technik

Eine weitere NLP-Technik ist das «Ankern» (Anchoring). Die Anker-Technik beruht auf dem Prinzip des bedingten Reflexes und ist am ehesten mit dem Begriff der Konditionierung vergleichbar.

Zuerst einige Beispiele: In der Werbung wird eine attraktive Frau gezeigt, die auf der Motorhaube eines Autos sitzt. Das sexuelle Symbol «verankert» den Betrachter mit dem Wunsch, einen neuen Wagen zu besitzen. Oder das Firmensignet «verankert» den Betrachter mit den Produkten und dem Image des Unternehmens. Die dunkelblaue Kleidung des höheren Managements «ankert» die Mitarbeiter auf Respekt und Anerkennung. Die Stimmlage des Chefs beim «Guten Morgen» «ankert» die Mitarbeiter auf die

Stimmung des Chefs. Verankerungen geschehen täglich. Immer wenn zwei Ereignisse gemeinsam auftreten, z. B. Tonlage und Laune beim Chef, verbinden sich beide so, daß beim Auftreten des einen – der Tonlage – automatisch auf das andere – die Laune – geschlossen wird. Es können bestimmte Erinnerungen, ein Zustand usw. mit einem Reiz (Berührung, Wort, Geste, Körperhaltung usw.) zusammen auftreten. «Verankerung» findet immer statt, bewußt oder unbewußt. Die Frage ist also nicht, ob «verankert» wird oder nicht, es geht vielmehr darum, wann und wie «verankert» wird.

Bandler und Grinder (1981) bringen das Beispiel einer Ehe, die mit der Zeit an den Punkt anlangt, wo der Mann seine Frau nur dann umarmt, wenn sie sich krank oder deprimiert fühlt. Jetzt fühlt sie sich immer dann krank oder deprimiert, wenn er sie umarmt.

Wie lange ein Anker wirkt, hängt davon ab, wie intensiv er gesetzt und wie oft er verstärkt worden ist. Ein Anker kann so stark sein (z.B. ein Schockerlebnis), daß er ein Leben lang anhält; er kann aber auch nur wenige Minuten «dauern».

Die Verwendung der Anker-Technik im Management ist die bewußte, absichtliche Verbindung eines Reizes mit einer Erfahrung. Ist ein Anker einmal gesetzt, wird der Reiz die Erfahrung automatisch wieder hervorrufen.

Wenn ein Mitarbeiter zum Beispiel voll Begeisterung über einen Verkaufserfolg berichtet, kann der Vorgesetzte unauffällig seinen Arm berühren. Damit setzt er einen Anker. Das Erfolgsgefühl des Mitarbeiters ist mit einem Reiz – Arm berühren – «geankert» worden. Dieses Gefühl kann nun später durch das Berühren des Arms wieder hervorgerufen werden.

Anker werden auch durch Gerüche gesetzt. Bestimmte Gerüche lassen in uns unmittelbar bestimmte Erlebnisse und Erfahrungen wieder wach werden. So weckt zum Beispiel der Geruch von Weihnachtsgebäck bei vielen Kindheitserfahrungen, oder der Schulhausgeruch ruft Schulerfahrungen in Erinnerung. Ein Anker kann auch visuell gesetzt werden. So kann, um ein negatives Beispiel zu erwähnen, eine bestimmte Geste des Chefs während eines unangenehmen Gesprächs ein Anker sein. Dieselbe Geste kann später in einem ganz anderen Zusammenhang beim Mitarbeiter wieder das unangenehme Gefühl auslösen, das er damals während des Gesprächs hatte. Führungskräfte sollten sich deshalb bewußt sein, daß die systematische «Wiederholung eines Ankers» wünschbares oder unerwünschtes Verhalten hemmen oder hervorrufen kann. Die zwischenmenschliche Kommunikation gewinnt, wenn wir darauf achten, welche Verhaltensweisen durch welche Reize (Tonfall, Gesten, Blicke usw.) verankert werden. Anker, die positive Reaktionen auslösen, sollten vermehrt verstärkt werden, wogegen Anker, die negatives Verhalten zur Folge haben, zu vermeiden sind.

Das Neurolinguistische Programmieren bietet eine Reihe von Prinzipien und Techniken an, die überall in der zwischenmenschlichen Kommunikation und auf allen Managementstufen angewendet werden können. Führungskräfte können NLP-Techniken benutzen, um den Führungsalltag wirkungsvoller zu gestalten und die vielen nichtbewußten Fallgruben in der zwischenmenschlichen Kommunikation zu überbrücken.

III. Organisations-Entwicklung

Die Unternehmung in der Wechselwirkung von sozialen, gesellschaftlichen, politischen, wirtschaftlichen und technischen Rahmenbedingungen

1

Peter Müri

Organisationsentwicklung

Eine neue Methode der Unternehmensführung

Die Notwendigkeit der Entwicklung einer Organisation (d. h. eines Unternehmens oder eines Unternehmensteiles) ist keine neue Einsicht und heute eine Selbstverständlichkeit. Man ist sich einig, daß Entwicklung nicht nur quantitatives Wachstum, sondern ebenso qualitatives Wachstum bedeutet. Die Verbesserung der Technologie, der Dienstleistungen und der Produkte sowie die Entwicklung der Methoden der Lagebeurteilung, der Planung und Entscheidung und damit aller Managementtätigkeiten gehören zum heutigen Entwicklungsbegriff. Kaum ein Unternehmen, das sich nicht in allen Teilen dazu bekennt oder bekennen muß.

In diesem «Entwicklungssturm» tauchen aber nicht nur Fragen nach dem Entwicklungsziel und dem Entwicklungsgegenstand auf, sondern auch die Frage nach wirksamen Methoden, Entwicklung zu beschleunigen und zu einem Geschehen werden zu lassen, das nicht nur die Oberfläche angreift, sondern das ganze Unternehmen erfaßt.

1.1

Unternehmensentwicklung schließt Managemententwicklung oder Menschentwicklung ein

Jede betriebswirtschaftliche Maßnahme, die eine tiefgreifende Änderung im System «Unternehmen» herbeiführen will, hat die Gesetzmäßigkeiten des Entwicklungsgeschehens in sozialen Systemen zu berücksichtigen. Diese sind vor allem von den Sozialwissenschaften untersucht worden. Wir wissen einiges, aber noch längst nicht alles über den Vorgang der Änderung und Beeinflussung von sozialen Systemen. Eines ist sicher: die Entwicklung von Organisationen, Institutionen und Unternehmen vollzieht sich nicht allein durch die Veränderung feststellbarer und sichtbarer Größen wie Sortiment, Organisationsstruktur,

Abläufe, Kennziffern usw., sondern ebenso fundamental dort, wo sie nicht meßbar und sichtbar wird: im Verhalten und in der Haltung des einzelnen Mitarbeiters, im Zusammenspiel der menschlichen Beziehungen und im Erfüllen von ausgesprochenen und unausgesprochenen Erwartungen.

Die Variable «Mensch» ist nach den Erkenntnissen der Verhaltenswissenschaften nicht eine zusätzliche Größe, die neben betriebswirtschaftlichen Überlegungen spätestens bei der Einführung neuer Projekte berücksichtigt werden muß. Es steht fest, daß jede Entwicklung mit dem sie vollziehenden Menschen beginnt und endet. Das ist kein philosophischer Satz, sondern bittere Realität, mit der jeder Manager konfrontiert wird, der eine Neuerung ohne die Mitwirkung der Betroffenen einführt.

Um ein Unternehmen zu entwickeln, genügen rein betriebswirtschaftliche Überlegungen nicht mehr, wenn man nicht über die Köpfe hinweg ins Leere wirken will. Die Organisationsentwicklung als noch junge, aber doch schon genügend erprobte interdisziplinäre Methode versucht, die Brücke zwischen Betriebswirtschaft und Verhaltenswissenschaft, respektive Betriebspsychologie zu schlagen und verbindet damit psychologisches mit betriebswirtschaftlichem Denken. Vor allem befaßt sich die Organisationsentwicklung mit der Methodologie der Entwicklung selbst, indem sie die Frage stellt: Wie müssen Änderungen im Unternehmen geplant und durchgeführt werden, damit eine dauerhafte Wirkung entsteht, so daß nicht nur die technischen und betriebswirtschaftlichen Abläufe funktionieren, sondern auch das Verhalten und die Einstellung der betroffenen Mitarbeiter ändern.

1.2

Der betriebswirtschaftliche und soziale Aspekt der Entwicklung

Die Organisationsentwicklung unterscheidet zwei Ebenen des Entwicklungsprozesses: die technologischorganisatorische oder betriebswirtschaftliche Aktionsebene und die Ebene der sozialen Interaktionen. Beide sind in Wirklichkeit sehr eng verbunden und beeinflussen sich gegenseitig. Störungen in der Einführung von Neuerungen können häufig damit erklärt werden, daß die Entwicklung auf der ersten Ebene schneller abläuft als auf der zweiten. Das Nachhinken der Entwicklung auf der zweiten Ebene ist häufig die Ursache für Führungsschwierigkeit, die sich in starken Expansions- und Entwicklungsphasen des Unternehmens einstellen. Der Ausdruck «sozialer Wandel», der häufig für die zweite Ebene verwendet wird, könnte die Meinung entstehen lassen, daß sich die soziale Entwicklung im Nachgang zur technologischen Entwicklung von selbst einstellt und sich als natürlicher Prozeß vollzieht. Nach Ansicht der Organisationsentwicklung ist aber Verhaltensänderung und Änderung der sozialen Interaktion kein Automatismus und auch nicht etwas, das durch eine Systemänderung ausgelöst werden könnte. Der Entwicklungsprozeß auf der zweiten Ebene, d.h. die Entwicklung des von der Veränderung betroffenen Menschen kann ebenso geplant, gesteuert und gefördert werden wie die Entwicklung auf der ersten Ebene.

Die betriebswirtschaftliche Aktionsebene

Jeder Unternehmer ist sich bei genauer Prüfung im klaren, daß vor allem die Betroffenen Erfolg oder Mißerfolg einer Neuerung oder Änderung im Unternehmen bestimmen. Jeder noch so kleine Entwicklungsschritt in technologischer oder betriebswirtschaftlicher Hinsicht bedeutet ein Umlernen für den Mitarbeiter. Denn jede Änderung im Ablauf oder in der Struktur des Unternehmens bringt mehr Umstellung im Informationsverhalten, Kommunikationsstil, Entscheidungsfindung und Planungsvorgehen mit sich, als sich der Innovator normalerweise Rechenschaft gibt. Vor allem sträubt sich die Organisationsentwicklung gegen eine zeitliche Trennung der Entwicklung in der Phase der Durchsetzung der Neuerung. Damit gibt es in der Organisationsentwicklung keine Innovation auf dem Papier, sondern nur eine Erarbeitung der Neuerung an Ort und Stelle von den Leuten, die davon betroffen sind; aus der Einsicht heraus, daß die Beziehung des Menschen zum Projekt sowie die Beziehung von Mensch zu Mensch, z. B. zwischen dem Innovator und Anwender, für den Verlauf der Entwicklung hochbedeutsam ist.

Die beiden Entwicklungsebenen können dementsprechend auch als Projekt- bzw. Sachebene und Beziehungsebene benannt werden. Auf der Beziehungsebene spielt sich der soziale Wandel ab, der sich – beachtet oder unbeachtet – immer vollzieht, aber sehr oft störend in das Entwicklungsgeschehen auf der Sachebene eingreift.

Die Organisationsentwicklung versucht den Prozeß des sozialen Wandels beim Individuum, in der Gruppe und in der Organisation nicht dem Zufall zu überlassen, sondern bewußt zu reflektieren und zu gestalten. Sozialer Wandel und technologisch-organisatorischer Wandel werden damit gleichgewichtig und gleichwertig behandelt. Oder anders ausgedrückt: der Entwicklungsprozeß auf der Beziehungsebene und derjenige auf der Sachebene werden im gleichen Maße beachtet und gefördert.

1.3

Der erweiterte Organisationsbegriff

Die Organisationsentwicklung erhält durch den Aspekt des sozialen Wandels eine neue zusätzliche Bedeutung. Sie ist nicht nur Ordnungsprinzip, welches Aufbau und Abläufe im Unternehmen systematisiert. Sie ist nicht nur eine Struktur, die betriebliche Elemente trennt und verbindet. Sie ist mehr als ein manipulierbarer Apparat. Sie ist ein Organismus, der seine Eigengesetzlichkeit des Wachstums und der Entwicklung hat, geprägt von der Geschichte und der Persönlichkeit der Träger.

W. French (1977) benennt diesen Teil der Unternehmensorganisation «Organisationskultur» und deutet damit die Schwierigkeit der Einflußnahme auf diesen Teil des Organisationsbildes an. Jede Organisation hat darnach die ihr eigene Kultur, die sich in Normen, Einstellung, Kooperationsformen, Arbeitsformen, Kommunikationsstil, Wertsetzungen und Gefühlen äußert – alles Elemente, die in der Regel unbewußt oder zum mindesten informell sind.

«In mancher Beziehung ist das informelle System ein versteckter oder unterdrückter Bereich des Organisationslebens, der unsichtbare Teil des organisatorischen Eisberges. Traditionsgemäß wird dieser unsichtbare Bereich entweder überhaupt nicht oder nur teilweise untersucht.» (French, 1977, S. 32)

Die Organisationsentwicklung macht sich zum Ziel, die Kultur sichtbar zu machen, sofern sie den Entwicklungsprozeß bremst oder fördert. Diese letzte einschränkende Bedingung ist zur Abgrenzung der Organisationsentwicklung von der Gruppendynamik wichtig. In der Organisationsentwicklung werden nicht dynamische Prozesse um der Dynamik willen untersucht, sondern immer bezogen auf ein angestrebtes Entwicklungsziel, das durch die betriebliche Neuerung oder durch das Unternehmensziel klar definiert ist.

1.4

Das implizite Menschenbild

Organisationsentwicklung funktioniert nur, wenn jedem Organisationsmitglied, jeder Arbeitsgruppe und der ganzen Unternehmensorganisation Entwicklungspotential zugebilligt wird. Ohne die Bereitschaft jedes einzelnen, zu lernen und sich zu entwickeln, versagt Organisationsentwicklung. Der Glaube an die Entwicklungsfähigkeit des Individuums und der Gruppe müssen als indiskutable Prämisse gesetzt werden können.

Es ist schwer, gegenüber Fachleuten immer wieder plausibel zu machen, daß auch der ausführende Mitarbeiter oft mehr von betrieblichen Zusammenhängen versteht, als der Spezialist meint. Immer wieder schiebt sich das Vorurteil dazwischen, der unterstellte Mitarbeiter verfüge nicht über die Voraussetzung, bei Änderungen mitzuwirken, und das Entwicklungsgeschehen verantwortlich mitzutragen. Die Schwierigkeiten, die im Laufe eines Lernprozesses immer auftauchen, scheinen dem vorurteilsbeladenen Vorgesetzten Recht zu geben. Verhaltenswissenschafter wissen jedoch heute, daß echte Entwicklung immer mit Unsicherheit und Desorientierung verbunden ist. Das berüchtigte «Schwimmen» ist gerade ein Merkmal für wirkliches Lernen, denn Entwicklung ist nur durch Lockerung der «eingefrorenen» Strukturen möglich («unfreezing» nach Lewin).

1.5

Keine gefährliche Einseitigkeit

Die Gefahr neuer Methoden besteht bekanntlich darin, einen Ansatzpunkt zu generalisieren. Dieser Tendenz zur Verabsolutierung entgeht auch die Organisationsentwicklung nicht. Umso wichtiger ist es, Mensch, Gruppe und deren Interaktion nicht in den Mittelpunkt zu stellen, sondern die Entwicklung auf allen Ebenen gleichmäßig zu beachten und voranzutreiben.

Der Vorwurf, Organisationsentwicklung bemühe sich nur um Persönlichkeits- und Gruppenentwicklung, ist deshalb verfehlt. Die Beachtung unternehmerischer Ziele steht ebenso im Vordergrund wie die Berücksichtigung der Produktetechnologie und der im Unternehmen bestehenden betriebswirtschaftlichen Systeme und Prozesse. Policy, Process, Property und People (die vier P's nach Leavitt) müssen in ihrer gegenseitigen Beeinflussung dauernd geprüft und ins Gleichgewicht gebracht werden. Der Faktor People wird dabei ebenso ernstgenommen wie die drei anderen Komponenten.

Daß dies heute weitgehend nicht der Fall ist, läßt sich an den gängigen Innovationsstrategien ablesen. Meist wird eine Unternehmensentwicklung über die Erneuerung des Unternehmensleitbildes oder Unternehmenspolitik

Das «Schwimmen» ist ein Merkmal für wirkliches Lernen

(Policy) eingeleitet oder durch technologische Erneuerungen wie Reorganisationen, Rationalisierungsmaßnahmen, Strukturbereinigungen usw. (Process) provoziert oder durch die Erneuerung der Betriebsmittel wie Datenverarbeitung, Maschinen usw. (Property) erzwungen. Selten wird sie durch die Überprüfung der Kommunikation und Kooperation im Unternehmen (People) in Gang gebracht.

1.6
Entwicklung löst Widerstand aus

Die Verhaltensforschung hat die Bedingungen, unter denen Veränderungen stattfinden, eingehend untersucht und festgestellt, daß jede Veränderung im Unternehmen das innerbetriebliche Gleichgewicht stört und auf der Ebene der menschlichen Beziehung Verwirrung stiftet. Die Folgen sind hinlänglich bekannt: Unsicherheit, Verzerrung der Wahrnehmung, Hochhaltung alter Normen, Idealen und Privilegien. Von den Betroffenen werden gute Gründe zur Bremsung und Vereitelung des Entwicklungsprozesses ins Feld geführt, die schwer zu widerlegen sind, aber als Signal eines hartnäckigen, zum Teil unbewußten Widerstandes gegen die Neuerung zu deuten sind.

Im Gegensatz zur traditionellen Organisationspsychologie werden diese Widerstände nicht umgangen oder mit taktischen Manövern beseitigt, sondern ernstgenommen. Die Bearbeitung der Widerstände nimmt im Rahmen eines Organisationsentwicklungsprojektes viel Zeit in Anspruch. Oft ist es schon schwierig aufzudecken, wo die Widerstände sitzen; noch viel schwieriger kann es sein, die Betroffenen auf die Auseinandersetzung mit ihren eigenen Widerständen hinzuführen. Meistens müssen zuerst die Voraussetzungen für diese heikle Arbeit geschaffen werden: Mut zum Aussprechen des Unbehagens und Mut zum Einstecken von aufgezeigten Schwachstellen.

1.7

Das Denken auf zwei Ebenen

Häufig bringt die Analyse und Bearbeitung der Widerstände Hemmfaktoren zum Vorschein, die gar nicht mit der Neuerung oder dem laufenden Projekt zusammenhängen, sondern in zwischenmenschlichen Beziehungen oder in Gruppenbeziehungen begründet sind und damit schon vor der Einführung der Neuerung bestanden haben.

Hier bewahrheitet sich die gegenseitige Beeinflussung der beiden Entwicklungsebenen. Jede sachliche Neuerung, ja jedes Unternehmensgeschäft wirkt sich auf der Ebene der sozialen Beziehungen aus. Es ist eine Illusion zu glauben, man könne ein Geschäft, welcher Art auch immer, rein sachlich abwickeln. Immer ist der Mensch und mit ihm das Beziehungsgeflecht, in dem er steht, involviert. Da jede Neuerung zu einer Umordnung und unter Umständen zu einer Neudefinition der eigenen Stellung, der eigenen Rolle und der Beziehungen untereinander führt, werden latente Beziehungs- und Gruppenkonflikte häufig aktualisiert und können den Fortgang der Entwicklung stören, wenn sie nicht bearbeitet werden.

In der Praxis zeigt sich häufig, daß der Mut fehlt, sich den aufgebrochenen Kommunikations- und Kooperationsstörungen zu stellen. Entweder werden sie verleugnet oder rasch beiseite geschoben oder sie eskalieren und blockieren damit jeden konstruktiven Fortschritt.

1.8

Lernen lernen – die Basis der Organisationsentwicklung

Die Versuchung, Organisationsentwicklung als Managementmodell oder als System mit klaren Begriffen darzustellen, ist aus didaktischen Gründen groß. Jedes Schema wäre aber zum vornherein falsch, da es dem Prinzip der Organisationsentwicklung widerspricht. Organisationsentwicklung ist kein Managementsystem, sondern ein Verhalten mit dem gerade Systeme verändert werden sollen. Man könnte noch schärfer sagen: Organisationsentwicklung ist eine bestimmte Einstellung, mit der man an betriebliche Probleme herangeht. Diese könnte mit einfachen Worten etwa so umschrieben werden: «Ich will aus der Problemlösung lernen und bin bereit, mein Verhalten zu ändern.»

Im Grunde will die Organisationsentwicklung dem Manager und Mitarbeiter beibringen, wie er aus der Erfahrung lernen kann. Das tönt zunächst lapidar. Bei näherem Zusehen erweist sich das Erfahrungslernen als äußerst schwierig und als ein Prozeß, der sich keineswegs von selbst ergibt. Nur zu häufig ist unsere Lernfähigkeit durch den sogenannten blinden Fleck blockiert. Nur zu gerne bleiben wir am Gewohnten, einmal Gelernten haften und sind nicht bereit, unser eigenes Verhalten in Frage zu stellen und in Frage stellen zu lassen.

Die Organisationsentwicklung hat es hier mit einem schweren Mangel zu tun: wir haben nie gelernt, wie man lernt. Wir haben zwar geübt, feststehendes Wissen anzueignen, Fertigkeiten zu trainieren, Schemata anzuwenden. Dagegen sind wir sehr schlecht trainiert, Erfahrungen zu reflektieren, festgefahrene Verhaltensweisen zu erkennen, neue einzuüben und in das bestehende Verhaltensrepertoire zu integrieren. Vor allem haben wir nie gelernt, wie das Erfahrungslernen abläuft und welche Gesetzmäßigkeiten dabei zu berücksichtigen sind.

Am besten kommt man diesen Lerngesetzen auf die Spur, indem man den Lernprozeß regelmäßig analysiert. Die Prozeßanalyse ist ein wichtiger Bestandteil der Organisationsentwicklung. Immer wieder wird eingehalten und zur Reflektion angeleitet mit Fragen wie: was ist passiert? Wie haben wir das Problem angepackt? Was hat uns am Fortschritt gehindert? Was hat uns bei der Arbeit gestört? Was ist der Lernerfolg? Usw.

Woran das Lernen-lernen geübt wird, spielt eine untergeordnete Rolle. Es eignen sich dafür alle Unternehmensgeschäfte, bei denen ein Lerngewinn möglich ist. Natürlich sind dafür Einführungen von Neuerungen, Reorganisationen, Innovationen besonders günstig. Aber auch alle echten Probleme, insbesondere Entscheidungsprobleme, sind geeignet.

Kennzeichnend für die Methode der Organisationsentwicklung ist weniger der betriebliche Anlaß als vielmehr das aufmerksame Verfolgen des Arbeits- oder Problemlösungsprozesses sowie das Untersuchen von Störungen im Hinblick auf ihren Ursprung, seien diese methodischer Art oder in der zwischenmenschlichen Beziehung begründet. Der für Organisationsentwicklung typische Zyklus führt vom Prozeß (Bearbeitung eines Problems) zur Diagnose des Prozesses (Reflektionsphase), zur Aktion (Ausrichtung auf neue Ziele, Ausarbeitung neuer Verhaltensweisen) und schließlich wieder zum Prozeß (fortgesetztes Bearbeiten des Problems unter Anwendung der neuen Verhaltensweisen).

1.9
Aktionsforschung, die Kardinalmethode der Organisationsentwicklung

Nach der Theorie der Organisationsentwicklung wird eine von außen in ein Unternehmen eingepflanzte Systemänderung nicht zur Wirkung gelangen, solange die Systemträger sich selbst nicht ändern. Eine Unternehmensentwicklung muß also von den Trägern der Unternehmen selbst mitvollzogen werden. Dies ist am ehesten sichergestellt, wenn die Änderung aus dem Unternehmen selbst herauswächst. Das bedeutet, daß die von der Änderung Betroffenen selbst die Entwicklung durchführen, d.h. selbst die Ausgangsdaten erheben, selbst Änderungsvorschläge einbringen, selbst entscheiden und selbst realisieren. Dieser hohe Grad an Mitwirkung läßt sich natürlich nur in überblickbaren Gruppen realisieren. Deshalb findet Organisationsentwicklung meistens in Kleingruppen statt. Die Entscheidung, welches Gremium mitwirkungsfähig und mitwirkungsberechtigt ist, stellt oft ein hartes Ringen dar, bei dem Abgrenzung und Kompetenz nie endgültig festgelegt werden können. Gewisse Grenzen werden natürlich durch die zu behandelnden Geschäfte oder durch die einzuführenden Neuerungen gesetzt.

Sind Gruppen und Entwicklungsziel bestimmt, steht am Anfang die Datenerhebung. Im Unterschied zum Projektmanagement ersteckt sie sich nicht nur auf die im Zusammenhang mit der Neuerung stehenden Tatbestände, sondern umfaßt immer auch die Analyse der sozialen Interaktionen in der Gruppe. Außerdem werden die erhobenen Daten an den Zielen und Bedürfnissen des Unternehmens gemessen und in Beziehung zu der bestehenden Unternehmensstruktur und der bestehenden Technologie des Produktes oder der Dienstleistung gebracht (vergleiche Policy, Process, Property).

Diese Ist-Analyse ist im wesentlichen eine Gemeinschaftsarbeit der Gruppe. Sie soll durch die Beurteilung Außenstehender oder anderer Gruppen unbedingt ergänzt werden (z. B. des Organisationsentwicklungs-Beraters). Oft öffnet erst die Korrektur der Diagnose durch unbeteiligte Dritte die Augen für die eigenen Entwicklungsbremsen.

Erfahrungsgemäß leitet eine derartige Feedback-Runde zu neuen Datenerhebungen über. Die Diagnose wird verfeinert, eventuell völlig neu gestellt. Dabei vertieft sich die Einsicht in die Problemzusammenhänge und gleichzeitig wird jeder Teilnehmer gezwungen, festzustellen, wie er zur geplanten Neuerung steht.

Dieses sogenannte Data-Feedback wirkt mitunter derart intensiv, daß Probleme der Zusammenarbeit in der Gruppe plötzlich im Mittelpunkt stehen. Kommunikationsstörungen werden entdeckt, Vorurteile sichtbar, langjährige Mißverständnisse aufgeklärt. Fragen der eigenen Standortbestimmung tauchen auf wie: wie sehen andere meine Funktion? welche Erwartungen werden meiner Funktion zugeschrieben? welche Rolle habe ich in der Zusammenarbeit übernommen? usw.

In ihrem äußeren Ablauf folgt die Entwicklung der Neuerung den Stufen des Projektmanagements: Zielsetzung, Planung Entscheidung und Realisierung. In der

Organisationsentwicklung werden diese einzelnen Schritte immer auf der zweiten Ebene mitverfolgt: welche Verhaltensänderungen werden durch die einzelnen Schritte in der Projektrealisierung notwendig? Wer hat diese Veränderung vollzogen, wer noch nicht? Ist die gegenseitige Verständigung jederzeit hergestellt? Sind Störungen der Zusammenarbeit zu beobachten?

Projektmanagement

Zielsetzung   Planung

Entscheidung   Realisierung

1.10

Die Rolle des Beraters

Die Aktionsforschung legt die Rolle des Beraters fest. Als Ratgeber, als Problemlöser oder als Anbieter von Systemen kann er nicht in Frage kommen. Der Berater ist eben nicht Berater im traditionellen Sinne, sondern eher Methodologe und Begleiter, der dann in den laufenden Vorgang eingreift, wenn Lernchancen vorhanden sind. Damit übernimmt der Berater nicht die Helferfunktion, die man gewöhnlich von ihm erwartet. Er wird nicht Wunden heilen oder «Unfallverhütung» betreiben, sondern Spannung zulassen und Spannung austragen, wenn es dem Entwicklungsprozeß förderlich ist. Seine Hilfe besteht in der Aufdeckung ungeklärter Hindernisse, im persönlichen Feedback bei der Auswertung der Daten, durch Hinweise auf unbemerkt ablaufende Gruppenprozesse und Beziehungsphänomene, durch Aufzeigen von Konflikten und Störelementen in der Gruppe.

Er wird auch zur Prüfung von neuen Verhaltensweisen anregen, auf die Zielüberprüfung hinlenken und zur Situationsklärung Denkmodelle aus der Verhaltensforschung und der angewandten Psychologie anbieten. Oft wird dieses Beraterverhalten als unangenehm und verunsichernd empfunden, für den Lernerfolg ist es aber unumgänglich. Nur so werden die Teilnehmer auf die Vorgänge sensibilisiert, die auf der Ebene der zwischenmenschlichen Beziehung ablaufen.

Der Berater kann heute bereits auf ganze Kataloge von «Interventionsarten» zurückgreifen. Die Beherrschung der Interventionstechnik genügt allerdings für die Begleitung von Teams bei ihrer Entwicklungsarbeit nicht. Ebenso wichtig ist eine differenzierte Einschätzung der Situation, die nur aufgrund gruppenpsychologischer Kompetenz und mit einem ausgesprochenen Feingefühl für Konflikte und für das zuträgliche Maß der Konfliktaustragung möglich ist.

1.11

Organisationsentwicklung und Managementschulung

Die Organisationsentwicklung hebt sich auf der einen Seite von der traditionellen Managementschulung und auf der anderen Seite von der reinen Gruppendynamik dadurch ab, daß

- jede Entwicklung auch als sozialer Wandel verstanden wird und jede Organisationseinheit und jedes Organisationsmitglied als entwicklungsfähig betrachtet wird,
- Entwicklung nur durch Selbstentwicklung möglich ist, sowohl bei Individuen, als auch bei Gruppen- und Organisationseinheiten,
- der Arbeitsgruppe und der Gruppe überhaupt eine Schlüsselposition zukommt und Entwicklung nur durch Mitwirkung aller in der Gruppe möglich ist,
- Entwicklung soviel wie Lernen durch Erfahrung bedeutet und sich immer auf eine aktuelle reale Problemstellung beziehen muß,
- die Kultur einer Gruppe bzw. einer Organisation beachtet und als steuerbar angesehen wird,
- die Datenanalyse und Datendiagnose durch die Beteiligten selbst vorgenommen werden,
- die Beziehungsebene thematisiert wird, vor allem wenn der Fortgang der Entwicklung gefährdet ist,
- der Berater nicht Ratschläge und Lösungen abgibt, sondern «interveniert», d.h. als Katalysator wirkt.

Am deutlichsten ist Organisationsentwicklung daran erkennbar, daß sie nicht mit einem System operiert. Wenn es zu Managementsystemen, Kontroll-, Informations-, Administrationssystemen kommt, dann nur aus dem Entwicklungsprozeß selbst, indem das Unternehmen selbst sein ihm adäquates System entwickelt. Organisationsentwicklung bezweckt nie nur Systemeinführung oder Systempflege, sondern immer auch Prozeßklärung und Prozeßbegleitung. Der Prozeß umfaßt alles, was in einem Unternehmen geschieht, auch die Organisationskultur.

Dementsprechend greift Organisationsentwicklung viel tiefer in das Unternehmensgeschehen ein. Die Folgen sind zwar kaum meßbar, aber doch durch Beobachtung und Erleben nachweisbar. Jedenfalls halten sie keinem Vergleich mit der Effektivität von Schulung stand. Mit Schulung werden zwar ähnliche Ziele verfolgt, aber die Wirkung bei Schulung ist unvergleichlich anders.

Selbstorganisation eines Führungsteams aus eigener Kraft?

Peter Müri

Ein Erfahrungsbericht über Organisationsentwicklung

Um die Schlußfolgerungen vorwegzunehmen: Eine organisatorische Neuordnung des obersten Führungsteams aus eigenen Kräften stellt erhöhte Anforderungen, denen auch versierte und hochkarätige Führungskräfte oft nicht gewachsen sind, weil Entscheidungen gefordert werden, die einen Sprung über den eigenen Schatten bedeuten können. Denn in hohem Maße müssen Eigen- und Unternehmungsinteressen offengelegt und Gegensätze konsequent ausgetragen werden, die nur zum Austrag kommen, wenn jeder einzelne des obersten Führungsteams

- seine eigenen Möglichkeiten und Grenzen erkennt und artikulieren kann (Selbsteinsicht);
- den Mut zur Änderung seiner Führungsrolle besitzt (Anpassungsbereitschaft);

– die Unternehmungsziele von den persönlichen Zielen trennen, den Unternehmungsinteressen die ihnen zukommende Bedeutung einräumen (Loyalität) und persönliche Ambitionen zurückstellen kann (Solidarität).

Diese Forderungen tönen etwas schönfärberisch und mögen für viele sogar selbstverständlich sein. In der Praxis sind sie hart und unerbittlich. Denn sie stellen sich im sozialen Umfeld von Kollegen und Unterstellten, das nach Knoepfel (1979) zu 30% gestörte Beziehungen enthält. Selbst da, wo Beziehungskonflikte nur in geringem Maße die geforderte Offenheit beeinträchtigen, kann das Führungsteam über psychologische Hindernisse stolpern, die sich bei einer Eigenreorganisation unweigerlich stellen.

2.1

Erstes Hindernis: Selbstreorganisation bedeutet Selbstentwicklung

Es ist ein leichtes, ein Führungsteam durch Fremdentscheid oder durch Rezepte Außenstehender zur Umstrukturierung zu zwingen. Will ein Team sich selbst neu strukturieren, was auf oberster Führungsstufe noch oft der Fall ist, so wird es die eigenen organisatorischen Beziehungen objektivieren und darüber befinden müssen. Diese Ablösung der Sache von der Person ist erfahrungsgemäß erstes und wichtigstes Ziel, um gemäß Organisationstheorie möglichst eine Organisationsstruktur ad rem und nicht ad personam zu erhalten.

Allein, es ist ein dornenvoller Weg. Die Praxis zeigt, daß sachliche Argumente ins Feld geführt werden, daß über unternehmungsorientierte Idealvarianten befunden wird, wie wenn es nicht auch um die eigene Person ginge. Sachzwänge werden hochstilisiert und Unternehmungswerte hochgehalten, hinter denen sich bei näherem Zusehen persönliche Anliegen und Ängste verstecken. Man bestätigt sich gegenseitig die Konsenswilligkeit und trägt gleichzeitig unterschwellig Rivalitäten aus. Man versucht ängstlich, die Fiktion einer Lösung aufrechtzuerhalten, die sachlich einen Fortschritt bringen soll, gleichzeitig aber die geheimen Besitz- und Prestigeansprüche wahrt.

Dieses doppelbödige Planen, das die Veränderungen der personellen Gegebenheiten unter den Tisch verweist, wird dann abrupt offenkundig, wenn erste «Opfer» der Reorganisation voraussehbar werden. Dann ist jedoch ein Einlenken zu spät. Die Fronten sind bereits bezogen, die «alten» Beziehungs- und Führungsschwierigkeiten in der neuen Organisationsform etabliert.

In der Folge erweisen sich die angeblich tiefgreifenden Änderungen nur als Retuschen, als Kosmetik. Die alte Organisationsform lebt unter dem Deckmantel der neuen Struktur wieder auf. Was auf dem Papier als beschlossen gilt, wirkt sich in der Realität nicht aus, da sich keiner damit identifizieren will.

Die Selbstreorganisation eines Teams ist nur möglich – das wissen wir aus sozialwissenschaftlichen Untersuchungen längst (Sievers, 1977) –, wenn die Beziehungsstruktur von Anfang an einbezogen und offen gelegt wird. Dazu gehört die Bereitschaft, zu seinen persönlichen Zielen und Wertvorstellungen zu stehen, sich in seiner Aufgabe und Rolle in Frage zu stellen und einen Entwicklunsprozeß zuzulassen, der vor der eigenen Person nicht haltmacht.

2.2

Zweites Hindernis: Selbstreorganisation bedeutet innovatives Lernen

Eine Reorganisation an der Führungsspitze will die bestehende Struktur so verändern, daß zukünftige Unternehmungsaufgaben rascher und wirksamer bewältigt werden. Jede Veränderung, die auch in diesem Sinne das Verhalten erfaßt, ist Lernen.

Der Club of Rome hat in seinem zweiten Werk (Peccei, 1979) die Mängel der Lernfähigkeit unserer Zeit drastisch aufgedeckt. Er warnt vor dem Lernen aus Schock oder aus oberflächlicher Anpassung. Echtes Lernen vollzieht sich antizipatorisch und partizipativ (siehe Abb. 1). «Antizipation ist mehr als ein geistiges Simulationsmodell. Sie ist eine grundlegende Einstellung» (Peccei, 1979, S. 55), bei der die Zukunft nicht in der Begriffswelt der Gegenwart gesehen und mittels Wahrscheinlichkeitsrechnung vorbestimmt wird, sondern aus welcher die Gegenwart hinterfragt, die Signale der Gegenwart ernstgenommen und die Augen für alle Phänomene der Gegenwart offengehalten werden.

Abb. 1
Das Lernprinzip des
Club of Rome

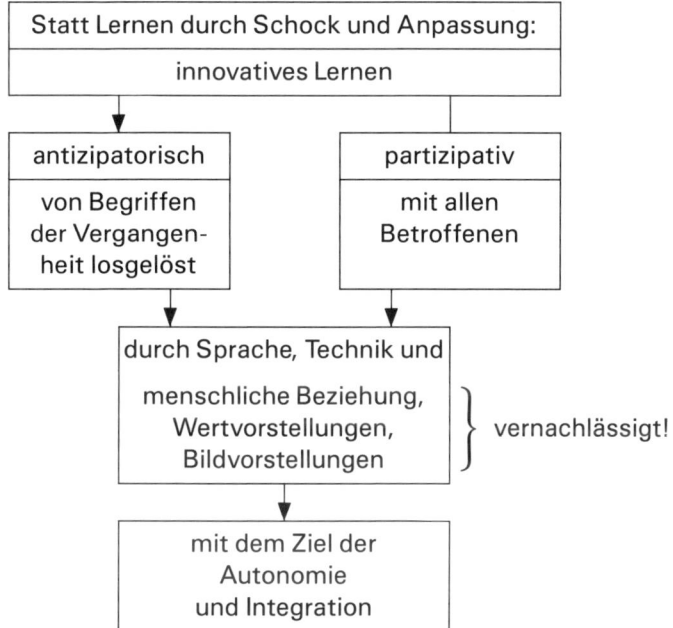

Partizipation, als zweites Merkmal innovativen Lernens, bedeutet Einbezug *aller* Betroffenen schon bei der Diagnose und bei der Entwicklung von Lösungen. Kreative Partizipation muß die Identifizierung, das Verständnis und die Neufomulierung von Problemen in den Vordergrund stellen.

Eine Selbstreorganisation wird nur dann Fortschritte bringen, wenn das ganze Führungsteam den Reorganisationsprozeß von Anfang bis Schluß *mitvollzieht* und dabei ständig offenbleibt für alle Informationen, die im Laufe der Entwicklung auftauchen, auch wenn sie zunächst sachfremd und subjektiv sind.

Der Club of Rome fordert im weiteren – hier decken sich sein Anliegen erneut mit denjenigen der professionellen Organisationsentwicklung – ein Lernen ohne Ausschluß der zwischenmenschlichen Beziehungen und Bearbeitung der Wertvorstellungen. Nur zu häufig findet Lernen in Worten per Kopf, das heißt durch Sprache statt oder per technische Hilfsmittel wie zum Beispiel Organigramme. «Die gegenwärtigen Theorien und Praktiken des tradierten Lernens neigen dazu, die Sprache auf Kosten aller anderen Elemente hervorzuheben . . . Die übrigen Elemente werden entweder stillschweigend übergangen oder ungebührlich eingeschränkt: zu den *Werten* zählen nur diejenigen, die dem Status quo innewohnen, *zwischenmenschliche Beziehungen* werden als irrelevant abgetan.» (Peccei, 1979, S.70) Die Auseinandersetzung um Wertvorstellungen im Feld der zwischenmenschlichen Beziehung gehören somit notwendig zum Organisationslernen. Ohne ihren direkten Einbezug in die Problemlösung entsteht keine lebensfähige Organisationsstruktur.

2.3

Drittes Hindernis: Selbstreorganisation bedeutet Teambildung

Wenn die Reorganisation auch die Menschen in ihrem Beziehungsgeflecht erfaßt, wird das betroffene Führungsteam in der Regel unvermittelt in eine rasche Wandlung gestoßen. Der Entwicklungsschub rückt Gruppenphänomene ins Bewußtsein, die vorher nur in Krisensituationen offenkundig waren. Ungewöhnliche Fragen werden plötzlich aktuell wie:

- Wer bin ich in diesem Team? Wie steht das Team zu mir? (Fragen der Identität)
- Was darf ich äußern? Was verschweigen mir die anderen? (Fragen der Offenheit)
- Wer wird zu mir stehen? Wer mag mich? (Fragen der Nähe)
- Wer hat die Führung? Welchen Einfluß habe ich? (Fragen der Macht)

Diese Fragen müssen beantwortet werden, wenn ein neues stabiles Team gebildet werden soll. Sie sind gleichsam das Ferment der Gruppenentwicklung und notwendig für eine funktionierende neue Gruppenstruktur.

Die schwierige Frage ist dabei zweifellos diejenige nach dem persönlichen Einfluß und der zugewiesenen Führungsrolle. In fast allen beobachteten Selbstreorganisationen wird die Frage nach dem *Machtgewinn* und dem *Machtverlust* peinlichst umgangen, obwohl sie im Zentrum der persönlichen Interessen steht und deshalb niemals umgangen werden sollte.

2.4

Die Machtfrage ist tabu

Machtbedürfnisse sind in unserer Gesellschaft weitgehend verpönt. Der Mächtige steht unter Verdacht, willkürlich zu regieren. Wer Führungsansprüche hat, tut gut daran, sie zu kaschieren oder besser noch zu rationalisieren, das heißt in Organisationsziele, Umweltbedürfnisse und technologische Zwänge zu kleiden.

Dieses Versteckspiel um die Machtverteilung wird in vollem Wissen um die Wertigkeit der Macht betrieben. Jeder weiß schließlich, wie echt Geltungsbedürfnisse sind und welchen sozialen Nutzen ein hoher Status im Unternehmensgefüge bringt. Jeder weiß auch, daß persönliches Wirken kraft Kompetenz und Stellung als Autonomie- und Entfaltungsstreben legitimiert werden kann. Aber es fällt offensichtlich außerordentlich schwer, *Rivalitäten* in einer Gruppe *offen zu deklarieren,* obwohl die meisten Gruppierungen des Wirtschaftslebens auf Rivalität angelegt sind.

Wenn die Führungsspitze in ihren Reorganisationsbemühungen stagniert und in der Folge die Kommunikation abbricht und damit auch der Lernprozeß stockt, so ist nach meinen Erfahrungen fast ausschließlich *die ungelöste Machtfrage die Ursache.* Es ist, wie wenn wir nie gelernt hätten, uns mit Machtansprüchen offen auseinanderzusetzen. Entweder wird der eigene Anspruch geleugnet oder bagatellisiert, oder der Anspruch des andern löst Ohnmacht aus. Das Schaukeln zwischen den Extremen Macht und Ohnmacht verunmöglicht eine Diskussion über eine *Machtdifferenzierung,* wie sie in Wirklichkeit nötig wäre. Natürlich ist diese Erscheinung als menschlicher Zug verständlich, aber dennoch in Führungsgremien nicht zu entschuldigen. Führen setzt ein ungebrochenes, offenes und echtes Verhältnis zur Macht voraus. Dazu gehört auch die Bereitschaft und Fähigkeit, mehr Macht zu übernehmen oder Macht abzutreten.

Addieren wir die aufgezählten Schwierigkeiten einer Reorganisation aus eigenen Kräften, kann man sich zu Recht fragen, ob eine Führungsteam die beschriebene Selbstkonfrontation aus eigenem Antrieb und ohne fremde Hilfe leisten kann. Meine bisherigen Erfahrungen, die ich an zwei Beispielen veranschaulichen möchte, lassen mich zweifeln!

2.5

Fall 1: Kürzung der Kontrollspanne auf oberster Managementstufe

Eine mittelgroße Produktionsunternehmung wird durch ein Kollegium von acht gleichgestellten Bereichsleitern geführt. Einer davon übernimmt als Primus inter pares an den Direktionssitzungen jeweils den Vorsitz. Der Delegierte des Verwaltungsrates hat die Kompetenzen weitgehend an die Exekutive delegiert. Obwohl die demokratische Kollegialführung hinsichtlich Ausgewogenheit der Entscheidungen Vorteile hat, sind die Nachteile der langwierigen und schleppenden Entscheidungsfindung so offensichtlich, daß in der Direktion die Meinung vorherrscht, die Führungsspitze müsse auf drei bis fünf Bereichsleiter auf zweiter Managementstufe reduziert werden. Diese Umstrukturierung will das Kollegium nach den Prinzipien der Organisationsentwicklung selbst leisten (Vorgehen siehe Abb. 2).

Abb. 2
Reorganisation aus
eigener Kraft

Die Vorgehensschritte
1. Subjektive Ansprüche und Befürchtungen der Beteiligten artikulieren und gelten lassen (auch hinsichtlich Einfluss und Macht)
2. Unternehmungsziele klären, Konsens über Prioritäten herstellen
3. Unternehmungsentwicklungen aus subjektiver Sicht konfrontieren mit recherchierten Daten
4. Beziehungsstruktur aufhellen und Rollen gegenseitig aufzeigen
5. 1. bis 4. zur Diagnose verdichten, Prämissen und Präferenzen vereinbaren
6. Lösungsvarianten gemeinsam aufgrund 2. und 5. erarbeiten und dazu persönlich gemäss 1. Stellung nehmen und mit Folgen aus 3. konfrontieren
7. *Inkubationsphase:* Wirken lassen während längerer Zeit!
8. Prozess 1. bis 6. wiederholen, aber differenzierteres Vorgehen, bis
9. Entscheidung reif ist

Dazu sind zunächst eine Reihe von Sitzungen zur Problemanalyse und Problemfokussierung nötig. In deren Verlauf wird klar, daß einer der gleichgestellten Bereichsleiter die Rolle des informellen Führers einnimmt und darin auch von den anderen anerkannt wird. Doch die Bereitschaft, die formelle Führung und damit die Macht zu ergreifen, wird tabuisiert. Das Prinzip der Demokratie darf einer Machtkonzentration an der Spitze nicht geopfert werden. Jedermann ist klar, daß die weite Kontrollspanne auch in Zukunft wichtige Unternehmungsentscheidungen in schwierigen Zeiten erschwert, selbst wenn sich die Kommunikation zwischen den Bereichsleitern gebessert hat. Die Unternehmungsziele und die daraus abgeleiteten Prioritätten, welche die Bildung einer engeren Direktion erfordern, liegen als Konsens auf dem Tisch, werden aber zu organisatorischen Schlußfolgerungen nicht benutzt.

Die Ohnmacht vor der Frage der Macht ist auch in diesem Fall nicht zu vermeiden, selbst nachdem die Beziehungsstruktur offengelegt und die persönlichen Ansprüche angemeldet wurden. Aber im Augenblick, wo Machtumlagerungen unumgänglich werden, stagniert die Entwicklung. Die Angst, einem Kollegen zu nahe zu treten und ihn damit zu verraten, lähmt die Initiative. Die eigentlichen Machtansprüche bleiben verborgen.

Diese Handlungsunfähigkeit des Direktionsteams hält über ein Jahr an. Die Reorganisation aus eigener Kraft scheint sozusagen aussichtslos. Nach langer, vielleicht notwendiger Verdauungszeit ist es soweit: ein starker Druck von oben und von außen lassen die Organisationsgeschäfte wieder aufleben: schwindende Gewinne, verlustreiche Produkte, zurückgehender Auftragseingang, stirnrunzelnde Verwaltungsräte. Da plötzlich: Der informelle Führer ist zur Übernahme der obersten Direktionsleitung bereit – und auch fähig. Die Risiken der Umstrukturierung sind auf einmal überwindbar, die Rückstufungen nach wie vor schmerzlich, aber doch durchführbar ohne die früher befürchteten Folgen. Die Bereichsleiter werden verhandlungsfähig und einsichtig. Die Reorganisation kommt in Fahrt und kann innert weniger Wochen realisiert werden, wenn auch mit Kompromissen, aber doch situationsgerecht. – Daß eine Inkubationsphase, während der im Verborgenen die erarbeiteten Vorschläge bedacht und «verdaut» werden (siehe Abb. 2, Stufe 7), offenbar nicht zufällig ist, zeigt das zweite Beispiel.

2.6

Fall 2: Regelung der Nachfolge in der Geschäftsleitung

In einer 50jährigen Familienunternehmung ist die zweite Generation seit Jahrzehnten am Werk. Der Firmengründer behält aber das Steuer in der Hand, wohl wissend, daß sich seine Söhne in die Haare geraten, wenn er sich vollends zurückzieht. Der ältere der Söhne ist stark führend im Verkauf tätig, der jüngere läßt in der Produktion eher resigniert die Zügel schleifen. Eine alte Bruderrivalität wird unterschwellig im Führungsalltag ausgetragen und beeinträchtigt je länger je mehr das Betriebsklima.

Auch hier werden zunächst in langen Einzelgesprächen die persönlichen Ansprüche und Befürchtungen artikuliert und mit den Unternehmungszielen konfrontiert (siehe Abb. 2, Stufe 1). Lösungsmöglichkeiten sind greifbar, wenn auch einschneidend. Sie werden im Team ausgelotet und auf ihren Realitätsgehalt überprüft. Immer wieder wirkt sich die gespannte Beziehung zwischen den Brüdern als Hemmschuh aus. Die Beteiligten kämpfen zwar um eine neue Sicht, haben jedoch belastende persönliche Krisen durchzustehen.

Und wiederum tritt auch hier die *Stagnationsphase* ein, im Moment, wo die Veränderung von Machtpositionen unmittelbar vor der Realisierung steht. Der letzte Entscheid wird dauernd vertagt, umgangen, verunmöglicht. Immer wieder vernebeln die alten Emotionen die einmal gewonnene rationale Sicht der Dinge. Obwohl ein Berater wiederholt bewußt werden läßt, was im Grunde alle längst wissen, löst sich das Hindernis nicht auf. Es fehlt offenbar der entscheidende Impuls von außen: *der Schock,* der auch hier erst innovatives Lernen möglich macht.

Schließlich schiebt der Firmengründer der Entwicklung mit einem klaren Befehl den Riegel: Alles hat beim alten zu bleiben. Der Vater wird in Zukunft das Steuer wieder stärker in die Hand nehmen und damit die Lösung des Bruderzwists auf die Zeit nach seinem Abgang verschieben; die Folgen zeichnen sich bereits ab: die Konfliktsignale vermehren sich in alarmierendem Maße, die sich stärker ausbreitende Unzufriedenheit lähmt die Zusammenarbeit und Initiative.

2.7

Ist ein Schock erforderlich?

In beiden Fällen wurde die Selbstreorganisation im Team durch innovatives Lernen nach den Regeln der Organisationsentwicklung eingeleitet. Nach anfänglichen Fortschritten und nach den erfolgreichen Phasen der Situationsklärung und Lösungserarbeitung blieb der Entwicklungsprozeß stecken, just vor dem Eintritt derjenigen Konsequenzen, welche einen Teil der Beteiligten persönlich traf und zur Übernahme oder Abtretung von Führungsbefugnissen zwang. Der Sprung über den eigenen Schatten gelang nicht.

Man mag einwenden, daß in diesen Fällen die Lernfähigkeit der Beteiligten eingeschränkt war, daß die Machtbezüge eben zu wenig offen bearbeitet worden sind oder daß sich der Berater in der Rolle des Prozeßbegleiters zu sehr Zurückhaltung auferlegt hat. Die Frage bleibt dennoch offen, ob es einen, wenn auch kleinen Schock braucht, um Veränderungen an uns selbst durch innovatives Lernen zustande zu bringen?

Der Club of Rome brandmarkt in seiner Schrift das Lernen aus Schock, das meist nur eine oberflächliche Anpassung an die neuen Verhältnisse und keine Bewältigung der neuen Situation nach sich zieht. Dieser Katastrophenschock ist hier nicht gemeint, sondern der kleine Schock, der eingefrorenes innovatives Lernen auftaut. Wollen wir den katastrophalen Schock vermeiden, müßten wir uns – so ist zu folgern – selbst den kleinen «Schock» einimpfen, der innovatives Lernen in Gang setzt. Konkret gesprochen: Diejenigen Führungskräfte, die sich und ihre Organisation *selbst* verändern möchten, müssen sich schockartig selbst aufrütteln oder – falls sie sich dies nicht leisten können Drucksituationen suchen oder Promotors holen, die ihnen diese Aufgabe abnehmen.

Wenn offenbar eine Selbstreorganisation nicht ohne Druck von innen oder von außen möglich ist, wäre es verfehlt, an Stelle der Selbstentwicklung zum alten Prinzip der fremden Rezepturen zurückzukehren. Innovatives Lernen kann durch nichts ersetzt werden – dies gilt für das Weltgeschehen ebenso wie für die Reorganisation von Führungsspitzen. Führen wird in Zukunft immer mehr antizipierendes und partizipatives Lernen werden, das nicht abreißen darf, selbst wenn sich die Führungsspitze dazu einen deutlichen Anstoß geben muß, um eine eingeschlafene Entwicklung aufzuwecken und geplant fortzusetzen.

3

Eugen Schmid

Key-People-Analysis: Ein Mittel zur strategischen Unternehmungsführung

3.1

Einführung

Führung besteht zum großen Teil aus Reduktion von Komplexität auf ein sinnvolles Maß, damit überhaupt entschieden und gehandelt werden kann. Im modernen Management wird mehr und mehr versucht, Komplexität durch komplizierte Systeme in den Griff zu bekommen, sei es durch Konjunkturprognose-Modelle, sei es durch ultraschnelle Datenverarbeitung oder durch komplexe Führungssysteme. Irgendwie stehen heute viele Führungskräfte etwas ratlos vor der Tatsache, daß viele der erwähnten Hilfsmittel meist wenig Hilfe bieten, sondern im Gegenteil eher mehr Probleme mit sich bringen.

Es macht sich da und dort ein Verlust der Übersicht bemerkbar, Führungskräften fehlt es mehr und mehr am Sinn für das Wesentliche, Perfektion wird am falschen Ort gepflegt, Management wird für viele so mühsam wie das Rennen im lockeren Sand. Die Schwierigkeit zeigt sich auch darin, daß viele Unternehmungsleitungen, mit Ausnahme der unbestrittenen Funktion des Rechnungswesens, nicht mehr wissen, welche Systeme und Verfahren für eine wirkungsvolle Führung überhaupt nötig sind und welcher Grad an Sophistikation zwingend ist, wo die Grenze vom «nice to have» beginnt und wo schließlich Systeme und Verfahren gar kontraproduktiv werden können. Entwicklungen und Publikationen auf dem Gebiet der Systemtheorie und der systemorientierten Unternehmungsführung (Beer, 1967; Drucker, 1982; Hayek, 1979; Krieg, 1979; Malik, 1979; Kast und Rosenzweig, 1970; Ulrich, 1970, 1981) bringen wenigstens etwas Licht in die Wirrnis der Komplexität der Unternehmungsführung. Doch gerade diese Komplexität ist es, die im täglichen Entscheidungsdruck den Führungskräften aller Stufen immer mehr Mühe bereitet. Die Neigung, in dieser Situation öfters zum «Hauruck-Management» zurückzukehren oder intuitive «Sattelbe-

fehle» zu erteilen, nimmt eindeutig zu. Das Bedürfnis vieler
Führungskräfte, vielleicht weniger, aber dafür das Richtige
zu tun («back to basics», wie die Amerikaner sagen), wollen wir als Ausgangspunkt für die nachfolgenden Ausführungen nehmen (Bisesi, 1983).

Es stellt sich immer wieder die Frage, was denn
eigentlich den Erfolg von Unternehmungen ausmachte: das
Produkt, die Idee, das Management strategischer Erfolgspositionen (Pümpin, 1983), die Führung, eine periodische
Roßkur mit einer Gemeinkostenanalyse oder die Konjunk-
tur? Wie überall gibt es auch hier nur eine Zusammenspiel
verschiedener Faktoren. Eine Erfolgsursache ist aber, wie
die Erfahrung und neueste Untersuchungen zeigen (Peters
und Waterman, 1983), bei allen Erfolgsgeschichten von
Unternehmungen zentral: Erfolgreiche Unternehmungen
jeder Größe haben immer an *entscheidenden Stellen*
Leute, die *außerordentliche Leistungen* erbringen oder
besondere Ideen produzieren. Ausschlaggebend aber ist,
daß sie *diese Ideen* durch Zusammenarbeit mit anderen
Leuten *verwirklichen können* (Meier, 1983).

Genau hier beginnt in der Managementlehre und
-praxis oft ein folgenschwerer Fehler: die Suche nach *dem*
Managementsystem, nach *dem* Selektionssystem oder
nach sonstigen Hilfsmitteln. Dieser Suche liegt diese
Gedankenfolge zugrunde:

Dieser Gedanke ist zwar verlockend, aber in diesem
Falle falsch. Gute Führungskräfte produzieren gute Organisationen und gute Führungssysteme. *Gute Führungskräfte
hingegen werden stets von guten Führungskräften
geformt und hervorgebracht.* Dafür gibt es keinen Ersatz.
Darin unterscheiden sich Unternehmungen mit kurzfristi-
gem Erfolg von Unternehmungen, die auf die Dauer erfolgreich bleiben. Während kurzfristige Erfolge durchaus
monokausal bedingt sein können (geniale Erfindung mit
Patent, Marktnische, Konjunkturaufschwung usw.), ist die
Basis für Erfolge über längere Zeit eine andere. Im Gegensatz zu «Eintagsfliegen» sind die über lange Zeit erfolgrei-

chen Unternehmen offensichtlich in der Lage, nicht nur einmal ein tolles Produkt oder eine geniale Führungskraft zu haben, sondern immer wieder an den vitalen Stellen gute Leute zu haben, die dafür sorgen, daß neue Produkte und Dienstleistungen stets nach den Erfordernissen des Marktes hervorgebracht und abgesetzt werden.

Die vorgängig gestellte Frage, was den schließlich längerfristig den Erfolg eines Unternehmens ausmacht, kann einfach beantwortet werden: *die Qualität ihrer Führungskräfte an entscheidenden Stellen über die Zeit hinweg.*

Diese einfache Antwort zeigt übrigens auch, warum Management-Systeme in einer Unternehmung sehr erfolgreich und in der anderen völlig wirkungslos oder kontraproduktiv sein können. Die besten Ideen verpuffen, die cleversten Konzeptionen bleiben im Embryonalstadium stecken, Fehlentwicklungen werden nicht wahrgenommen, wenn an den entscheidenden Stellen in der Unternehmung nicht die richtigen Führungskräfte sitzen.

3.2

Key-People-Analysis (KPA)

3.2.1

Grundgedanken

Bei unseren Überlegungen gehen wir ebenfalls von Erkenntnissen der Systemtheorie sozialer Systeme aus. Die Komplexität der heutigen Führungsrealität ist für größere Unternehmungen zu hoch, als daß einzelne Individuen an zentralen Stellen noch in der Lage wären, diese Vielfalt zu überblicken und für alle Teile sinnvolle Führungsentscheidungen zu fällen und Anweisungen zu erteilen. Entweder erhalten sie die relevanten Informationen nicht oder zu spät, oder sie werden mit Informationen derart überhäuft, daß sie allein schon mit der Sichtung und Gewichtung dieser Informationen überfordert sind. Es verwundert deshalb nicht, daß die betriebliche Praxis und die Ergebnisse der

Systemforschung immer wieder zeigen, daß flexible und anpassungsfähige Systeme und Organisationen tendenziell klein sind. Klein- und Mittelbetriebe beweisen ihre Anpassungs- und Überlebensfähigkeit immer wieder in einem erstaunlichen Maße von neuem, während sich Großunternehmen bei rasch wechselnden Umweltsbedingungen erheblich schwerer tun.

Analysiert man hingegen wieder die erfolgreichen Großunternehmen (Peters und Waterman, 1983), dann entdecken wir, daß auch hier diese systemtheoretische Erkenntnis in die Praxis umgesetzt wird: Sie wiesen oft eine dezentrale und einfache Struktur auf (im Sinne kleinerer Organisationen innerhalb einer größeren) und lassen ihren verschiedenen Organisationsteilen einen hohen Autonomiegrad, was Entscheidung und Handlung anbelangt. Sie vertrauen der Fähigkeit zur «Selbstorganisation» (Hayek, 1979) der Teilsysteme. Diese Erkenntnisse sind für viele Führungskräfte verwirrend. Denn sie bedeuten, daß die erfolgreiche Führung größerer Unternehmen in vielen Belangen nicht mehr mit dem Mittel des Befehls oder der direkten Anweisung ausgeübt werden kann, sondern vielmehr durch indirekte Lenkung und Einflußnahme. Eine dezentrale Organisationsform mit delegierter Entscheidungs- und Handlungsautonomie der einzelnen Unternehmensteile bedingt aber, daß an der Spitze dieser lebenswichtigen Teile jeweils fähige Führungskräfte stehen. Die Führungskräfte solcher wichtiger Teile der Unternehmung nennen wir im folgenden Schlüsselleute *(Key-People).*

In der Managementliteratur findet sich viel über Kaderauswahl und Potentialbeurteilung. Wir finden erstaunlich wenig über die Analyse des Ist-Zustandes im Führungsbereich und möglicher Konsequenzen verschiedener Konstellationen. Wir wollen uns daher diesem Gebiet zuwenden. Wie in fast keinem anderen Bereich kann hier die oberste Geschäftsleitung strategisch für das ganze Unternehmen lenkend wirken.

3.2.2

Auswirkungen schlechter Führung

Viele Probleme oder Erfolge in der betrieblichen Führung werden oft einzelnen sichtbaren oder unsichtbaren Ursachen zugeordnet. Einmal war es die Markt- und

Konkurrenzsituation, die den Erfolg vereitelte, ein anderes Mal war es das Produkt X, welches den Erfolg herbeiführte. Sehr wenig findet man über Auswirkungen einer bestimmten Managementsituation auf die gesamte Unternehmung. Gute oder schlechte Führungskräfte verursachen meistens selbstverstärkende Regelkreise im positiven oder im negativen Sinne. Es sei dies an zwei einfachen Beispielen gezeigt:

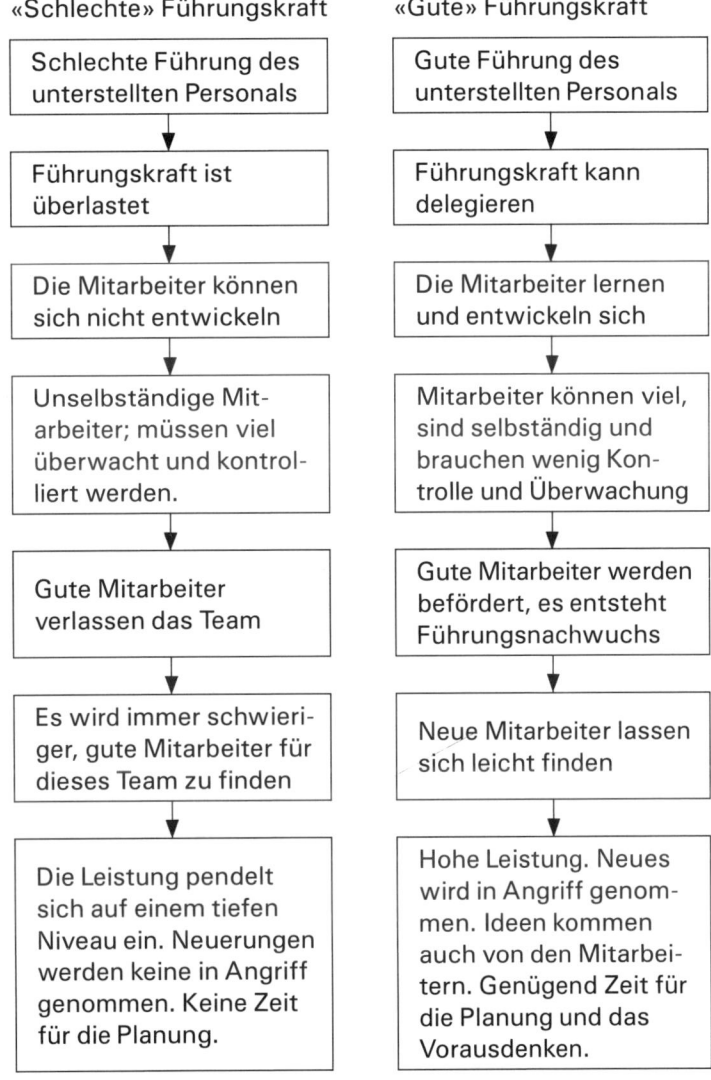

«Schlechte» Führungskraft | «Gute» Führungskraft

«Schlechte» Führungskraft	«Gute» Führungskraft
Schlechte Führung des unterstellten Personals	Gute Führung des unterstellten Personals
Führungskraft ist überlastet	Führungskraft kann delegieren
Die Mitarbeiter können sich nicht entwickeln	Die Mitarbeiter lernen und entwickeln sich
Unselbständige Mitarbeiter; müssen viel überwacht und kontrolliert werden.	Mitarbeiter können viel, sind selbständig und brauchen wenig Kontrolle und Überwachung
Gute Mitarbeiter verlassen das Team	Gute Mitarbeiter werden befördert, es entsteht Führungsnachwuchs
Es wird immer schwieriger, gute Mitarbeiter für dieses Team zu finden	Neue Mitarbeiter lassen sich leicht finden
Die Leistung pendelt sich auf einem tiefen Niveau ein. Neuerungen werden keine in Angriff genommen. Keine Zeit für die Planung.	Hohe Leistung. Neues wird in Angriff genommen. Ideen kommen auch von den Mitarbeitern. Genügend Zeit für die Planung und das Vorausdenken.

Noch drastischer lassen sich die Auswirkungen aufzeigen, wenn der «gute» oder der «schwache» Vorgesetzte selber noch Führungskräfte unter sich haben und die Aus-

wahl neuer Führungskräfte beeinflussen. Im positiven Fall wird ein Zustand unter Umständen durch eine ungeeignete Auswahl «zementiert». «Gute» oder «schlechte» Führungskräfte beeinflussen den *gesamten Führungsprozeß weit mehr* als gemeinhin angenommen wird. Wir gehen so weit, zu behaupten, daß ein Unternehmen mit nur schwachen Schlüsselleuten gar nicht überlebensfähig ist. Entscheidende Einflüsse gehen aber nicht nur von Führungskräften aus. Verschiedene Spezialisten (Forschung und Entwicklung, Datenverarbeitung usw.) beeinflussen die Unternehmung im Positiven wie im Negativen ganz erheblich. Das Organigramm gibt darauf nur bedingt eine Antwort. Wir gehen also davon aus, daß eigentlich alles Wichtige in einem Unternehmen von wenigen Opinion leaders und Weichenstellern beeinflußt, entschieden und umgesetzt wird. Es interessieren nun folgende Fragen:

- Welches sind in einer Unternehmung die Schlüsselpersonen?
- Wie ermitteln wir die Schlüsselpersonen?
- Wie analysieren wir ihre Qualifikation?
- Was leiten wir aus diesem Ist-Zustand und der Beurteilung ab?

Damit sind wir schon inmitten der *Key-People-Analysis* (KPA). Das Vorgehen bei der KPA unterteilt sich in fünf Schritte:

1. Das Bestimmen der Schlüsselpositionen im Unternehmen.
2. Die Beurteilung der Schlüsselpersonen (Inhaber von Schlüsselpositionen).
3. Analyse des Ist-Zustandes und der Konsequenzen.
4. Analyse der Handlungsalternativen.
5. Entschluß, Planung und Durchführung der Maßnahmen.

Diesen Punkten wenden wir uns nun zu.

3.2.3

Bestimmen der Schlüsselpositionen in der Unternehmung

Als Schlüsselpositionen definieren wir Funktionen oder Stellen innerhalb des Unternehmens, die entweder einen mittleren bis großen Einfluß auf den Unternehmungserfolg haben und/oder wichtige oder viele Mitarbeiter direkt (unterstellt) oder indirekt (durch Meinungsbildung) beeinflussen. Die Inhaber solcher Stellen bezeichnen wir als Schlüssel-Personen *(Key-People)*. Graphisch können wir diesen Zusammenhang wir folgt darstellen:

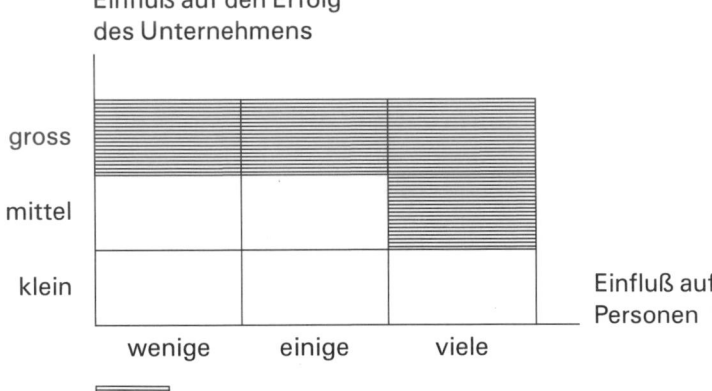

Wir wählen mit Absicht eine Formulierung, die Interpretationsspielraum beinhaltet. Würde hier nämlich abschließend definiert, wer oder was für den Unternehmenserfolg wichtig sei, entstünden zwei sehr negative Konsequenzen: Erstens entfiele einer der wichtigsten Schritte, nämlich die Festlegung der Schlüsselpositionen durch die Geschäftsleitung; und zweitens würde ein ausformulierter Katalog entweder zu umfangreich oder für bestimmte Unternehmungen nicht zutreffend. Es ist klar, daß Stellen mit viel Kompetenzen (z. B. für Zielsetzung, Mittelverwendung oder Auslösung von Aktivitäten) zweifellos zu den Schlüsselpositionen gehören. Je nach Unternehmen, je nach Aufgabenteilung gehören bestimmte Stellen zu diesem Kreis oder nicht. Die Rangstufe im Organigramm ist nicht unbedingt aussagefähig. Die Kontrollfrage muß vielmehr lauten: Was geschähe kurzfristig/mittelfristig/langfristig, wenn ein bestimmter Posten nicht da wäre oder dieser Aufgabenbereich schlecht erfüllt würde? Sind die Konsequenzen klein, dann dürfte es sich nicht um eine Schlüsselposition handeln. Für eine Fluggesellschaft, ein Versicherungsunternehmen oder eine Bank ist der Posten des Chefs der Datenverarbeitung offensichtlich eine Schlüsselposition. Je nach Unternehmung gehören auch Spezialstellen – z. B. Stabsstellen zu den Schlüsselpositionen. Auch wenn sie den Unternehmungserfolg kaum direkt beeinflussen und ihnen in der Regel wenig Personal unterstellt ist, sind sie für die Meinungsbildung (z. B. Marketing, Finanzen, Ausbildung usw.) gegebenenfalls von ausschlaggebender Bedeutung.

Dieses Bestimmen der Schlüsselpositionen und damit auch der Schlüsselpersonen hat in jedem Unternehmen individuell zu geschehen. Sinnvollerweise erstellen die entsprechenden Verantwortlichen *getrennt jeder für sich* eine derartige Liste von Schlüsselpositionen. Der darauffolgende Vergleich der verschiedenen Aufstellungen konzentriert die Diskussion und Auseinandersetzung richtigerweise nur noch auf die Differenzen und die Abgrenzung. Eine Richtschnur, ein Rezept oder eine Verhältniszahl zu geben ist nicht möglich. Wird die Zahl zu klein gehalten, dann werden wesentliche Funktionen nicht erfaßt und überwacht – der Nutzen dieser Analyse wird viel kleiner. Definiert man die Gruppe zu groß, dann wird es unübersichtlich. Bei größeren Unternehmungen sind Kategorien durchaus denkbar (z. B. Länderdirektoren) und in der Folge auch besser vergleichbar. Zu bemerken wäre auch noch, daß selbstverständlich nicht alle Schlüsselpositionen gleich bedeutsam sind, doch schlägt sich dies in der Konsequenzenanalyse und in den Handlungsprioritäten nieder. Sind die Schlüsselpositionen bestimmt, so gilt es, sich Rechenschaft darüber zu geben, wie diese Schlüsselpositionen *derzeit besetzt sind.* Es geht also um die Erfassung des qualitativen Ist-Zustandes der Hauptführungsstruktur. Dazu ist eine Beurteilung der Schlüsselpositionen notwendig.

3.2.4

Die Beurteilung der Schlüsselpositionen

Der zweite Schritt der Schlüsselpersonen-Analyse besteht aus einer getrennten Einstufung für jede einzelne Schlüsselperson nach einem gleichen Verfahren. Die Beurteilung anderer Personen ist keinesfalls einfach. Zahllose Bücher wurden darüber geschrieben und ebenso viele Beurteilungssysteme entworfen (Lattmann, 1975). Wir plädieren für ein einfaches Verfahren, das einerseits nicht zu differenziert ist, aber andererseits die notwendigen Schlußfolgerungen zuläßt. Wir betrachten ein Einstufungssystem für Schlüsselpersonen nicht in erster Linie als valides Beurteilungsmittel, sondern vielmehr als Diskussions- und Denkhilfe für die Arbeit der leitenden Führungskräfte. Hier ist nicht eine Schublehre mit Hundertsteln erforderlich, sondern ein handhabbares Instrument der strategischen Unternehmungsführung.

Was in vielen Systemen infolge Differenzierung verlorengeht, ist die Vergleichbarkeit. Diese ist nur bei groben Kategorien möglich. Dieses Vergleichen muß unseres Erachtens unbedingt erhalten bleiben, da hier das menschliche Gehirn erstaunliche Resultate hervorbringt. In groben Vergleichen ist der Mensch durchaus in der Lage, viele Teilinformationen und Teileindrücke zu einem Gesamtbild und Gesamturteil zu vereinen. Diese Gesamtbeurteilung ist, wie die wissenschaftliche Forschung zeigt, sehr oft von einer durch kaum ein anderes Verfahren zu überbietenden Treffsicherheit (Guion, 1965; Blum und Naylor, 1968). Solche Gesamturteile oder Gesamtbilder können ebenfalls mit guter Differenzierung mit anderen Gesamturteilen verglichen werden (Bass und Barrett, 1972). Die Beurteilung von Schlüsselpersonen darf in den wenigsten Fällen nur durch eine Person geschehen. Vielmehr ist analog zur Bestimmung der Schlüsselpositionen auch hier eine Grob-

beurteilung durch mehrere Führungskräfte anzustreben. Direkt betroffene Vorgesetzte mögen sich gefühlsmäßig wehren, daß Außenstehende sehr oft wesentlich besser in der Lage sind, Wahrnehmungsverzerrungen zu widerstehen und «schwache Signale» (weak signals) (Ansoff, 1975, 1976, 1979) oder «weiche Informationen» richtig zu erfassen und zu gewichten.

Einzelne Informationen und Eindrücke – mögen sie auch noch so subjektiv erscheinen – haben sehr oft den Charakter der sogenannten «kritischen Vorfälle» (Flanagan, 1965), die für eine Gesamtbeurteilung von unschätzbarem Wert sind. Bei einer globalen Beurteilung durch mehrere (3–7) Personen erhalten auch Einzelinformationen den Charakter von Steinen im Mosaik. Die einzelne Information ist dabei nicht so wichtig wie das Gesamtbild, das «pattern» (Neisser, 1967, 1976; von Foerster, 1962, 1963, 1964, 1966). Wir schlagen daher einen möglichst einfach strukturierten Entscheidungs- und Einstufungsraster vor, in welchem die fachlichen und die führungsmäßigen Fähigkeiten sowie das Alter berücksichtigt werden können. Das Alter ist aus zwei Gründen unabdingbar:

Einmal sind je nach Altersgruppe andere Entwicklungsmöglichkeiten oder Maßnahmen möglich, und zweitens muß in diese Überlegungen zwangsläufig die Frage der

Nachfolge oder des Potentials einbezogen sein. In vielen Planungssystemen wird vergessen, daß die Nachfolge für höhere Führungskräfte geregelt wird. Vielmehr erfolgt der Ersatz von Schlüsselpersonen sehr oft durch die Beförderung anderer Schlüsselpersonen. Eine Veränderung im Schlüsselbereich zieht unter Umständen einen Rattenschwanz von Konsequenzen nach sich, wie wir später noch sehen werden.

Unser Entscheidungs- und Einstufungsraster sieht wie folgt aus:

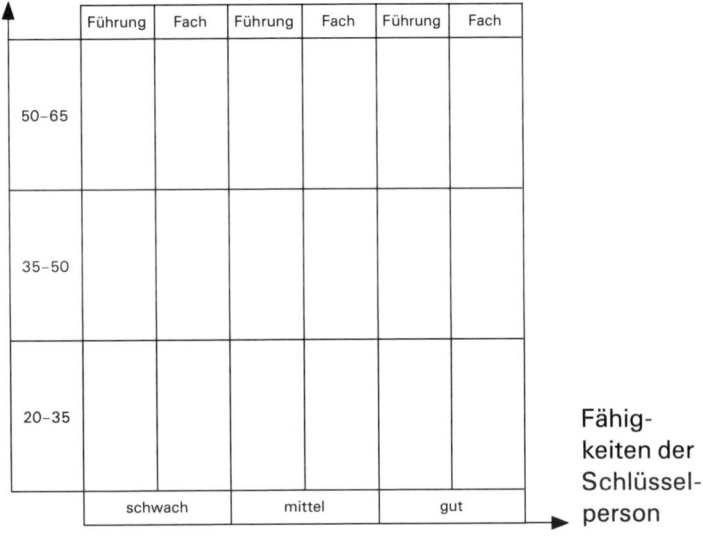

Auf den ersten Blick könnten sich Personal- und Beurteilungsspezialisten an der Einfachheit dieses Rasters stören. Die Praxis wie auch empirische Befunde zeigen aber immer wieder, daß die Einstufungsfähigkeit des Menschen bei Beurteilungsproblemen mit der Verfeinerung der Einstufungsskala nicht zunimmt. Weiter ist hier nochmals hervorzuheben, daß es sich nicht um ein Qualifikationssystem, sondern um eine Methode zur strategischen Gedankenführung handelt. Analog zur Beurteilung anderer strategischer Probleme (Markt, Szenarien, Produktemix, Wettbewerbsvorteile) ist auch hier die systematische Auseinandersetzung mit dem Problem bereits der Kern der Resultate dieser Gedankenführung. Auf ein besonderes Merkmal dieser Art von Überlegungen möchten wir hier hinweisen: den Zeitraum solcher Überlegungen. Insbesondere aktions- und aktivitätsorientierte Führungskräfte tun sich schwer damit, zu akzeptieren, daß der Analyse- und Planungshorizont für derartige Überlegungen für die Schlüsselpersonen im Minimum 3–5 Jahre beträgt. Einmal lassen sich Schlüsselpersonen nur durch Zufall rasch auf dem freien Markt finden, zweitens verbrauchen Vorbereitungs- und Ausbildungsmaßnahmen für Nachfolgen ebenfalls diese Zeitspanne, und drittens handelt es sich bei diesen Personen meistens um Leute, die längere Zeit im Unternehmen sind und auch noch längere Zeit im Unternehmen bleiben wollen. Im Gegensatz zu vielleicht kurzfristigen Marktüberlegungen ist die Auseinandersetzung mit der Besetzung der Schlüsselstellen vorrangig ein mittel- bis langfristiges Problem. Oft wollen sich Führungskräfte nicht festlegen, scheinbar um ihre Handlungsfreiheit zu bewahren. Die Realität besteht dann allerdings häufig darin, daß mangelnde längerfristige Planung die effektive Handlungsfreiheit einengt, da selbstverursachte kurzfristige Unstimmigkeiten zuviel Zeit beanspruchen.

Wir vertreten nachdrücklich nochmals den Standpunkt, daß Schlüsselpersonen wo immer möglich durch mehr als eine Person eingestuft werden sollten. Insbesondere sollte die Stimme desjenigen, dem die entsprechende Person unterstellt ist oder der sie zuletzt zur Beförderung vorgeschlagen hat, auf keinen Fall überbewertet werden. Die zur Untermauerung oder Rechtfertigung des eigenen Entscheides wirksam werdenden Filter und Wahrnehmungsverzerrungen (vgl. Abschnitt 3.3) sowie die psychologischen Barrieren sind oft derart stark, daß – so paradox dies tönen mag – die gesammelten Einstufungen einiger anderer (vielleicht nur am Rande davon betroffener) Vorgesetzter wesentlich aussagekräftiger und treffender sein können. Insbesondere dann, wenn der direkte Vorgesetzte eine andere Meinung vertritt als die anderen am Einstufungsprozeß beteiligten Führungskräfte, ist größte Vorsicht am Platz. Dies sind die Fälle, wo der direkte Vorgesetzte auf seinen Informationsvorsprung, auf sein «objektiveres» Urteil pocht – die anderen hingegen nur Eindrücke, Gefühle und Bruchstückhaftes dagegen anführen können. Dies sind sehr oft genau die Gelegenheiten, wo Wahrnehmungsverzerrungen im täglichen Kontakt entstehen und Außenstehende die «kritischen Vorfälle» und «schwachen Signale» (Ansoff, 1975, 1976, 1979) sehr präzis registrieren.

3.2.5

Analyse des Ist-Zustandes und der Konsequenzen

Vorerst sind einige generelle Überlegungen anzustellen. Eine getrennte Einstufung sowohl im Führungsbereich als auch im Fachbereich ist unbedingt notwendig, da oft besondere Stärken oder Schwächen nur in einem Bereich anzutreffen sind. Die Auswirkungen solcher Stärke/Schwäche-Kombinationen können aber je nach Alter der Schlüsselpersonen und je nach Aufgabenbereich völlig verschieden sein.

Generell gehen wir davon aus, daß Schlüsselpersonen in bestimmten Quadranten unseres Beurteilungsrasters liegen sollten. Wir gehen ebenfalls davon aus, daß wir uns eher dem «europäischen» Managementstil verpflichtet fühlen. Eine «Hire-and-fire»-Politik scheint uns langfristig wenig sinnvoll. Trotzdem vertreten wir eindeutig die Ansicht, daß sich die Unternehmungen von Führungskräften oder Schlüsselpersonen, die im schwarz schraffierten Einstufungsbereich liegen, trennen sollten.

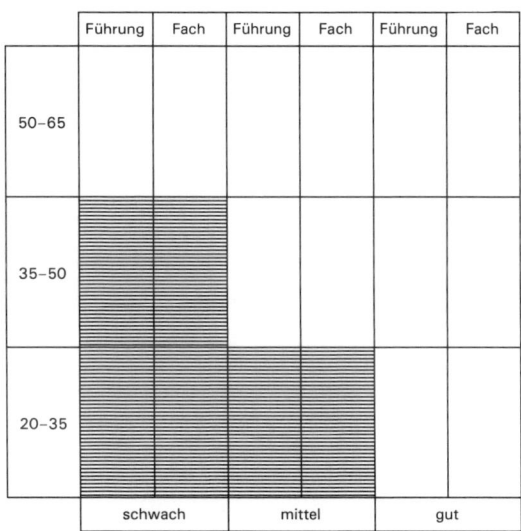

Hier hilft keine Ausbildung oder Schulung, hier hilft nur die sofortige *Korrektur* eines früheren *Fehlentscheides*. Desgleichen neigen wir dazu, Führungskräfte,

die im Führungsbereich als «schwach» einzustufen und
fachlich nur «mittelmäßig» sind und die Altersstufe von 40
Jahren erreicht haben, für das Bekleiden einer Schlüsselposition als ungeeignet zu bezeichnen. Ob hier eine Trennung oder eine andere Maßnahme möglich ist, wollen wir
im Abschnitt 3.2.7 kurz betrachten.

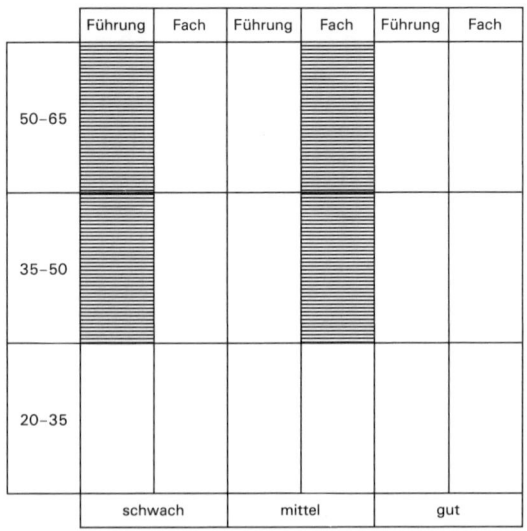

Personen der oberen Altersklasse mit der Beurteilung Führung = schwach/Fach = mittel sollten keine
Schlüsselpositionen einnehmen.

Weiter können wir als Richtlinie festhalten, daß
Führungskräfte oder Inhaber von Schlüsselstellen, die keine besondere Stärke aufweisen und sowohl im Fach- als
auch im Führungsbereich als «mittel» eingestuft werden,
sich kaum für weitere Funktionen eignen. Von einer Beförderung (insbesondere in Schlüsselstellen) ist abzusehen, da
(von seltenen Ausnahmen abgesehen) Mittelmäßigkeit
durch eine Beförderung nicht besser, sondern eher schlechter wird.

Auf ein besonderes Problem sei jedoch noch hingewiesen. Der Einbezug des Alters der Personen bei der Grobeinstufung ist deshalb so wichtig, weil bestimmte Gesetzmäßigkeiten oder Erfahrungen aus der Praxis bei Potential-
beurteilungen unbedingt berücksichtigt werden sollten.

1. Hat die zu beurteilende Person etwa 45 Jahre überschritten und wird sie im Führungsbereich als «schwach» ein-

gestuft, so ist (von wenigen Ausnahmen abgesehen) mit größter Wahrscheinlichkeit diese Schwäche nicht mehr zu eliminieren. Wir stoßen hier auf die Ausprägung von Charaktermerkmalen.

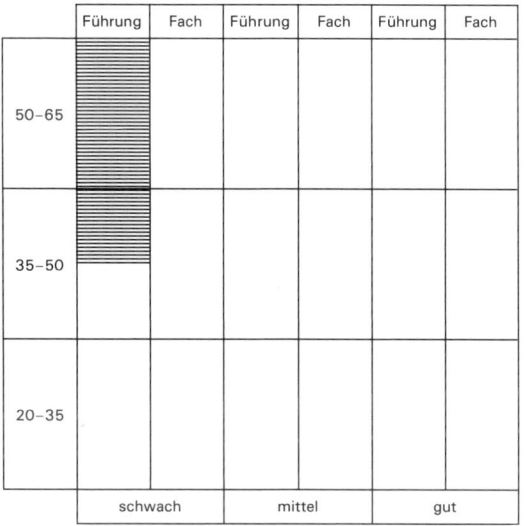

	Führung	Fach	Führung	Fach	Führung	Fach
50–65						
35–50						
20–35						
	schwach		mittel		gut	

2. Hat die zu beurteilende Person etwa 45 Jahre überschritten und muß sie fachlich als «schwach» eingestuft werden, so ist (von kurzen Übergangsphasen infolge völlig neuer Tätigkeit o.ä. abgesehen) größte Vorsicht am Platz.

	Führung	Fach	Führung	Fach	Führung	Fach
50–65						
35–50						
20–35						
	schwach		mittel		gut	

3. Führungskräfte oder Schlüsselpersonen mit einer Einstufung Fach = mittel/Führung = mittel sollten über
45 Jahren nicht mehr befördert werden. Sie bleiben
höchstwahrscheinlich im besten Fall mittelmäßig.

	Führung	Fach	Führung	Fach	Führung	Fach
50–65						
35–50						
20–35						
	schwach		mittel		gut	

Das Kombinationsspiel kann beliebig verfeinert
werden. Uns ging es bei diesen wenigen Beispielen nur darum, aufzuzeigen, daß Bemühungen und sinnvolle Veränderungen nur in bestimmten Konstellationen Früchte tragen
werden. Die Analyse und Diskussion von Einstufungen
sind natürlich nur mit konkreter Information durchführbar.

Im Bereich des *Key-People*-Managements gilt der
gleiche Grundsatz wie beim Überholen mit dem Auto im
Straßenverkehr: «Im Zweifel nie!»

Hier liegt ein Unterschied zu vielen anderen unternehmerischen Entscheidungen oder auch zu sonstigen Beförderungen im Führungsbereich. Ernennungen, Einstellungen und Beförderungen sind immer mit einem Risiko behaftet. Im Bereich der Schlüsselpositionen ist es ratsam, nicht mehr Risiko einzugehen, als unbedingt notwendig ist. Die Konsequenzen einer Fehlentscheidung sind hier schwerwiegender.

3.2.6

Bildliche Darstellung

Viele Entscheidungen oder Diskussionen in Führungsgruppen oder -gremien werden erschwert, weil die dazu notwendigen Informationen nicht so vorliegen, daß Führungskräfte damit arbeiten können. Insbesondere das Durchdenken und Abwägen von Alternativen und Konsequenzen – ein essentieller Teil des Diskussionen auf oberster Ebene – verlangt nach einer Informationsdarstellung, die einen Überblick über Ist-Zustand, Alternativen und Konsequenzen ermöglicht. Die Zusammenhänge zwischen Schlüsselposition/Beurteilung der Positionsinhaber/mögliche Nachfolger sind mit einer Darstellung in Organigrammform übersichtlich zu gestalten. Dies könnte für eine bestimmte Unternehmung wie folgt aussehen:

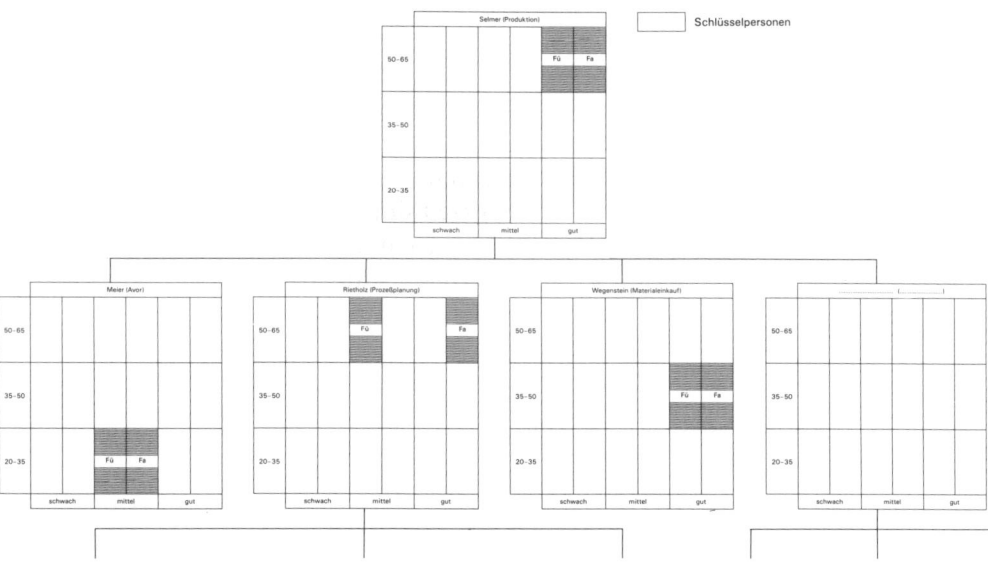

Eine Darstellung in Organigrammform mit der Alters- und Einstufungsinformation ermöglicht es, den Überblick über mögliche Alternativen (bei Pensionierung/Ersatz/Beförderung) und über Konsequenzen-Ketten zu haben. Das Problem der Konsequenzen-Ketten möchten wir noch kurz erläutern.

Der Ersatz höherer Schlüsselpersonen erfolgt meistens durch Beförderung von Personen, die ihrerseits bereits Schlüsselfunktionen innehaben

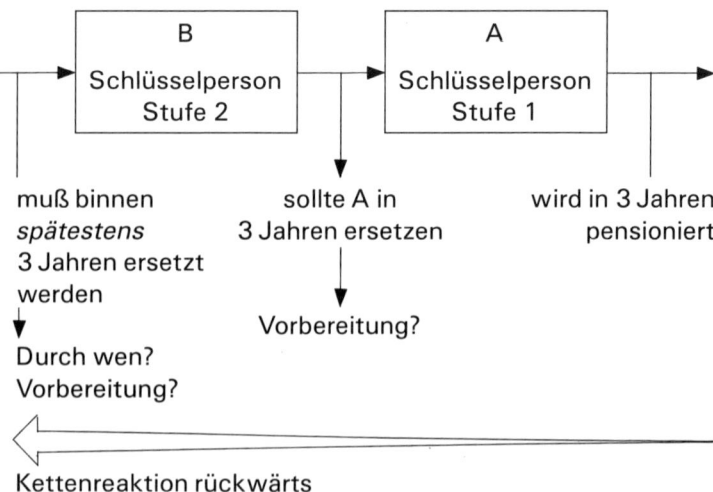

Kettenreaktion rückwärts

Diese Konsequenzen-Ketten werden in der Literatur und in der Praxis oft zu wenig beachtet. Sie haben insbesondere zur Folge, daß der Zeitbedarf *nach unten zunimmt.* Stellenwechsel in Spitzenpositionen können zwar wohl an einem bestimmten Stichtag erfolgen («Drehung im Karussell»), doch werden in der Regel eine Einführungszeit und eine Vorbereitungszeit sinnvoll sein. Die verschiedenen Einführungszeiten wirken nach unten kumulativ. Der Planungshorizont für eine sinnvolle Planung der Besetzung von Schlüsselpositionen dürfte demnach bei fünf Jahren liegen. Irrtümlicherweise wird oft mit dem Argument der Wahrung der Entscheidungs- und Handlungsfreiheit die Planungsperiode für die Besetzung von Schlüsselstellen zu kurz bemessen (im schlimmsten Fall gar von der Hand in den Mund gelebt). Daß dabei fast unbemerkt auf *tieferen Stufen aus «Sachzwängen» Schlüsselpositionen schwach oder falsch besetzt werden,* ist nur die logische

Folge dieser Haltung. Diese kleinen Fehlurteile wirken sich denn auch erst im Verlauf der Zeit aus. Wieviel Personal, Zeit oder Geld solche Fehlentscheidungen kosten, darüber legt man sich in den seltensten Fällen Rechenschaft ab.

3.2.7

Analyse der Handlungsalternativen

Bei der Bearbeitung von Handlungsalternativen gehen wir vom erhobenen Ist-Zustand (Beurteilung und Einstufung) aus. Es gilt vorerst folgende Fragen zu beantworten:

1. Erfüllt der Stelleninhaber seine derzeitige Funktion gut genug, so daß man ihn mit gutem Gewissen in seiner Funktion belassen kann? (Was würde geschehen, wenn er kurz-, mittel- oder langfristig auf diesem Posten bliebe?)

Kann diese erste Frage positiv beantwortet werden, dann ist der Stelleninhaber gegebenenfalls für weitere Funktionen vorsehbar.
Ist diese Frage jedoch mit «fraglich» oder gar negativ zu beantworten, dann drängt sich eine einfache Analyse möglicher Handlungsvarianten auf.

Die zweite Frage ist zweigeteilt:

2a) Besitzt der Stelleninhaber besondere Stärken? Welche?
2b) Sind beim Stelleninhaber besondere Schwächen festzustellen? Welche?

Diese Frage nach auffallenden Stärken und Schwächen ist deshalb so wichtig, weil nur auf Stärken aufgebaut und das Potential voll ausgeschöpft werden und die Minderung von Schwächen nur kombiniert mit Funktion und Alter realistisch beurteilt werden kann. Die Stärken deuten auf Entwicklungsmöglichkeit, die Schwächen auf Begrenzung hin. Schematisch dargestellt, ergeben sich für die Einstufung jeder Schlüsselperson folgende Gedankenschritte:

1. Grobeinstufung

	Führung	Fach	Führung	Fach	Führung	Fach
50–65						
35–50						
20–35						
	schwach		mittel		gut	

2. Analyse der Hand-
lungsmöglichkeiten

1) Erfüllt der Stelleninhaber seinen Posten genügend gut?
   ☐ ja   ☐ teilweise   ☐ nein

2) Besitzt der Stelleninhaber besondere Stärken? Welche?

   _____

3) Sind beim Stelleninhaber besondere Schwächen festzustellen? Welche?

   _____

   Welches sind die Ursachen der Schwächen?
   ☐ Persönlichkeit
   ☐ Erfahrung
   ☐ Wissen
   ☐ andere

5) Mögliche Förderungsmaßnahmen zur Behebung der
   Schwächen:

   _____

6) Dauer der Förderungsmaßnahme (bis wann sollte Verbesserung eingetreten sein):

   _____

7) Wahrscheinlichkeit, daß Förderungsmaßnahme bei realistischer Betrachtung Erfolg haben wird:
   ☐ groß
   ☐ mittel
   ☐ klein

8) Entschluß/Beurteilung
- ☐ weitere Beförderung möglich
- ☐ auf der Stelle belassen, fördern aber nicht mehr befördern
- ☐ auf Stelle belassen, fördern, weitere Beförderung ja nach Entwicklung möglich
- ☐ auf Stelle belassen, zusätzliche Maßnahmen treffen
- ☐ nicht auf Stelle belassen

Auf den ersten Blick könnte die Beantwortung dieser Fragen entweder als zu aufwendig oder zu schwierig betrachtet werden. Dazu sind folgende Bemerkungen angebracht. Der Aufwand dürfte nur beim ersten Mal ins Gewicht fallen, denn es ist anzunehmen, daß doch einige Schlüsselpositionen gut besetzt sind und demzufolge die Beurteilung auch keine besonderen Probleme schafft. Die Schwierigkeit der Beurteilung ist beim ersten Durchgang zweifellos gegeben. Die automatisch wirkende selektive Informationsaufnahme bei jedem Menschen kann ohne weiteres dazu führen, daß einzelne Führungskräfte, die an dieser Entscheidungsrunde mitwirken sollten, Informationslücken haben. Dieser Informationsnotstand spielt bei einer erstmaligen Einstufung gar keine so große Rolle, da ein erster Durchgang schwergewichtig auf eine Groberhebung des Ist-Zustandes hinausläuft und die Grundlagen für spätere Wiederholungen legt. Sind Führungskräfte einmal sensibilisiert worden, auf welche Informationen sie achten müssen, dann werden sie zukünftig mit dem gleichen Selektionsmechanismus in der Wahrnehmung Informationen für diese Beurteilungsprozesse aufnehmen.

Die Grobeinstufung liefert die Ausgangslage für die vertiefte Behandlung der Handlungsalternativen. Obschon auch bei einer positiven Beurteilung verschiedene Handlungsalternativen in Betracht zu ziehen sind, konzentrieren wir uns im folgenden auf die Problematik, die aus negativen Einstufungen oder markanten Schwächen von potentiellen oder effektiven Schlüsselpersonen resultieren. Die Literatur und die Praxis der Führungskräfte- oder Personalselektion konzentrieren sich häufig auf Neueinstellungen oder Neubeförderungen. Es ist eher wenig vorhanden, wenn es um die Beurteilung des derzeitigen Zustandes in der Führungsmannschaft, der daraus resultierenden Konsequenzen und der konkreten Handlungsmöglichkeiten geht.

Es handelt sich bei dieser Betrachtung um eine systematische «Bewirtschaftung», eine ständige Kontrolle und Pflege des wichtigsten Teils der Unternehmung.

Unseren weiteren Gedanken sei noch eine Überlegung vorausgeschickt: Auch wenn die Analyse des Ist-Zustandes ergibt, daß zum Teil Schlüsselpersonen mit sehr fraglichen Qualifikationen oder deutlichen Schwächen wichtige Positionen innehaben, so können wir davon ausgehen, dass die betroffene Person sehr selten die Hauptschuld trägt. Beförderungen werden von Verantwortlichen getätigt, viele rutschen «historisch bedingt» in bestimmte Positionen, manche Fehlbesetzungen werden von früheren Vorgesetzten «geerbt». Viele Fehlbesetzungen entstehen aus mangelnder Einsicht in die Bedeutung einer Position, aus Verlegenheit heraus (Zugzwang) oder auch im Sinne einer «Kumpel-Beförderung». Eine weitere Möglichkeit zu Fehlbesetzungen entsteht aus dem «Management-by-Feilschen»: Ein Kandidat wird von einer Direktion vorgeschlagen, die andere gibt ihr Einverständnis, wenn sie dafür an einem anderen Ort ihren Kandidaten plazieren kann.

Die Art und Weise, wie Fehlbesetzungen zustande kommen, ist unter Umständen für die Lösung des Problems nicht unbedeutend. Wir denken dabei nicht an den Betroffenen selbst, sondern an diejenigen, welche den «Sanierungsentscheid» zu fällen haben.

Fehlbesetzungen oder schwache Besetzungen sind an und für sich nichts Tragisches – sie sind Realität! Entscheidend ist vielmehr, daß nicht allzu viele solche Fälle existieren und die Unternehmung nicht ins Mittelmaß gezogen wird. Noch entscheidender ist, daß Fehlbesetzungen als solche erkannt werden. Und das wichtigste ist schließlich, wie mit *erkannten Fehlbesetzungen umgegangen wird,* welche konkreten Überlegungen man nun anstellt und welche Schritte unternommen werden. Erst die Tat zeugt von Führung und Management.

Im folgenden setzen wir uns exemplarisch mit realistischen Handlungsalternativen vor allem im Falle von schwach besetzten Schlüsselpositionen auseinander. Wir vertreten den Standpunkt, daß das Belassen erkannter Fehlbesetzungen in Schlüsselpositionen mit großer Sicherheit nicht nur die teuerste Lösung ist (obwohl diese Kosten sehr selten ausgewiesen werden), sondern in vielen Fällen auch die unsozialste! Denn nur zu oft wird überhaupt nicht von den Mitarbeitern gesprochen, die unter solchen Vorgesetzten zu arbeiten haben. Es wird ebenfalls nicht darüber gesprochen, wie viele Mitarbeiter durch ihre Arbeit oder ihren Einsatz die Schäden solcher «Führung» ausmerzen und die verursachten Zusatzkosten hereinholen. In vielen Diskussionen steht lediglich der Betroffene im Vordergrund der Überlegungen – im Hintergrund steht aber sehr oft das eigentliche Problem, nämlich dasjenige des Entscheidungsträgers, auf das wir im Abschnitt 3.3 eingehen werden.

3.2.7.1

Handlungsalternativen bei der Altersgruppe 20–35

Wie unter 3.2.5 erwähnt, erwägen wir für die junge Altersgruppe bei einer schlechten Einstufung nur einen Weg als vernünftig: die raschestmögliche Trennung. Förderung und Ausbildung bringen hier wenig. Zuwarten macht hier aus einem kleinen Problem ein großes. Wir betonen nochmals, daß wir hier von potentiellen Schlüsselpersonen oder deren Nachfolgern sprechen. Für Beförderungen auf andere Positionen kann durchaus ein anderer Weg beschritten werden.

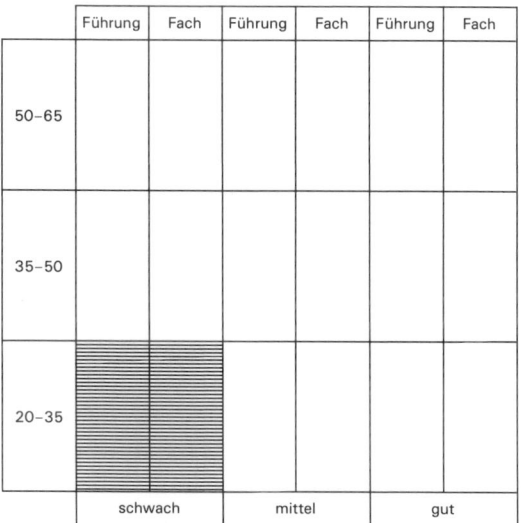

Die Gruppe der «mittel» bis «gut» eingestuften jüngeren Mitarbeiter gilt es zu fördern. Dabei ist nicht nur an eine solide Grundausbildung, sondern vielmehr an eine praktische Herausforderung zu denken, wie Job-Rotation, Projektarbeit, Stellvertretungen und Übertragung zusätzli-

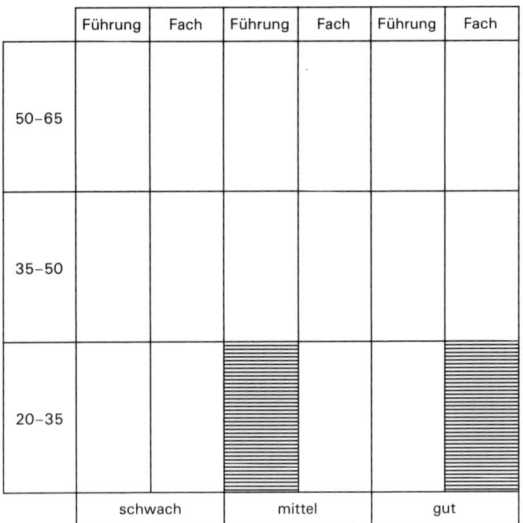

	Führung	Fach	Führung	Fach	Führung	Fach
50–65						
35–50						
20–35						
	schwach		mittel		gut	

cher Aufgaben. In dieser Gruppe werden sinnvollerweise auch Potentialselektionsverfahren eingesetzt, wie zum Beispiel das «Assessment-Center» (Kraut, 1972) und ähnliche Techniken.

Zusammengefaßt gibt es in dieser Altersgruppe für Schlüsselpersonen zwei Marschrichtungen: sich von den «schwach» eingestuften Mitarbeitern trennen, die mittleren bis guten mit Ausbildung und praktischen Aufgaben fördern und das Potential frühzeitig erfassen.

3.2.7.2

Handlungsalternativen bei der Altersgruppe 35–50

Maßnahmen bei dieser Altersgruppe lassen sich nicht mehr so einfach anwenden. Wie schon früher erwähnt, erachten wir im Bereich der Schlüsselpositionen bei einer schlechten Einstufung (z. B. Fach «mittel», Führung «schwach» oder umgekehrt) ebenfalls nur eine grundlegende Lösung als tragbar:
Trennung oder Zuweisung einer neuen Funktion, die keine Schlüsselstelle ist. Hier gilt es, schon den Altersfaktor vermehrt zu berücksichtigen. Angenommen, ein Inhaber einer Schlüsselstelle arbeite seit seinem 25. Altersjahr in der Firma, so ist seine Situation mit 45 nicht mit den vorhergehenden Beispielen vergleichbar. Einmal ist es

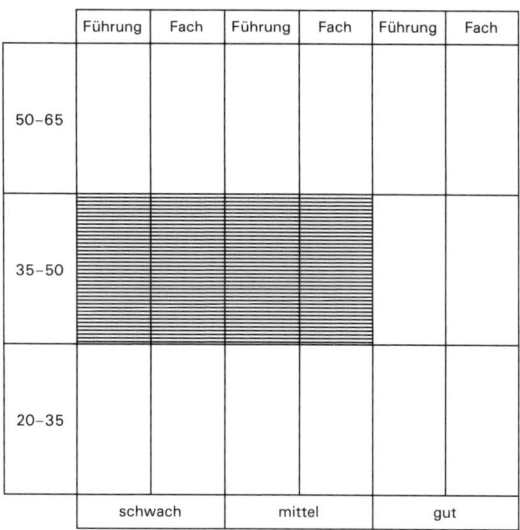

wahrscheinlich nicht nur sein eigener Fehler, wenn er derzeit in einer Funktion ist, die er nicht mehr genügend gut
bewältigt. Zweitens steckt einiges an Wissen, Erfahrung
und Firmen-Know-how in ihm, das ein passender Einsatz
vorausgesetzt – für ihn und die Unternehmung vorteilhaft
eingesetzt werden kann.

Die anderen Repräsentanten der Schlüsselpersonen
in dieser Altersgruppe dürften eher eine Einstufung «mittel» bis «gut» oder extremer eine Mischung von «schwach»
und «gut» (Führung oder Fach) aufweisen. Hier lohnen

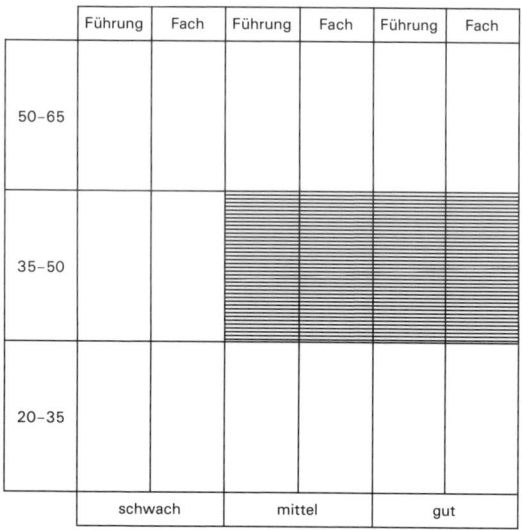

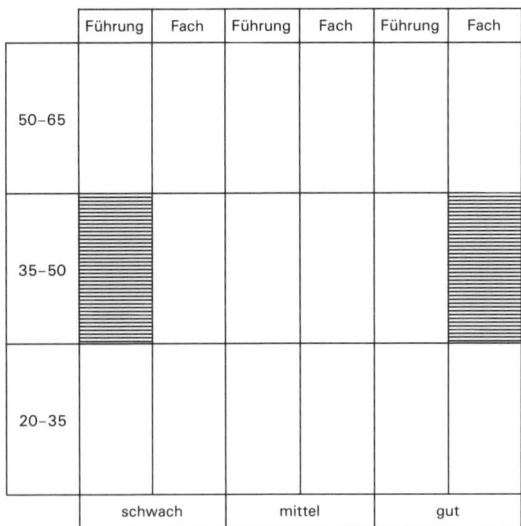

	Führung	Fach	Führung	Fach	Führung	Fach
50–65						
35–50						
20–35						
	schwach		mittel		gut	

sich generelle und gezielte Förderungsmaßnahmen. Auf dieser Stufe dürfte sich eine gezielte Vorbereitung auf eine bestimmte Funktion bereits aufdrängen und bezahlt machen. Etwas schwieriger ist der Fall einer extremen Einstufung, z. B. Führung «schwach»/Fach «gut». Diese Kombination läßt sich in der Praxis recht häufig beobachten, weil fachlich gut ausgewiesene Mitarbeiter in Führungspositionen hineinrutschen, deren Bedeutung erst zu einem späteren Zeitpunkt erkannt wird oder sich im Laufe der Zeit verändert hat. Die ebenfalls oft beobachtete Praxis – nämlich nichts zu tun – erweist sich auf die Dauer immer als Nachteil. Schwächen werden mit der Zeit ohne Zutun kaum besser. Im erwähnten Fall lassen sich grundsätzlich drei Maßnahmen in Erwägung ziehen:

– Intensive Maßnahme im Führungsbereich
– Organisatorische Intervention
– Zuweisung neuer Funktion

Eine intensive Maßnahme im Führungsbereich drängt sich insbesondere bei jenen Führungskräften auf, die durch ihr Verhalten Personalumschlag produzieren. Eine derartige Maßnahme hat nur dann eine reelle Wirkungschance, wenn die Ausgangslage vor Durchführung der Maßnahme (z. B. externe Verhaltenstrainings) mit der betroffenen Person klar analysiert wird und Sinn und Zweck des Vorgehens ebenfalls deutlich gemacht werden.

Bei Führungskräften mit Führungsschwächen, aber besonderen fachlichen Fähigkeiten läßt sich – sofern ihr Kommunikations- und Kontaktverhalten angemessen ist – die Lösung durch organisatorische Regelungen finden. So kann beispielsweise die Personalführung offiziell dem Stellvertreter übertragen werden.

Ist weder der erste noch der zweite Weg möglich, dann ist die Frage nach der mittelfristigen Auswirkung zu stellen und gegebenenfalls auch hier eine Zuweisung einer neuen Funktion (z. B. ohne Personalführung) anzustreben. Vor Illusionen und zu langem Zuwarten sei gewarnt. Eine frühe Klärung ist oft für alle Seiten die weitaus humanere und betriebswirtschaftlich vernünftigere Lösung (Knecht, 1981).

3.2.7.3

Handlungsalternativen bei der Altersgruppe 50–65

In dieser Altersgruppe werden wir bei Schlüsselpersonen die Einstufungen «gut»/«gut» oder «mittel»/«gut» häufig antreffen. Es sind dies schließlich die Entscheidungsträger eines Unternehmens. Gezielte Förderung auf eine Funktion hin ist bei dieser Gruppe genauso wichtig wie bei anderen. Vermehrt ins Gewicht fällt hier vielleicht das Bedürfnis, regelmäßig mit Neuerungen auch aus anderen Bereichen konfrontiert zu werden, da Schlüsselpersonen in

	Führung	Fach	Führung	Fach	Führung	Fach
50–65						
35–50						
20–35						
	schwach		mittel		gut	

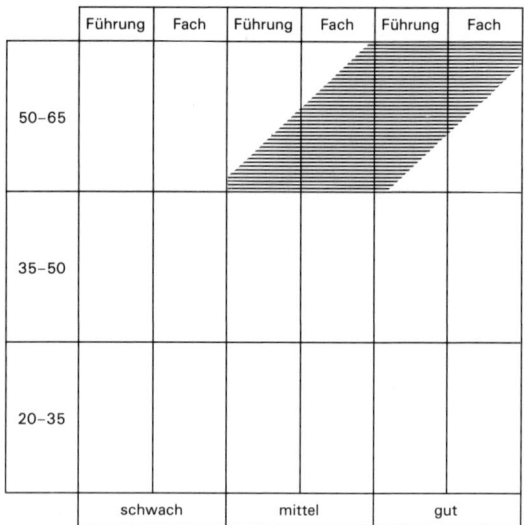

	Führung	Fach	Führung	Fach	Führung	Fach
50–65						
35–50						
20–35						
	schwach		mittel		gut	

höherer Stellung mehr als andere bereichsübergreifende Probleme lösen müssen.

Wesentlich schwieriger ist die Lösung der Probleme, wenn Schlüsselpersonen in dieser Altersgruppe gesamthaft «schwach» eingestuft werden müssen, oder markante Schwächen aufweisen. Denn einmal handelt es sich bei dieser Altersgruppe meist um langgediente Führungskräfte oder Mitarbeiter, die in höhere Schlüsselpositionen hineingewachsen, aber der Aufgabe nicht mehr gewachsen sind.

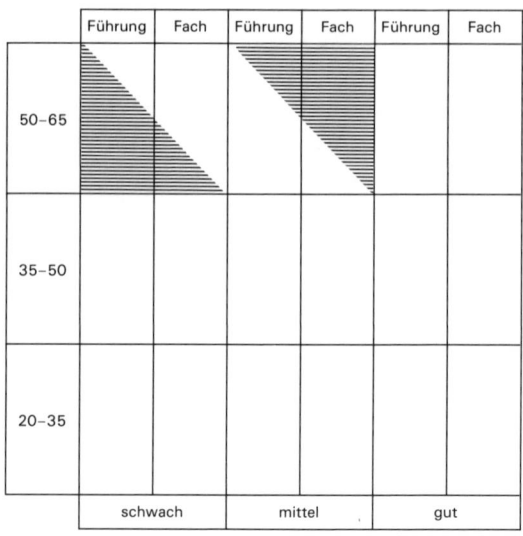

	Führung	Fach	Führung	Fach	Führung	Fach
50–65						
35–50						
20–35						
	schwach		mittel		gut	

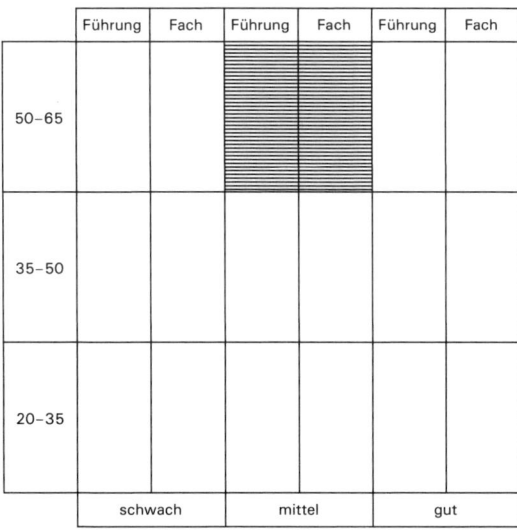

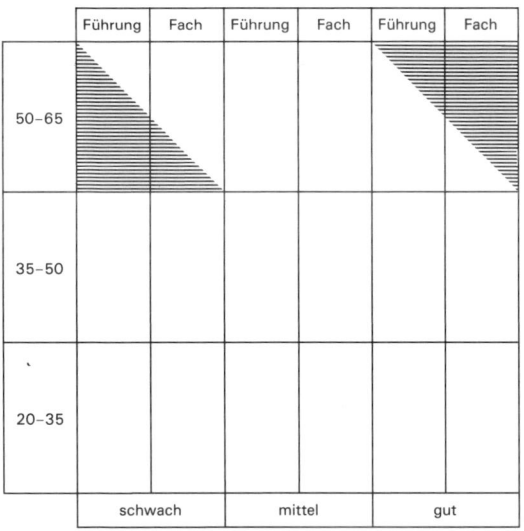

Zweitens sind in dieser Altersgruppe meistens Kollegen der obersten Leitung – man kennt sich (zu) gut, ein Handeln wird schwieriger.

Wie auch in anderen Altersgruppen entstehen aber hier für die Unternehmung gravierende Probleme, wenn Mängel vorab im Führungsbereich und dort besonders im zwischenmenschlichen Kontakt liegen. Dies erschwert eine Lösung des Problems erheblich. Führt man sich vor Augen, was schlechte Führung durch wichtige Schlüsselpersonen bewirken kann, so wird die Tragweite der Problematik sichtbar. Schlechte Führung produziert in der Regel

In höhere Positionen
hineinwachsen

schlechte Führung auf tieferer Stufe. Gute Nachwuchskräfte verlassen den Bereich. Wichtige Entscheidungen für die Zukunft werden nicht oder falsch getroffen. Sind solche Stelleninhaber um die 60 Jahre alt, so wird oft mit dem Hinweis auf die baldige Pensionierung nichts unternommen. Dies ist in den wenigsten Fällen die richtige Lösung: Die Auswirkungen auf die unterstellten Führungskräfte und Mitarbeiter werden vergessen, die verpaßten Marktchancen zu gering eingestuft und der Verlust an Glaubhaftigkeit der obersten Leitung unterschätzt. Vielmehr lohnt es sich auch hier, alle Möglichkeiten, die sich bieten, sachlich zu evaluieren. In dieser Altersgruppe schließen wir der Einfachheit halber die Extremvariante (sofortige Trennung) einmal aus. Grundsätzlich bleiben folgende Handlungsvarianten:

- Nichts tun (Warten auf die Pensionierung)
- Vorzeitige Pensionierung
- Übertragung besonderer Aufgaben

Obschon dies nicht gern gehört wird, möchten wir die Behauptung aufstellen, daß bei Schlüsselpersonen mit einer Einstufung «schwach»/«mittel» (Führung/Fach oder umgekehrt) die Lösung «Warten auf Pensionierung» immer die teuerste Lösung ist, sofern dieser Zeitabschnitt die Grenze von zwei Jahren überschreitet. Es ist dies die teuerste Lösung, weil folgende Effekte kumuliert auftreten: Einmal schwächt es das Ansehen und somit auch die Wirkung der obersten Führung. Appelle zum Sparen oder ehrgeizige Zielsetzungen werden nur ernstgenommen, wenn auch sichtbare Handlungen dies untermauern. Diese Handlungen sind in solchen Fällen deshalb nötig, weil die mangelnde Qualifikation solcher Schlüsselpersonen im Betrieb schon längst bekannt ist. Nichts-Tun seitens der obersten Leitung wird mit mangelndem Mut zur Konsequenz oder Nichterkennen gleichgesetzt – beides nicht vorteilhaft. Die «Signal-Wirkung» der Führungs*handlungen* (nicht Verlautbarungen!) der obersten Führungsebene kann nicht hoch genug veranschlagt werden, wie dies die neuesten Untersuchungen zeigen (Peters und Watermann, 1983). Zweitens ist der negative Einfluß solcher Schlüsselstelleninhaber im personellen Bereich stark. Solche Personen hinterlassen jeweils nach ihrem Abgang eine personelle Situation (Zusammensetzung, Qualifikation der unteren Füh-

rungskräfte und Mitarbeiter), die es auch einem qualifizierten Nachfolger unter Umständen verunmöglichen, binnen nützlicher Frist brauchbare Ergebnisse herbeizuführen. Weitere Aktionen mit dem «eisernen Besen» sind oft die (von den Betroffenen unverschuldete!) logische Folge.

Die vorzeitige Versetzung in den Ruhestand ist lediglich für zwei Personen eine unangenehme Maßnahme: für denjenigen, den es betrifft, und für denjenigen, der es entscheiden und dem Betroffenen mitteilen muß. Für alle anderen insbesondere für die unterstellten Mitarbeiter – ist dies eine soziale Lösung, und betriebswirtschaftlich betrachtet dürfte dies mit einer Schattenrechnung nachvollziehbar die günstigste Lösung sein.

Die Betreuung mit Spezialaufgaben (d. h. Neuunterstellung des Personals, Neudefinition des Aufgabenbereichs) kann besonders dort angebracht sein, wo das Fachwissen oder die Erfahrung diesen Aufwand rechtfertigen.

Zusammenfassend können die Handlungsalternativen wie folgt charakterisiert werden: Bei bestimmten Konstellationen ist das Zuwarten oder Hoffen auf Besserung die schlechteste und teuerste Lösung (immer vorausgesetzt, es handle sich um Schlüsselpersonen). Je älter die entsprechenden Personen sind, desto schwieriger ist es, eine gerechte Maßnahme zu verwirklichen. Viele Fehlbesetzungen werden «geerbt» oder entwickeln sich im Laufe der Zeit aus Unachtsamkeit. Was not tut ist die Einsicht, daß gute Führung auch unangenehme Aufgaben beinhaltet. Eine klare Situation hat bei den wichtigsten Schlüsselbereichen erste Priorität.

3.3

Die Entscheidung – Hemmungen der Führungskräfte

Auf die konkrete Planung und Durchführung von Maßnahmen im Bereich der Besetzung von Schlüsselpositionen wollen wir im Rahmen dieser Ausführungen nicht näher eintreten. Doch scheint uns ein Problemkreis einer näheren Betrachtung wert: die Entscheidung. Sehr oft sind

zwar Probleme oder Mißstände den obersten Führungskräften bekannt, aber es wird nichts unternommen (vgl.
auch den Beitrag von Peter Müri S. 204: Kann eine Führungsspitze sich selbst organisieren?). Es mag hilfreich
sein, die wichtigsten «Entscheidungshemmer» zu kennen.

3.3.1

Abneigung gegen längerfristiges Planen

Viele Führungskräfte auf oberster Stufe sind eher
Macher («Innovatoren» oder «Reagierer», Kirsch, 1981).
Ihre strategische Grundhaltung wird von Kirsch mit dem
Motto beschrieben: «Der den Augenblick ergreift, das ist
der rechte Mann». Ein Analysieren und ein längerfristiges
Planen liegt ihnen von ihrer Persönlichkeit her nicht. Solche Führungskräfte lassen denn auch oft (unbewußt) Krisensituationen entstehen, um dann wieder aus dem vollen
schöpfen zu können. Einige Untersuchungen deuten auch
darauf hin, daß die Strategie des «Durchwurstelns» (Lindblom, 1964) den meisten Menschen eigen ist und daß syste-
matisches Arbeiten und Planen gelernt werden muß. Nur
die Einsicht, daß es wohl kaum ein Gebiet gibt, welches für
eine erfolgreiche Unternehmungsführung unbedingt mit-
telfristige Gedanken und Entscheidungen erfordert, kann
dazu verhelfen. Es geht schließlich auch darum, Führungskräfte auf allen Stufen für ihre Hauptfunktion freizuhalten
und nicht als Feuerwehrleute für selbstverursachte Brand-
herde im Betrieb herumrennen lassen. Dafür sind sie zu
teuer.

3.3.2

Abneigung gegen Konfrontation

Jede unangenehme Entscheidung im personellen
Bereich muß einmal gefällt und – was noch viel schwieriger
ist – mitgeteilt werden. Die Hemmung, solche Gespräche zu
führen, ehrt einerseits sehr oft den Vorgesetzten. Nur abge-
brühten, gefühllosen Machern bereitet dies keine Schwierigkeiten. Die Mehrzahl der Führungskräfte aller Stufen
verbreitet lieber frohe Botschaften als negative Entscheidungen.

Es ist noch ein weiteres Element, das Führungskräfte zögern läßt: Genau wie andere strategische Entscheidungen in der Unternehmungsführung müssen auch solche Entscheidungen sehr oft auf Grund «weicher» Informationen gefällt werden. Selten sind viele harte Fakten vorhanden, die einem Mitarbeiter ohne Widerrede «aufgetischt» werden können. Im Gegensatz zu Markt- oder Produkteentscheidungen mit längerfristigen Auswirkungen muß sich der Vorgesetzte bei Personalentscheidungen dem Betroffenen stellen. Er wird mit Fragen, sehr oft auch mit Vorwürfen konfrontiert. Zudem ist wie erwähnt seine Informationsbasis für Begründungen oft schmal. Kein Wunder, daß sich die Führungskräfte vor solchen Situationen gerne drücken. Diese Problematik kann nur so entschärft werden, indem sich Führungskräfte bewußt werden, daß die meisten strategischen Entscheidungen auf Grund vager und oft unklarer Information gefällt werden müssen. Der oft humoristisch angeführte Ausweg, eine Kommission zu gründen, um bessere Entscheidungsgrundlagen zu erhalten, ist bei strategischen Entscheidungen nur Ausdruck des Unbehagens.

3.3.3

Abneigung, eigene Fehler einzugestehen

In der Entscheidungstheorie (Kirsch, 1970) und psychologischen Literatur zu diesem Thema (Brehm und Cohen, 1962; Festinger, 1957; Biddle, 1964) finden wir den Begriff der «kognitiven Dissonanz». Die kognitive Dissonanz ist, kurz beschrieben, ein empfundener Streß (Spannung, unangenehmes Gefühl), wenn eine Handlung oder eine Entscheidung nicht zum gewünschten oder erwarteten Ergebnis führt. Das Individuum versucht in der Regel diesem Streß auszuweichen. Dieses Ausweichverhalten geschieht meistens unbewußt. Die häufigste Form dieses Verhaltens äußert sich darin, daß Informationen, die das Problem betreffen, auf eine ganz andere Art wahrgenommen oder aufgenommen werden. Man spricht in diesem Zusammenhang auch vom Phänomen der selektiven Wahrnehmung (Festinger, 1957, 1964; Jones & Gerhard, 1967; Zajonc, 1968). Dieser psychologische Vermeidungsmechanismus führt dazu, daß oft negative Informationen nicht mehr oder nur verzerrt aufgenommen werden, mit anderen Worten: die Realität nicht mehr gesehen wird. Es leuchtet ein, daß der kognitive Streß und das damit verbundene Ausweichverhalten um so größer sein werden, je länger der negative Zustand schon dauert oder je mehr Prestige in einer Fehlentscheidung investiert ist. In diesem Lichte ist es auch einfacher, die Fehlentscheidungen anderer zu korrigieren, als die eigenen zu sehen.

Diese Problematik muß Führungskräften bewußt sein. Eine realistische Einstellung zu Personalentscheidungen ist entscheidend. Jede Potentialbeurteilung und jede Beförderung ist auch bei genauer Abklärung ein Risiko. Risikoentscheidungen auf Grund weniger Informationen können sich unter Umständen als falsch erweisen. Nicht das Resultat einer falschen Entscheidung ist in der Führung das eigentliche Problem, sondern das Nichterkennen solcher Tatsachen.

3.4

Die Weiterentwicklung von Schlüsselpersonen (Key-People-Development)

Schlüsselpersonen sind definitionsgemäß für die Unternehmung von vitaler Bedeutung. Es lohnt sich daher, im Bereich des Management-Developments besondere Anstrengungen für diese Gruppe zu unternehmen und gegebenenfalls mit Einzelmaßnahmen zu operieren. Dieses Problemfeld wollen wir noch kurz skizzieren. Die untenstehende Darstellung zeigt die Bereiche, wo regelmäßig etwas für diese Personengruppe getan werden muß:

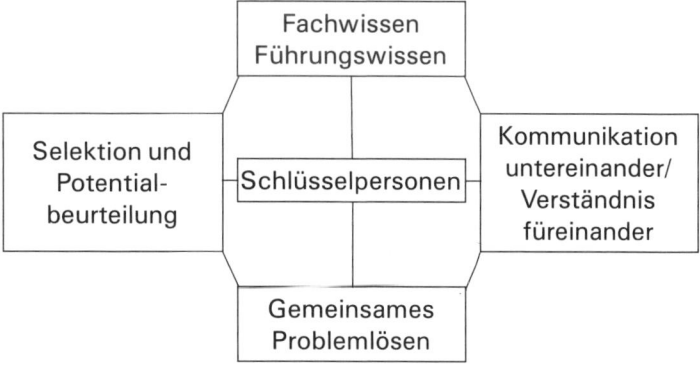

Die Weiterbildung im Fach- und Führungsbereich ist selbstverständlich. Wir können sogar davon ausgehen, daß gute Schlüsselleute dies aus eigenem Antrieb tun werden. Was hier im Vordergrund steht, ist nicht unbedingt stellenbezogenes Wissen, sondern vielmehr gemeinsames Management-Know-how. Schlüsselpersonen sollten zum zweiten unbedingt in gemeinsame Problemlösungsverfahren einbezogen werden (Stiefel, 1982). Das Lösen aktueller geschäftlicher Probleme im Rahmen von Problemlösungssitzungen oder Workshops bringt beispielsweise drei Resultate hervor:

- Breit abgestützte und von allen akzeptierte Lösungen aktueller Probleme,
- Entwicklung der beteiligten Personen (eine Form der Ausbildung),
- Basis für die Schlüsselpersonen-Analyse und Potentialbeurteilung.

Es mag angezeigt sein, die Kommunikationsfähigkeit insbesondere bei jungen potentiellen oder effektiven Schlüsselpersonen gezielt zu fördern, damit nicht zu früh «Diskussionsrituale» oder «Diskussionsmuster» entstehen können. Die offene im «Klartext» geführte Sach- und Fachdiskussion und Problemlösung bedarf der Übung.

Und schließlich ist es notwendig, daß analog zum Planungsprozeß (Umweltanalyse, Stärken/Schwächenanalyse, Zielsetzungen usw.) die *Beurteilung der Schlüsselpersonen,* deren *Entwicklung und die Entwicklung der potentiellen Nachfolger jährlich auf der Traktandenliste der obersten Geschäftsleitung stehen* (Knecht, 1981).

Das hier erläuterte einfache Analyseverfahren kann natürlich auch für eine Grobbeurteilung aller Führungskräfte in einem Unternehmen oder dezentralisiert pro Bereich beigezogen werden. Dies darf aber nicht die Aufgabe der obersten Geschäftsleitung sein, sondern dies ist die Aufgabe der Linienführungskräfte auf den verschiedenen Stufen. Bei Schlüsselpersonen ist die Situation anders. Die *Wahl der Schlüsselpersonen ist eine strategische Unternehmungsentscheidung,* die an keine Linie und keine Stabsabteilung delegiert werden kann.

4

Peter Müri

Die Entwicklung der Organisationsentwicklung

Wer aus der Nähe verfolgt, was sich unter dem Titel «Organisationsentwicklung» heute tut, erhält ein eigenartiges und widersprüchliches Bild.

Trebesch (1982) legt eine Sammlung von 50 Definitionen für Organisationsentwicklung (OE) vor und zieht daraus den Schluß: «Organisationsentwicklung ist *kein* eindeutig abgrenzbares Gebiet, *kein* Modell oder einheitliches Konzept.»

Wer das Geschehen in der tatsächlichen OE-Szene betrachtet, dem bietet sich jedoch ein anderes Bild: Es wird um eine Theorie gerungen, es werden Leitsätze geprägt, Professionalisierungskriterien gesucht, und es wird die fehlende wissenschaftliche Abstützung beklagt.

Diese Widersprüchlichkeit löst sich beim Studium der Primär- und Sekundärliteratur zugunsten der ersten Aussage auf:

1. OE ist nicht *eine* Methode, nicht *eine* Theorie oder *ein* Denkmodell, vielmehr ein *Methodenarsenal mit zahlreichen theoretischen Hintergründen.*
2. OE ist ein *interdisziplinäres Arbeitsfeld,* das keiner etablierten Wissenschaftsrichtung und auch nicht einer Profession zugeordnet werden kann.
3. OE ist an Erleben und Vollzug geknüpft und hat viel mit Einstellung, Haltung, Verständnishorizont zu tun. Sie ist keine Technik, keine Methodik, sondern eine Philosophie oder, präziser gefaßt, eine Epistemologie, d.h. eine bestimmte Art und Weise, eine Organisation oder eine Institution zu sehen und zu verstehen.

Eine Erkenntnislehre läßt sich allerdings in der Praxis schlecht an den Mann bringen. Deshalb ist auch das Bestreben der OE-Fachleute verständlich, OE in ein Regelsystem zu packen und mit Methodenkatalogen dingfest zu machen. Das dadurch gewonnene Profil erleichert zwar die Verbreitung der Idee, verzerrt aber den OE-Gedanken und engt ihn auf ein *Dogma* ein. In gleicher Weise würde man die Persönlichkeitsentwicklung – ein anderes Entwicklungsfeld – vergewaltigen, wenn man sie auf die Methode der Psychoanalyse reduzierte.

Die Vertreter der OE könnten der Idee der OE besser dienen, wenn sie die Suche nach einer Definition und nach der OE-Theorie aufgäben. Die Wissenschafter würden dann auch den Vorwurf der Unwissenschaftlichkeit (Wübbenhorst u. a., 1982) zurücknehmen müssen, der nur deshalb haltbar ist, weil sich die OE etwas *anmaßt, was sie nicht ist.* Dann allerdings müßte sich die OE auch konsequenterweise *primär als Anwendungsfeld* und nicht als Disziplin der Humanwissenschaften deklarieren.

Die OE gerät mit dem künstlichen Zwang zur Theoriebildung und Methodendefinition unweigerlich in das Fahrwasser der Entdecker neuer Anwendungsgebiete. Die Pioniere der Gruppenentwicklung haben ihre erste Metho-

de der Gruppenforschung ebenso einseitig zur Kardinal-methode «Gruppendynamik» erhoben. In der Familien-therapie sind ähnliche Dogmatisierungstendenzen zu beob-achten.

Dabei müßte die Untersuchung eines Forschungs-gegenstandes wie derjenige der Organisation und ihrer Ent-stehung und Entwicklung, wenn auch unter einem neuen Aspekt, nicht sogleich die Etablierung einer neuen For-schungsdisziplin notwendig machen. Im Gegenteil, der Entwicklung des Forschungszweiges wird mit einer Nor-mensetzung Zwang angetan und damit ein verbindliches Lehrgebäude geschaffen, dessen Vermeidung gerade ein Kennzeichen der OE-Methodik ist. Das von der OE in ihrer praktischen Arbeit hochgehaltene Prinzip der möglichst großen Struktur-«Freiheit» wendet die OE für sich selbst paradoxerweise gerade nicht an. Wenn der OE ein Selbst-verständnis im Sinne einer Epistemologie nicht genügt, hat das unter anderem seine zeitgeschichtlichen Gründe, die nur aus der Krise der Institutionen in den letzten Jahrzehn-ten zu verstehen sind. Die OE-Vertreter glauben eine Mis-sion erfüllen zu müssen angesichts der verfehlten Führung, Steuerung und Entwicklung vieler Organisationen. Sie bie-ten Alternativen an, und zwar in einer Art und Weise, die der OE-Idee den Charakter einer «Bewegung» verleiht, im Auftreten gewissen epochal-typischen Alternativbewegun-gen nicht unähnlich. Die OE ist in diesem Sinne eine Ant-wort auf folgende typische Erscheinungen in den Organisa-tionen:

1. Die Organisation, vorab das Unternehmen, ist lange Zeit als ein technologisches und bürokratisches System be-trachtet worden, das nur mittels strenger sachorientierter Ordnungsprinzipien gesteuert werden kann. Der Hoch-blüte der technologisch orientierten Managementsyste-me folgte die ernüchternde Feststellung, daß die sozialen Prozesse, das heißt das, was durch Managementinstru-mente nicht faßbar wird wie Wertvorstellungen, Verhal-tensweisen, Leitbilder, Normen, Beziehungsnetze, infor-melle Informationen und informelle Machtverteilungen usw. für die Entwicklung einer Organisation ebenso bedeutend sind.
Der OE ist das Verdienst zuzusprechen, den unsichtba-ren Teil der Organisation, oft Organisationskultur ge-nannt, bewußt gemacht und konsequent in die Organisa-tionsgestaltung einbezogen zu haben.

2. Das Wachstum der sechziger Jahre und die Redimensionierung der siebziger Jahre wurde mit einem enormen Effort, im Einsatz von Hilfsmitteln und Verfahren bewältigt, die alle aber nicht das halten konnten, was sie versprochen haben. Die Mittel sind oft schlecht genutzt worden, gelangten nicht zur beabsichtigten Wirkung und haben die Entfremdung zwischen Organisationsmitgliedern und Organisation, respektive ihren Aufgaben und Zielen noch gefördert.

Hier bietet die OE als Hilfe die prozessuale Einführung von Neuerungen an anstelle der Einpflanzung nicht gewachsener, fremder Systemelemente.

3. Viele Organisationen erreichen in der Wachstumsphase einen Grad von Überorganisation, welche die von der Umwelt vermehrt geforderte Flexibilität beeinträchtigte und der Entstehung von bürokratischen Verhältnissen Vorschub leistete. Die hierarchischen Strukturen konnten auch durch Mündigmachen der Mitarbeiter mit der Einführung des kooperativen Führungsstils nicht aufgebrochen werden.

4. Der in der Industrialisierung angelegte Konflikt zwischen Menschlichkeit und Wirtschaftlichkeit verschärfte sich in der Rezession.

OE verspricht hierin ein neues Gleichgewicht durch Hebung der Qualität des Arbeitslebens bei Erhaltung der Leistungsfähigkeit der Organisation.

5. Die Förderung der Organisation hat sich lange Zeit auf die Förderung des Individuums konzentriert und dabei außer acht gelassen, daß der einzelne nur lernen kann, wenn das Umfeld mitlernt. Die OE führt mit dem Gruppenlernen und Organisationslernen neue Lernformen ein.

6. Der Versuch, die Organisation durch Wissensvermittlung, Leitbildschaffung, Richtliniensetzung mit der Umwelt in Auseinandersetzung zu bringen, ist zu oft mißlungen, weil an der Realität vorbeigeschult oder nur auf kognitiver Ebene trainiert wurde, so daß der Transfer in den Organisationsalltag ausblieb.

Die OE bezieht das Geschehen auf der Beziehungsebene ein, behandelt die den Arbeitsgang störenden Kommunikations-, Kooperationsprobleme und Konflikte stets auf dem Vordergrund wirklicher Problemstellungen der Gesamtorganisation.

Das sind nur einige von vielen Leiden und Schwierigkeiten, die in Organisationen heute zu beobachten sind und die aufzufangen sich die OE zur Aufgabe macht. Aus der Entstehungsgeschichte der Organisationsentwicklung wird mithin verständlich, daß sie sich bemüht, *eine* Theorie, einen Rahmen, eine Geschichte zu haben. Nur zwingt sie sich damit in ein Prokrustes-Bett. Denn wer sich so als «Bewegung» gebärdet, muß seine *Wertvorstellungen* deklarieren, die *Ziele* konkretisieren und letztlich *Politik* betreiben. Die internen Auseinandersetzungen in OE-Kreisen haben denn auch neuerdings solche Fragen zum Gegenstand.

So wird von ethischen Dilemmata gesprochen, von der Notwendigkeit, daß Werte des OE-Beraters mit den Wertprioritäten der Organisation übereinstimmen sollten, oder von den in der OE als «graue Eminenz wirksamen diffusen Werten» (Hantschk, 1982), die es zu benennen und analysieren gilt.

Aus denselben Gründen wird nach einem Orientierungsrahmen gesucht, welcher die OE-Beratungskompetenz umschreibt. Die Ziele werden wiederholt deklamiert und damit zementiert, wie folgende Zitate zeigen (Trebesch, 1982):

- «gleichzeitige Verbesserung der Leistungsfähigkeit der Organisation und der Qualität des Arbeitslebens», oder:
- «Ziel ist Effektivität unter Einbezug des Faktors Mensch», oder etwas ausführlicher:
- «bessere Aufgabenerfüllung im Sinne höherer Zielerreichungsgrade bei den Formalzielen, wobei der Mitarbeiter als Vermögens- und nicht als Kostenfaktor angesehen wird», oder noch kürzer:
- «Wirtschaftlichkeit und soziale Effizienz».

Derartige Festschreibungen stempeln die OE zur «psychologischen oder sozialwissenschaftlichen Schule». OE wird zur Ideologie, zum Glaubensbekenntnis.

Ob damit der Idee gedient ist, die Entwicklung einer Organisation aus den eigenen Ressourcen und aus eigener Kraft mit auswechselbaren Vorgehensweisen und unterschiedlichen Ansätzen zu fördern, bleibt fraglich. Ich meine, wenn OE sich als Anwendungsfeld einer neuen Epistemologie versteht, wird sie sich freier und kreativer entfalten und damit letztlich mehr bewirken können.

Sie muß sich dann nicht veranlaßt fühlen, in der Wertelandschaft zum vornehrein Abgrenzungen vorzunehmen, sie muß nicht mit festen Standpunkten in einen Organisationsprozeß eintreten, sie muß nicht OE-gemäßes von -nichtgemäßem Verhalten unterscheiden, wie dies zum Beispiel ein schweizerisches Unternehmen mit folgenden Worten tut und sich damit unnötige Probleme und Konflikte aufhalst: «Die Anteile an OE-Gedanken und -Methoden sind jedoch aus den verschiedensten Gründen nicht in jedem Projekt gleich groß. Mit anderen Worten, dieser Anteil hängt unter anderem davon ab, wieviel Partnerschaftlichkeit und lebendige Lernmöglichkeit bzw. wie wenig starre Struktur- und Machtdemonstration der Formalhierarchie die Arbeit von Organisationsmitgliedern bestimmen...» (Mundwiler und Fröhlich, 1982).

Wer mit Organisationen arbeitet, wird zwar nie um die Frage der Machtverteilung herumkommen, aber er sollte die Machtverteilung nicht zum vornehrein in Gewichtung und Zuschreibung präjudizieren. So ist meiner Meinung nach eine OE fragwürdig, die sich als Ziel setzt (bevor sie in der Organisation zur Wirkung gelangt), zum Beispiel die Hierarchie abzubauen, die Arbeitsplätze zu humanisieren, alle konfliktbeladenen Beziehungen zu klären, nur die

Unsere Konzession an die von der Umwelt geforderte Flexibilität...

Hier-und-Jetzt-Prozeß-Analyse anzuwenden. Sie nimmt als conditio sine qua non eine Wertsetzung voraus, welche die Organisation selbst zu leisten hätte.

Wie soll sich ein Organismus entfalten können, wenn die Akzente in den fundamentalsten Antinomien schon gesetzt sind, etwa zwischen Menschlichkeit und Wirtschaftlichkeit, zwischen Mitarbeiter- und Organisationsinteressen, zwischen formellem und informellem Beziehungsnetz, zwischen Gegenwartsbetrachtung und Vergangenheitsverständnis? Solche unauflösbaren Gegensätze sollten gerade zum Gegenstand der Analyse, der Prävention und Intervention im Sinne der organischen Entwicklung der Organisation gemacht werden.

Damit ist nicht einer irrealen Werte-Neutralität oder einem unkontrollierten Methoden-Chaos das Wort geredet, sondern die sich heimlich wieder einschleichende Subjekt-Objekt-Spaltung und die Lehrer-Schüler- oder Experten-Laien-Beziehung, welche dem systemischen, ganzheitlichen Entwicklungsverständnis der Organisation als sich selbst steuernder Organismus widerspricht, wird entlarvt und eine Methodendogmatik vermieden.

Wenn wir die methodische Vorgabe der OE auf die einfache Forderung der Autoorganisation beschränken, entstehen genügend Merkmale einer OE-Strategie, um sie von technologisch-orientierten Verfahren wie die der Organisationsplanung, der Managemententwicklung usw. abzuheben.

1. Der Organisations-Entwicklungshelfer – wie er sich immer definiert als Prozeßbeobachter, Moderator, Interventionist, change agent, Projektmanager – ist im zu entwickelnden System als Teil eingebunden und bildet auch als außenstehende Berater mit der Organisation ein Klienten-Berater-System. Seine Rolle und Interventionsstrategie wachsen aus dem System heraus und werden von der Entwicklungsphase, vom Entwicklungsschritt und den Verhältnissen bestimmt.

2. Träger und Gestalter der Entwicklung sind die Organisationsmitglieder selbst, das heißt vor allem jene, welche für die Organisation die Verantwortung tragen. In Unternehmungen werden oft Innovationen in Stabsabteilungen geplant und verantwortet. Selbstentwicklung setzt die maßgebliche Mitwirkung von Linieninstanzen ein und reduziert die Funktion von Stäben zu Beratern und Prozeßförderern.

3. Der Entwicklungsprozeß vollzieht sich in der Aktion
   und wird aus der Aktion evolutionär geplant und gesteuert (Aktionsforschung). Berater und Organisation müssen sich überraschen lassen können. Die Organisation
   stützt sich auf ihre eigene Diagnose und arbeitet ohne alles bestimmende Modelle und Theorien, sondern schafft
   sie möglichst aus der Situation selbst. Demgemäß gibt es
   keine Experten, die über richtig oder falsch entscheiden,
   über objektiv und subjektiv. Alle methodischen Tabus
   und Vorschriften fallen dahin. Ob ein Ansatz gewählt
   wird, der sich am individuellen Verhalten orientiert, oder
   an den sozialen Beziehungen, oder an der Struktur (klas-
   sische Unterscheidung von methodischen Ansätzen [Sie-
   vers, 1977]), muß von der Situation und dem zu lösenden
   Problem her von der Organisation jeweils immer wieder
   neu entschieden werden. Damit ist auch gesagt, daß die
   OE nicht einen festen Ablauf kennt.
   Phasenmodelle wie zum Beispiel Kontakt, Vorgespräch,
   Vereinbarung, Datensammlung, Datenfeedback, Diagnose, Maßnahmeplanung, Maßnahmedurchführung
   und Kontrolle, oder Orientierungsphase, Zukunftskon-
   zeption, Situationsdiagnose, operative Zielsetzung,
   experimentelle Projekte, Realisierung, Auswertung usw.
   sind höchstens grobe Gerüste und keineswegs OE-
   typisch, sondern in anderen Anwendungsfeldern in gleicher Weise vorzufinden, wie in der Therapie, Beratung,
   Problemlösung oder im Projektmanagement.
4. Es sind grundsätzlich in einem OE-Prozeß alle Denk-
   und Lernmethoden zugelassen, wobei wiederum die Ma-
   terie und die Situation zu bestimmen hat, welcher die
   Priorität zukommt.
   Jedenfalls kann nicht *nur* das rechtshemisphärische
   kreative Denken oder *nur* das linkshemisphärische,
   logischanalytische Denken oder *nur* das Gruppenlernen
   oder *nur* das individuelle Lernen, *nur* emotionale oder
   nur kognitive Bezüge, *nur* das zirkuläre, systemische
   Erfassen oder *nur* das naturwissenschaftliche Vorgehen
   Geltung haben. Entwicklung bedeutet Nutzung aller Po-
   tentiale und aller Ressourcen, dabei können sich gerade
   sich scheinbar ausschließende Verfahren optimal ergänzen. Veränderung setzt voraus, daß ich ein Phänomen
   aus immer wieder neuen Blickwinkeln betrachten, in immer wieder neue Zusammenhänge setzen kann, daß ich
   es in seinem Kontext und in seiner inneren Struktur erfas-
   se und daß bei der Erfassung Klarheit besteht, daß sich

die Gegebenheit im nächsten Augenblick verändern kann, weil jede Erfassung eine Blitzlichtaufnahme ist. Hier stellt sich die OE in die Reihe der Forscher und Mahner unserer Zeit, die versuchen, die Welt als System, das in Bewegung ist und dauernd mit untergeordneten und übergeordneten Systemen in Verbindung, zu erklären als ein in einem Prozeß befindliches Ganzes oder als ein das Ganze umgreifender Prozeß. Diese Aussage gilt allerdings nicht nur für das Gebilde «Organisation», sondern ebenso für die Gruppe, für das Individuum, für die Gesellschaft überhaupt, das heißt für alle Teile des sozialen Mikro- und Makrokosmos, somit auch für die Persönlichkeits- und Gruppenentwicklung (Vester, 1980; Ferguson, 1982; Capra 1983).

Da jeder Berater in OE-Prozessen seine ihm entsprechenden Methoden bevorzugen wird, seine persönliche Werteproblematik wie jedes andere Organisationsmitglied einbringt, bestehen in der Praxis zahlreiche Formen von Interventionsstrategien, Abläufen und Werthorizonten. Oft ist dabei die Herkunft der Methoden gar nicht mehr erkennbar.

Immerhin lassen sich in der OE-Szene einige Quellen ausmachen, die auch noch in den nächsten Jahren die OE-Landschaft kennzeichnen werden. Sie basieren auf folgenden klassischen Fachrichtungen:

- die in den USA von NTL (National Training Laboratory) kommende Gruppendynamik
- die vor allem an der Universität Michigan entwickelte Methode der Befragung
- die vom Niederländischen Institut gepflegte «pädagogische» Richtung
- der am Tavistock Institut in London hervorgebrachte soziotechnische Ansatz
- der von der Kybernetik angeregte weit verbreitete Management-System-Ansatz

Es scheint uns für die Zukunft der Organisationsentwicklung wichtig zu sein, alle jene Fachleute auf das Feld der OE einzulassen, welche von ihrer Seite her neue Elemente einbringen können, kommen sie nun aus der Psychologie, Pädagogik, Soziologie, Betriebswirtschaft und Betriebswissenschaft oder aus der Philosophie. Gerade jene Leute, die für die Entwicklung von Organisationen verantwortlich sind wie Planer, Organisatoren, Top-Manager, führende Kräfte von Institutionen, sollten nicht draußen gelassen, sondern mit dem Grundverständnis von OE vertraut gemacht werden.

Diese Offenhaltung eines Forschungsgebietes schließt nicht aus, daß für Beratungsfunktionen in OE-Prozessen besondere Qualifikationen erwartet und erfüllt werden müssen. Hier dürften gerade die Psychologen besonders günstige Voraussetzungen mitbringen, und die angewandte Psychologie könnte hier noch wichtige Impulse zur Weiterentwicklung liefern.

Literaturverzeichnis

Ansoff, I. H., Managing Strategic Surprise by Response to Weaks Signals. California Management Review, Winter 1975, Vol. XVII, Nr. 2

Ansoff, I. H., Die Bewältigung von Überraschungen – Strategische Reaktionen auf schwache Signale. Zeitschr. f. Betriebswirtschaftl. Forschung, 28, 1976

Ansoff, I. H., Weaks Signals from the Unknown. International Management, October, 1979

Bandler, R. und Grinder, J., Neue Wege der Kurzzeit-Therapie. Neurolinguistische Programme. Paderborn: Junfermann, 1981

Barnes, G. et al., Transaktionsanalyse seit Eric Berne. Berlin: Institut für Kommunikationstherapie,
Band 1, 1979, Schulen der Transaktionsanalyse, Theorie und Praxis
Band 2, 1980, Was werd' ich morgen tun?
Band 3, 1981, Du kannst Dich ändern

Bass, B. H. and Barrett, G. V., Man, Work and Organizations. Boston: 1972

Bateson, G., Steps to an Ecology of Mind. London: Granada Publ., 1972

Beer, S., Kybernetik und Management. Frankfurt: Fischer, 1967

Beer, S., Decision and Control. London: Wiley, 1966

Berne, E., Spiele der Erwachsenen. Hamburg: Rowohlt, 1967

Berne, E., Transactional Analysis in Psychotherapie. New York: Ballantine Books, 1973

Biddle, B. J., Roles, Goals and Value Structures in Organizations. In: Cooper, W. W., Leavitt, H. J. and Shelly II, M. W., (Ed.), New Perspectives in Organization Research. New York/London: Wiley, 1964

Bisesi, B. J., Strategies for Successful Leadership in Changing Times. Sloan Management Review, Vol. 25, Nr. 1, 1983

Blake, R. and Mouton, J., The new managerial Grid. Houston, Texas: Gulf Publishing Comp., 1978

Blum, M.L. and Naylor, J.C., Industrial Psychology, its theoretical and social foundations. New York: Wiley, 1968

Bradford, P., Stock, O., Horwitz, M., How to diagnose Group Problems. Group Development, National Training Lab., 1961

Brehm, J.W. and Cohen, A.R., Explorations in Cognitive Dissonance. New York/London: Wiley, 1962

Bühl, W.L., Konflikt und Konfliktstrategie. München: Nymphenburger Verlagshandlung, 1972

Capra, F., Wendezeit. Bern, München, Wien: Scherz, 1983

Drucker, P., The Changing World of the Executive. New York: Time Books, 1982

Dusay, J.M., Egograms. How I see you and you see me. New York: Harper and Row, 1977

English, F., Transaktionsanalyse. Hamburg: Isko-Press, 1980

English, F., Es ging doch gut, was ging denn schief? München: Kaiser, 1982

Ferguson, M., Die sanfte Verschwörung. Basel: Sphinx, 1982

Festinger, L., A Theorie of Cognitive Dissonance. Evanston, Ill.: Stanford Univ. Press, 1957

Festinger, L., Conflict, Decision and Dissonance. Stanford, Calif.: Stanford Univ. Press, 1964

Flanagan, J.C., L'incident critique en sélection professionnelle, une approche méthodique. In: Techniques modernes de choix des hommes. Paris: Edition d'organisation, 1965, p. 183–203

French, W.L. and Bell jr., C.H., Organisationsentwicklung. Bern: Haupt, 1977

Gälweiler, A., Unternehmenssicherung und Strategische Planung. Zeitschrift für Betriebswirtschaftliche Forschung, 28, 1976

Gordon, Th., Managerkonferenz: Effektives Führungstraining. Hamburg: Hoffmann und Campe, 1979

Guion, R.M., Personnel Testing. New York: Wiley, 1965

Halpern, H., Abschied von den Eltern. Hamburg: Isko-Press, 1978

Hantschk, I., Die grauen Eminenzen: Werte der OE. Zeitschrift der Gesellschaft für Organisationsentwicklung (GOE), 4, 1982, S. 45 ff.

Hayek, F.A., Law, Legislation and Liberty. Vol. III: The Political Order of a Free People. London: Routledge and Kegan, 1979

Hersey, P. and Blanchard, K.H., Management of organizational behavior: utilizing human resoussces. Englewood Cliffs: Prentice-Hall, 1969

Herzberg, F., Mausner, B. and Snyderman, B., The motivation to work (2nd ed.). New York: Wiley, 1969

Hofstätter, P.R., Gruppendynamik. Hamburg: Rowohlt, 1957

James, M. und Jongeward, D., Spontan leben. Hamburg: Rowohlt, 1974

James, M. and Savary, L., A New Self. Massachusetts: Addison Wesley, 1977

Jones, E.E. and Gerhard, H.B., Foundations of Social Psychology. New York: Wiley, 1967

Kahler, T. and Capers, H., The Miniscript. Transactional Analysis Journal, 4, 1974, 1, S. 26ff.

Karpman, S., Fairly Tales and Script Drama Analysis. Transactional Analysis Bulletin, 7, 1968, 26, S. 39–43

Kast, F.E. and Rosenzweig, J.E., Organization and Management, a Systems Approach. New York: Mac Graw-Hill, 1970

Kirsch, W., Unternehmungspolitik: Von der Zielforschung zum strategischen Management. München: 1981

Kirsten, R.E., Konfliktfreie Gesprächsführung. Hamburg: Polymedia, 1978

Knecht, H., Management Development im Bankbetrieb. Bern: Haupt, 1981

Knoepfel, H.K., Die Beziehung zwischen Chef und Mitarbeitern. Bern: Huber, 1979

Kraut, A.I., A Hard Look at Management Assessment Centers and Their Future. Personnel Journal, 1972, May, 317–326

Krieg, W., Entwicklung eines integrierten Führungsinstrumentariums – Synergie zwischen Theorie und Praxis. In: Malik, F. (Hrsg.), Praxis des Systemorientierten Managements. Bern: Haupt, 1979

Krüger, W., Konfliktsteuerung als Führungsaufgabe: Positive und negative Aspekte von Konfliktsituationen. München: Moderne Industrie, 1973

Lattmann, Ch., Leistungsbeurteilung als Führungsmittel. Bern: Haupt, 1975

Leavitt, H., Grundlagen der Führungspsychologie. München: Moderne Industrie, 1974

Lindblom, C.E., The Science of «Muddling Through». In: Leavitt, H. and Pondy, L.R. (Eds.), Readings in Managerial Psychology. Chicago: Univ. of Chicago Press, 1964

McGregor, D., Der Mensch im Unternehmen. Düsseldorf: Econ, 1970

Meier, W., Durchsetzen von Strategien. Zürich: Verlag Industrielle Organisation, 1983

Mundwiler, R. und Fröhlich, S., OE-Erfahrungen bei der Swissair. Zeitschrift der Gesellschaft für Organisationsentwicklung, 1, 1982, S. 42

Neel, A.F., Handbuch der psychologischen Theorien. München: Kindler, 1974

Neisser, U., Cognitive Psychology. New York: Appleton-Century-Croft, 1967

Neisser, U., Cognition and Reality. San Francisco: Freeman Press, 1976

Novey, T.B., TA for Management. Sacramento: Jalmar Press, 1976

Peccei, A. (Hrsg.), Das menschliche Dilemma: Zukunft und lernen. Zürich: Molden, 1979

Peters, Th.J. und Watermann, R.H., Auf der Suche nach Spitzenleistungen. München: Moderne Industrie, 1983

Pümpin, C., Management strategischer Erfolgspositionen. Bern: Haupt, 1982

Rautenberg, W. und Rogoll, R., Werde, der du werden kannst. Freiburg: Herder, 1980

Reddin, J., Das 3-D Programm zur Leistungssteigerung des Managements. München: Moderne Industrie, 1977

Rogoll, R., Nimm dich, wie du bist. Freiburg: Herder, 1976

Rosenstiel, L. von, Molt, W., Rüttinger, B., Organisationspsychologie. Stuttgart: Kohlhammer, 1972

Rüttinger, R. und Kruppa, R., TA-Manual. München: Preisinger, 1981

Schlegel, L., Grundriß der Tiefenpsychologie. Band 5: Die Transaktionale Analyse nach Eric Berne und seinen Schülern. München: Francke, 1979

Sievers, B. (Hrsg.), Organisationsentwicklung als Problem. Stuttgart: Klett, 1977

Spitz, R., Vom Säugling zum Kleinkind. Stuttgart: Klett, 1967

Stiefel, R. Th., Problemorientierte Management-Andragogik. München: Ölschläger, 1982

Trebesch, K., 50 Definitionen der OE – und kein Ende. Zeitschrift der Gesellschaft für Organisationsentwicklung, 2, 1982, Seite 37ff

Ulrich, H., Die Unternehmung als produktives soziales System. Bern: Haupt, 1970

Ulrich, H., Entwicklungstendenzen der Managementlehre. In: Brauchlin, E. (Hrsg.), Methoden der Unternehmungsführung. Bern: Haupt, 1981

Vester, F., Neuland des Denkens. Stuttgart: Deutsche Verlags-Anstalt, 1980

von Foerster, H., Perception of Form in Biological and Man-Made Systems. In: Zagorski, E. J., Trans. I.D.E.A. Symp. Urbana: Univ. of Illinois, 1962, S. 10–37

von Foerster, H., Form: Perception, Representation and Symbolization. In: Permann N. (Ed.), Form and Meaning. Chicago: Soc. Typographic Arts, 1964, S. 21–54

von Foerster, H., From Stimulus to Symbol. In: Kepes, G. (Ed.), Sign, Image, Symbol. New York: Braziller, 1966, S. 42–61

Watzlawick, P., Beavin, J. H., Jackson, D. D., Menschliche Kommunikation. Bern: Huber, 1969

Watzlawick, P., Anleitung zum Unglücklichsein. München: Piper, 1983

Weinert, A. B., Lehrbuch der Organisationspsychologie. München: Urban & Schwarzenberg, 1981

Wübbenhorst, K. L. u. a., OE, Grundlagen, Ansätze und Kritik. Die Unternehmung, 4, 1982, S. 279

Zajonc, R. B., Thinking: Cognitive Organization and Processes. In: Sills, D.L. (Ed.), International Encyclopedia of the Social Sciences. Vol. 15. New York: Free Press, 1968

Stichwortverzeichnis

Autoren

Hans Bernhard,
Dr. phil.

Studien in angewandter Psychologie und Soziologie an der Universität Zürich.
Mitarbeiter im Personal- und Ausbildungsbereich verschiedener Unternehmen sowie am Institut für Angewandte Psychologie Zürich in der Unternehmensberatung.
Seit 1976 Unternehmensberater und Trainer in Zürich.
Zusatzausbildung zum GORDON-Management- und Verkaufstrainer und Supervisor.
Tätigkeitsgebiete: Beratung und Training in unternehmensbezogenen Kommunikationsfragen bezüglich Zusammenarbeit, Führung und Verkauf. Durchführung von Eignungs- und Förderungsabklärungen von Führungskräften und Assessment-Centers.

Karl Blöchliger,
Dr. phil.

Studien in angewandter Psychologie und Verhaltensforschung an den Universitäten Zürich und München.
Mitarbeiter am Institut für Angewandte Psychologie Zürich als Managementtrainer.
Mitarbeiter am Institut für Organisationspsychologie und Managemententwicklung in Emmenbrücke als Managementtrainer und Organisationsberater.
Seit 1979 selbständiger Berater für Organisations- und Managemententwicklung.
Zusatzausbildung in Gruppendynamik, in Organisationsentwicklung und als Ergomtrainer.
Tätigkeitsgebiete: Managementtrainings, Organisationsberatung, Organisationsentwicklungskonzepte, Teamberatungen, Seminare für Persönlichkeitsentfaltung.

Rolf Fink,
lic. mag. oec. HSG

Studien an der Hochschule St. Gallen und Abschluß als Handelslehrer.
Leiter der EDV-Organisation der Maschinenfabrik Rieter in Winterthur.
Leiter der Programmierung und Analyse von Anwendungsapplikationen im Rechnungswesen, IBM Schweiz.
Trainer in der Personnel- und Management-Development-Abteilung der IBM Schweiz.

Seit 1984 Leiter der Abteilung Personnel- und Management-Development der IBM Schweiz.
Zusatzausbildung in Transaktionsanalyse, Gestalttherapie und Neurolinguistic Programming.
Tätigkeitsgebiete: Seminarentwicklung und -leitung, Einzel- und Gruppenberatung, Ausbildung von Instruktoren und Gruppenleitern, Personnel Research.

Karl Kälin,
Dr. phil., dipl. psych.

Studien in angewandter Psychologie an der Universität Zürich und am Institut für Angewandte Psychologie Zürich.
Mitarbeiter und Leiter der Personnel- und Management-Development-Abteilung der IBM Schweiz.
Dozent und Projektleiter am Management Zentrum der Hochschule St. Gallen.
Seit 1977 selbständiger Trainer und Berater für Management- und Mitarbeiterschulung.
Zusatzausbildung als Ergomtrainer, Gridtrainer, in Transaktionsanalyse und Neurolinguistic Programming.
Tätigkeitsgebiete: Führungskräfte- und Mitarbeiterschulung, Erwachsenenbildung, Entwicklung von Ausbildungskonzepten, Teamentwicklung, Autogenes Training.

Eric Marcus,
Ph. D., Psychiater

Studien in Los Angeles in Medizin und Psychiatrie.
Ausbildung in Gestalttherapie bei Fritz Perls und Jim Sikim. Mitbegründer des Gestalttherapie-Instituts in Los Angeles.
Mitglied der Klinischen Fakultät der Medizinischen Universität an der University of California, Los Angeles.
Zusatzausbildung in Neo-Reichianischer Körperarbeit, geleitetem Bilderleben, Psychodrama, Neurolinguistischem Programmieren.
Tätigkeitsgebiete: Therapie, internationale Ausbildungs-Workshops in Neurolinguistic Programming für Ärzte, Psychologen und Führungskräfte.

Peter Müri,
Dr. phil., dipl. psych.

Studien in angewandter Psychologie und Soziologie an der Universität Zürich und am Institut für Angewandte Psychologie Zürich.
Mitarbeiter am Institut für Angewandte Psychologie und an der akademischen Berufsberatung Zürich.
Personalleiter der Bank Leu AG, Zürich.

Seit 1972 selbständiger Unternehmensberater. ASCO-Mitglied.
Zusatzausbildung in Gruppendynamik, Transaktionsanalyse, Gestalttherapie, integrativer Beratung und Organisationsentwicklung.
Tätigkeitsgebiete: Unternehmensberatung nach den Methoden der Organisationsentwicklung, Entwicklung von Führungsteams, Managementtrainings, Organisations-Analysen und -Beratung, Eignungsabklärungen von Führungskräften.

Bruno Peyer, dipl. psych.

Nach Abschluß des Lehrerseminars Unterrichtspraxis.
Dann Ausbildung am Heilpädagogischen Seminar und Übernahme einer Sonderschule.
Dann Psychologiestudium am Institut für Angewandte Psychologie Zürich und an der Universität Zürich.
Zusatzausbildung in Psychotherapie.
Seit 1979 Seminarleiter und Lehrer für Psychologie und Pädagogik am Seminar Schiers.

Eugen W. Schmid, Dr. oec.

Studien in Betriebswirtschaft, Soziologie und Betriebspsychologie an der Hochschule St. Gallen.
Assistent des Generaldirektors der Philips Schweiz.
Dozent und Projektleiter am Managementzentrum der Hochschule St. Gallen.
Seit 1980 Ausbildungsleiter der Zürcher Kantonalbank und Dozent mit Lehrauftrag für Betriebswirtschaft an der Hochschule St. Gallen.
Tätigkeitsgebiete: Seminarentwicklung und Seminarleitung, Entwicklung von Ausbildungskonzepten, Teamentwicklung.

Weitere Titel aus dieser Reihe

Karl Kälin/Peter Müri
Führen mit Kopf und Herz
Nach «Sich und andere führen» zeigen
Kälin und Müri in ihrem neuen Buch
den Wandel in der Unternehmensführung auf. Das Buch will zu einem
ganzheitlichen Führungsstil anleiten,
der dem Wertwandel unserer Gesellschaft Rechnung trägt.

3. Auflage 1991. 280 S., weit über
100 Karikaturen und Tabellen, geb.,
Pappband mit buntem Überzug.

Georg Theodor Schwarz
Erfolgreich informieren
Das Handbuch der modernen
Informationsmethoden.
Kurze, präzise Hinweise in
handlicher Form, sozusagen
ein «Erste-Hilfe-Paket».

2. Auflage 1991.
360 S., Illustrationen und
Check-Lists, gebunden.

Peter Müri
Dreidimensional führen mit Verstand,
Gefühl und Intuition
Band 1
hilft Ihnen, Ihre Ausstrahlung und Ihren
Einfluss als Führungskraft durch er-
weitertes Bewusstsein und durch Aus-
schöpfung neuer Informationsquellen
massgeblich zu steigern.

1990. 240 S., 78 Cartoons, geb.

Band 2
leitet mit praktischen Hilfen und einfachen Methoden dazu an, Führungs-
Systematik und Führungs-Kultur zu
einer Einheit zu verbinden, wodurch
Sie als Führungskraft tiefer und nach-
haltiger wirken, was bei Mitarbeitern
neue Energien freisetzt.

1990. 280 S., 76 Cartoons, geb.